教师职业道德
与教育法律法规

雷 明 主编　　王 妍 杨丹凤 副主编

清华大学出版社
北 京

内容简介

本书围绕教师职业道德与教育法律法规两个主题展开，分别阐述了道德与教师职业道德、教师职业道德原则和范畴、教师职业道德规范、教师职业道德修养、教育法概述、依法治教、依法执教与未成年人保护等内容。

本书的特点首先是"新"，结合我国教育发展新要求，解读新时代教师职业道德规范，解读最新教育法律法规与教育政策；其次是"实"，注重理论与实践相结合，关注教育教学活动中的实际问题，针对现实需求拓展相关资源，力求实用。

本书可作为高校师范类本专科教师职业道德与教育法律法规课程教材，也可作为教师继续教育的培训教材。

本书封面贴有清华大学出版社防伪标签，无标签者不得销售。

版权所有，侵权必究。举报：010-62782989，beiqinquan@tup.tsinghua.edu.cn。

图书在版编目(CIP)数据

教师职业道德与教育法律法规 / 雷明主编. —北京：清华大学出版社，2022.9（2025.1重印）
 ISBN 978-7-302-61573-6

Ⅰ.①教… Ⅱ.①雷… Ⅲ.①教师—职业道德—师资培训—教材 ②教育法—中国—师资培训—教材 Ⅳ.①G451.6 ②D922.16

中国版本图书馆 CIP 数据核字(2022)第 140693 号

责任编辑：施　猛
封面设计：常雪影
版式设计：孔祥峰
责任校对：马遥遥
责任印制：宋　林

出版发行：清华大学出版社
　　　　网　　址：https://www.tup.com.cn，https://www.wqxuetang.com
　　　　地　　址：北京清华大学学研大厦 A 座　　　　邮　　编：100084
　　　　社 总 机：010-83470000　　　　　　　　　　邮　　购：010-62786544
　　　　投稿与读者服务：010-62776969，c-service@tup.tsinghua.edu.cn
　　　　质 量 反 馈：010-62772015，zhiliang@tup.tsinghua.edu.cn
印 装 者：小森印刷霸州有限公司
经　　销：全国新华书店
开　　本：185mm×260mm　　　　印　张：14　　　　字　数：298 千字
版　　次：2022 年 9 月第 1 版　　印　次：2025 年 1 月第 8 次印刷
定　　价：49.00 元

产品编号：096927-01

前言

中国特色社会主义进入新时代，教育的基础性、先导性、全局性地位和作用更加凸显。党的十八大以来，以习近平同志为核心的党中央坚定不移实施科教兴国战略和人才强国战略，坚持优先发展教育，大力推进教育领域综合改革，取得了全方位、开创性的历史性成就。党的十九大明确提出建设教育强国是中华民族伟大复兴的基础工程，必须把教育事业放在优先位置，深化教育改革，加快教育现代化，办好人民满意的教育。

建设教育强国的关键在教师。教师是立教之本、兴教之源。习近平指出："一个人遇到好老师是人生的幸运，一个学校拥有好老师是学校的光荣，一个民族源源不断涌现出一批又一批好老师则是民族的希望。"没有好的老师，就没有好的教育。教师承载着传播知识、传播思想、传播真理，塑造灵魂、塑造生命、塑造新人的时代重任。

2018年1月，中共中央、国务院印发的《关于全面深化新时代教师队伍建设改革的意见》中明确提出培养高素质教师队伍，同时指出在教师队伍建设中要确保方向，坚持依法治教、依法执教；要突出师德，把提高教师思想政治素质和职业道德水平摆在首要位置，推动教师成为先进思想文化的传播者、党执政的坚定支持者、学生健康成长的指导者。

面对新时代对教师队伍提出的新使命、新要求，我们编写了《教师职业道德与教育法律法规》一书。本书融合了教师职业道德与教育法律法规两方面的基础理论知识，并围绕《中小学教师职业道德规范（2008年修订）》与《中华人民共和国教育法》《中华人民共和国义务教育法》《中华人民共和国教师法》《中华人民共和国未成年人保护法》等具体法律法规对教师行为规范做具体解读，以帮助师范类学生牢固树立立德树人的教育理想、教书育人的教育情怀、为人师表的教育风范与依法执教与依法维权的法治意识和法律习惯。本书在体例设计上运用"师德故事"与"案例分析"，实现理论与实践的有机连接，在编写内容上及时更新法律法规与教育政策，拓展相关资源，具有较好的实用性与可读性。

本书由雷明任主编，王妍、杨丹凤任副主编。全书共计八章，由雷明总体统筹完成，具体分工如下：第一章、第五章、第六章、第八章由雷明编写，第二章、第七章由杨丹凤编写，第三章、第四章由王妍编写。

　　本书在编写过程中参阅、引用了很多相关文献与资料，在此表示深深的谢意！

　　受编者能力水平及其他条件所限，书中不免有不足与疏漏之处，敬请读者批评指正，以便于进一步修订和完善。反馈邮箱：wkservice@vip.163.com。

编　者

2022年2月

目录

第一章　道德与教师职业道德 ········ 1

第一节　道德与职业道德 ········ 1
一、道德概述 ········ 1
二、职业和职业道德 ········ 5

第二节　教师职业与教师职业道德 ········ 8
一、教师职业 ········ 8
二、教师职业道德 ········ 11

第二章　教师职业道德的原则和范畴 ········ 26

第一节　教师职业道德的原则 ········ 26
一、教书育人原则 ········ 26
二、教育人道主义原则 ········ 28
三、为人师表原则 ········ 30

第二节　教师职业道德的范畴 ········ 32
一、教师义务 ········ 32
二、教师良心 ········ 35
三、教师幸福 ········ 38

第三章　教师职业道德规范 ········ 48

第一节　爱国守法 ········ 48
一、爱国守法的基本内涵 ········ 48
二、爱国守法的重要意义 ········ 49
三、爱国守法的具体要求 ········ 49

第二节　爱岗敬业 ………………………………………………………… 53
　　一、爱岗敬业的基本内涵 …………………………………………… 53
　　二、爱岗敬业的重要意义 …………………………………………… 54
　　三、爱岗敬业的具体要求 …………………………………………… 55
第三节　关爱学生 ………………………………………………………… 60
　　一、关爱学生的基本内涵 …………………………………………… 60
　　二、关爱学生的重要意义 …………………………………………… 61
　　三、关爱学生的具体要求 …………………………………………… 62
第四节　教书育人 ………………………………………………………… 69
　　一、教书育人的基本内涵 …………………………………………… 69
　　二、教书育人的重要意义 …………………………………………… 71
　　三、教书育人的具体要求 …………………………………………… 72
第五节　为人师表 ………………………………………………………… 78
　　一、为人师表的基本内涵 …………………………………………… 78
　　二、为人师表的重要意义 …………………………………………… 79
　　三、为人师表的具体要求 …………………………………………… 80
第六节　终身学习 ………………………………………………………… 87
　　一、终身学习的基本内涵 …………………………………………… 87
　　二、终身学习的重要意义 …………………………………………… 89
　　三、终身学习的具体要求 …………………………………………… 89

第四章　教师职业道德修养 ………………………………………… 100

第一节　道德修养与教师职业道德修养的基本内涵 …………………… 100
　　一、道德修养的基本内涵 …………………………………………… 100
　　二、教师职业道德修养的基本内涵 ………………………………… 101
第二节　教师职业道德修养的内容与意义 ……………………………… 102
　　一、教师职业道德修养的内容 ……………………………………… 102
　　二、教师职业道德修养的意义 ……………………………………… 104
第三节　教师职业道德修养的原则和方法 ……………………………… 106
　　一、教师职业道德修养的原则 ……………………………………… 106
　　二、教师职业道德修养的方法 ……………………………………… 108

第五章　教育法概述 ……………………………………………………………… 116

第一节　法与教育法 …………………………………………………………… 116
一、法 ……………………………………………………………………… 116
二、教育法 ………………………………………………………………… 118
三、教育法制发展 ………………………………………………………… 123

第二节　教育法律关系 ………………………………………………………… 126
一、教育法律关系的含义与特征 ………………………………………… 126
二、教育法律关系的构成要素 …………………………………………… 126
三、教育法律关系的形成、变更及消灭 ………………………………… 128

第三节　教育法的运行 ………………………………………………………… 129
一、教育立法 ……………………………………………………………… 129
二、教育执法 ……………………………………………………………… 130
三、教育司法 ……………………………………………………………… 131
四、教育守法 ……………………………………………………………… 132

第四节　教育法律责任与教育法律救济 ……………………………………… 132
一、教育法律责任 ………………………………………………………… 132
二、教育法律救济 ………………………………………………………… 136

第六章　依法治教 ………………………………………………………………… 143

第一节　《中华人民共和国教育法》 ………………………………………… 143
一、《中华人民共和国教育法》的制定 ………………………………… 143
二、我国教育的性质、方针和原则 ……………………………………… 144
三、教育管理体制 ………………………………………………………… 145
四、教育基本制度 ………………………………………………………… 146
五、教育法律关系主体的权利义务 ……………………………………… 147
六、违反《中华人民共和国教育法》的法律责任 ……………………… 151

第二节　《中华人民共和国义务教育法》 …………………………………… 155
一、《中华人民共和国义务教育法》的制定 …………………………… 155
二、义务教育的基本制度 ………………………………………………… 156
三、义务教育的就学制度 ………………………………………………… 156
四、实施义务教育的条件保障 …………………………………………… 158
五、义务教育的教育教学 ………………………………………………… 161
六、违反《中华人民共和国义务教育法》的法律责任 ………………… 163

第七章　依法执教 169

第一节　《中华人民共和国教师法》 169
一、《中华人民共和国教师法》的制定 169
二、教师的法律界定与法律地位 170
三、教师的权利和义务 171
四、教师的聘任、培养培训、考核与待遇 176

第二节　《教师资格条例》 181
一、《教师资格条例》的制定 181
二、《教师资格条例》的主要内容 181

第八章　未成年人保护 187

第一节　《中华人民共和国未成年人保护法》 187
一、《中华人民共和国未成年人保护法》的制定 187
二、《中华人民共和国未成年人保护法》的主要内容 188

第二节　《中华人民共和国预防未成年人犯罪法》 199
一、《中华人民共和国预防未成年人犯罪法》的制定 199
二、《中华人民共和国预防未成年人犯罪法》的主要内容 200

附录A　中小学教师职业道德规范(2008年修订) 207

附录B　中小学教师违反职业道德行为处理办法(2018年修订) ... 209

附录C　新时代中小学教师职业行为十项准则 212

第一章 道德与教师职业道德

百年大计，教育为本；教育大计，教师为本。教师是立教之本、兴教之源，承担着让每一个孩子健康成长、办好人民满意教育的重任。"师也者，教之以事而喻诸德者也。"教师是学生道德修养的镜子。合格的教师首先应该是道德上的合格者，好教师首先应该是以德施教、以德立身的楷模。高尚的教师职业道德是教师从业的首要品质，是人民教师践行教育崇高使命的内在要求。

第一节 道德与职业道德

一、道德概述

道德是人类社会特有的现象。人类总是在一定的社会关系中生存和发展。为了维护劳动、生活的正常进行和社会的稳定，人们必须对相互之间的关系进行必要的调节，对个人的行为进行必要的约束。道德便是这种调节、约束的重要手段之一。

(一) 道德的含义

马克思主义伦理学认为，道德是由一定的社会经济关系所决定的特殊意识形态，是以善恶为评价标准，依靠社会舆论、传统习惯和内心信念来发挥作用的，调整人与人、个人与社会以及人与自然之间关系的行为规范的总和。我们可以从以下几方面来把握道德的含义。

1. 道德是由一定的社会经济关系所决定的特殊意识形态

人类为了生存就必须从事生产劳动，要生产就必然会结成生产关系，因而也就形成了个人与他人、个人与集体、个人与社会的各种社会关系，产生如何处理这些关系的态度和行为，以及对这些态度和行为的看法和评价问题。也就是说，社会经济关系决定了人们必然产生一定的道德关系、道德观念和道德情感。有什么样的经济关系，就必然会有什么样的道德。

2. 道德是以善恶为评价标准来调整人们关系的行为规范

在社会生活中，人们经常对各种行为进行议论，说这种行为"好"，那种行为"坏"；这种行为"高尚"，即是"善"，那种行为"坏""缺德"，即是"恶"。在阶级社会中，一个人的行为究竟是善还是恶，主要以自己所属阶级的阶级利益为评判标准。凡是符合本阶级的利益或者符合从本阶级的利益中引申出来的道德原则和规范的行为，就是善；反之就是恶。善恶是具体的，没有超阶级的、永恒不变的善恶标准。一般说来，善恶的客观标准，就是看其行为是否有利于社会的发展进步，是否有利于广大人民群众的利益。

3. 道德是依靠社会舆论、传统习惯和内心信念来调整人们之间关系的行为规范

道德作为调整人们之间关系以维持社会秩序的一种精神力量，需要通过社会舆论、传统习惯和人们的内心信念这几种道德评价方式去发挥作用。社会舆论通过表扬和肯定一些良好的品行，批评、否定一些不良的品行，形成一种精神力量，鼓励、制约或限制人们的行为，进而形成良好的社会道德风尚。传统习惯是人们在社会生活中逐步形成的习以为常的行为和道德风尚。因为它源远流长，深入人心，并往往同民族情感、社会心理交织在一起，所以具有稳定性、群众性和持久性等特点。内心信念是人们发自内心对道德义务的真诚信仰和强烈的责任感，是人们对自身行为进行善恶评价的精神力量。具有高尚内心信念的人，做了合乎道德的事情，会感到"问心无愧"，得到精神的满足；做了不道德的事情，会感到"问心有愧"，自己谴责自己。可见，内心信念对人们主动选择和调整自己的行为具有重要作用。

4. 道德是调整个人与个人、个人与社会、人与自然之间关系的行为规范

人处于社会中，人类的一切活动都是在社会中进行的。任何人要在社会中生活，就必须同他人、同社会发生联系，形成复杂的社会关系，也会产生种种矛盾。为了保障社会生活的正常进行，就必须对人们之间的关系进行调整，对人们的行为加以必要的约束。这种调整人们之间的关系、约束人们行为的手段，在原始社会是靠维护氏族利益的风尚、习俗实现的。随着阶级的出现，人类社会生活复杂化，调整人们相互关系的手段也随之复杂多样，出现了经济、政治、法律等调节手段。与此同时，在原始社会风尚、习俗的基础上根据一定阶级利益的要求，形成了以善恶评价为标准的，依靠社会舆论、传统习惯和内心信念等维持的行为准则和规范，这也就是调整个人与个人、个人与社会、人与自然之间关系的道德。这种道德具有不同于政治规范、法律规范的特点，是人类社会生活中特有的现象。

(二) 道德的起源

马克思主义道德观认为，"物质生活的生产方式制约着整个社会生活、政治生活和精神生活的过程"。道德的起源问题，必须从这一实际出发来认识和把握。

1. 劳动是道德起源的首要条件

辩证唯物主义认为，人的意识是物质世界长期发展的产物，更重要的还是社会发展的产物，人类意识的产生和发展同人类的劳动实践有着不可分割的联系。社会性的生产劳动是促成从猿到人转化的决定力量。这种活动促使猿脑变成人脑，使动物的一些本能活动过渡到社会的人的有意识、有目的改造世界的活动。劳动把人与动物区分开来，创造了人、社会和社会关系，也创造了道德。原始的劳动分工与协作，使人与人之间相互依赖、相互扶持，自觉或不自觉地成为最自然、最朴实的道德生活状态。随着劳动的进一步发展，劳动分工与协作不断增强，各种劳动关系逐步明确，人与人之间、群体与群体之间的利益关系日渐清晰，包含自由、责任等内容的道德逐步得到确认。

2. 社会关系是道德赖以产生的客观条件

马克思主义伦理学认为，道德是一种社会意识形态，是社会关系的反映，而在人们的社会关系中个人利益和集体利益的关系表现得尤为突出。因此，只有当个人利益同集体利益发生关系时，并且只有当人脱离了动物界，开始意识到自己是某个集体的成员，即意识到自己与他人，与集体的关系时才会产生道德。随着社会分工的不断发展，个人利益、他人利益和社会利益的界限逐步明晰，人们要求规范、协调或制约利益冲突的意识更加强烈，由此促进了人类道德的不断进步和发展。可以说，正是社会关系的形成和发展产生了调节各种关系特别是利益关系的需要，道德恰恰是适应社会关系调节的需要而产生的。

3. 人的自我意识是道德产生的主观条件

人只有在社会实践中，意识到自我作为社会成员与其他动物的根本区别，意识到自我在社会中的角色和地位，意识到自我与他人或集体的不同利益关系，并由此产生调节利益矛盾的迫切要求时，道德才得以产生。

(三) 道德的本质

道德作为一种与人类始终相伴的社会历史现象，它在人类社会长河中处于什么地位，对社会的发展有何作用，什么样的道德是进步的，这都是我们必须回答的问题。如何回答这些问题，又取决于对道德本质的认识及研究。

道德的本质是指道德区别于其他事物的根本性质。马克思主义强调道德属于上层建筑范畴，是一种特殊的社会意识形态。这为正确认识和理解道德的本质奠定了基础。

1. 道德是反映社会经济关系的特殊意识形态

马克思主义将辩证唯物主义和历史唯物主义的基本原理运用于道德理论的研究，认为道德不是人主观自生的，也不是神的意志，更不可能用抽象的人性来说明。道德是由一定的经济基础所决定的上层建筑、社会意识形态，是社会物质生活条件的反映，并受着社会关系特别是经济关系的制约。社会经济关系对道德的决定作用主要表现在以下三方面：社会经济结构的性质直接决定各种道德体系的性质；经济利益决定道德体系的基本原则和主要规范；社会经济关系的变化引起道德的变化。可以说，道德的产生、发展和变化，归根结底源于社会经济关系。有什么样的社会经济关系，相应地就有什么样的道德，并且道德随着社会经济关系的变化而变化。道德作为一种社会意识，在阶级社会里总是反映着一定阶级的利益，因而不可避免地具有阶级性。

> 人们自觉地或不自觉地，归根到底总是从他们阶级地位所依据的实际关系中——从他们进行生产和交换的经济关系中，获得自己的伦理观念。
>
> ——恩格斯

2. 道德是社会利益关系的特殊调节规范

道德作为一种具体的社会意识，是一种由原则、规范、意识、信念和行为习惯构成的特殊调节规范体系。道德规范是一种非制度化的规范，不是被颁布、制定或规定出来的，而是处于同一社会或同一生活环境中的人们在长期的共同生活过程中逐渐积累形成的要求、秩序和理想，它表现在人们的视听言行上，深藏于品格、习性和意向之中。道德规范没有也不使用强制手段为自己开辟道路，它的实施主要是借助于社会舆论，传统习惯和内心信念来实现，教育、宣传、大众传播媒介也常常是道德规范转化为人们实际行动的重要手段。道德是一种内化的规范，道德规范只有在人们真心诚意地接受并转化为人的情感、意志和信念时才能得到实施。道德作为一种调节规范，通过社会的道德风尚和个人的道德风尚来调节利益关系，涉及经济建设、政治建设、文化建设、社会建设、生态建设等各个领域，涉及人与人、人与自然、人与自身等诸多关系，从一定意义上讲，道德在社会生活中无所不在。

3. 道德是一种实践精神

道德不仅是一种社会意识，是一种特殊的调节规范体系，还是人类掌握世界的特殊方式，是人类完善发展自身的活动。道德作为善恶观念，是一种关于价值的观念，是道德主体的需要同满足这种需要的对象之间的价值关系。需要是人类活动的基本动机，道德需要作为高于物质需要的精神需要，主要是促使人类结成互相满足的价值关系，推动人们改善这种关系，调节人与人的交往、协作，完善人的人格。同时，道德又不仅仅是价值，更是实现价值的有目的的行动。正是人的行为目的性决定了道德行为的方向、价值，表现了精神的实践功能。反过来讲，实践精神要成为道德的，就必须转化为一定的目的和在这种目的支配下的行动,就必须干预、调节人们的目的,并通过调节目的而调节行为。总之,道德是一种旨在通过把握世界的善恶现象而规范人们的行为,并通过人们的实践活动体现出来的社会意识,在本质上是知行合一。道德把握世界的方式不是被动地反映世界,而是从人的需要出发,从特定的价值出发来改造世界;不是简单地再现世界或描述世界,而是对世界进行价值评价。

(四) 道德的功能和作用

道德的功能是指道德作为社会意识的特殊形式对于社会发展所具有的功效与能力。道德的功能是多元的,同时也是多层次的,而认识功能、规范功能和调节功能是其基本的功能。道德的认识功能立足于解决"知"的问题,即道德反映社会关系特别是社会经济关系的功效和能力。道德的规范功能立足于解决"行"的问题,即规范社会成员的行为,并规范个人品德的养成,引导并促进人们崇德向善的功效和能力。道德的调节功能立足于解决"用"的问题,即道德通过评价等方式,指导和纠正人们的行为和实践活动,协调社会关系和人际关系的功效和能力。此外,道德还有导向功能、激励功能、教育功能等。

道德的作用是指道德的认识、规范、调节、激励、导向、教育等功能的发挥和实现所产生的社会影响及实际效果。从国家与社会的层面看,道德是维系社会稳定、促进国家发展的重要因素。从个人的层面看,道德是提高人的精神境界、促进人的自我完善、推动人的全面发展的内在动力。道德发挥作用的性质与社会发展的不同历史阶段相联系,由道德所反映的经济基础、代表的阶级利益所决定。道德的力量是广泛的、持久的,它既深刻影响着人们的意志、行为和品格,也深刻地影响着社会的存在和发展。

> 道德之于个人、之于社会,都具有基础性意义,做人做事第一位的是崇德修身。
> ——习近平

二、职业和职业道德

人的社会生活可以分为三大领域,即家庭生活、职业生活和公共生活。职业生活是社会生活不断向前发展的生命线。人的一生有近半时间是在职业生活中度过的,职业生活是人的最基本的实践活动。因此,职业道德是个人道德的重要内容,也是整个社会道德的重要组成部分。

(一) 职业的产生

人类社会的生存和发展,必须解决衣食住行等问题,满足社会成员的物质生活和精神生活的种种需要,为此就需要人们从事各种各样的工作。马克思、恩格斯指出:"人们为了能够'创造历史',必须能够生活。但是为了生活,首先就需要吃喝住穿以及其他一切东西。因此第一个历史活动就是生产满足这些需要的资料,即生产物质生活本身。"①这里所说的"生产物质生活本身"的活动,随着社会发展就成为人们的职业活动。

所谓职业,就是人们在社会生活中,对社会所承担的一定的职责和所从事的专门业务。职业伴随着人类社会的产生而产生,是社会发展和社会分工的产物。随着生产力的发展,科学技术的进步,社会分工越来越细,职业种类也越来越多。

每一种职业一经产生,社会就会赋予它一定的社会责任。从社会的角度来看,每一种职业对于社会的存在和发展都具有特殊的意义和作用。从个体的角度来看,每一个职业劳动者不但要参加一定的职业活动以维持自身的存在,还要履行个人对社会的职责。可以说,职业活动既是人类社会存在和发展的最基本的社会组织形式,又是个体存在和发展的基本条件。

【资料卡片】

职业的种类

《中华人民共和国职业分类大典》将我国职业归为八大类,66个中类,413个小类,1838个细类(职业)。

第一大类:国家机关、党群组织、企业、事业单位负责人,其中包括5个中类,16个小类,25个细类。

第二大类:专业技术人员,其中包括14个中类,115个小类,379个细类。

第三大类:办事员和有关人员,其中包括4个中类,12个小类,45个细类。

第四大类:商业、服务业人员,其中包括8个中类,43个小类,147个细类。

第五大类:农、林、牧、渔、水利业生产人员,其中包括6个中类,30个小类,121个细类。

第六大类:生产、运输设备操作人员及有关人员,其中包括27个中类,195个小类,1119个细类。

第七大类:军人,其中包括1个中类,1个小类,1个细类。

第八大类:不便分类的其他从业人员,其中包括1个中类,1个小类,1个细类。

资料来源:360百科.职业的分类[EB/OL].https://baike.so.com/doc/209183-221258.html.

---

① 马克思,恩格斯.马克思恩格斯全集(第1卷)[M].北京:人民出版社,1995:79.

(二) 职业道德的含义与特征

1. 职业道德的含义

职业道德与人们的职业活动密切相关。从事某种特定职业的人们，有着共同的劳动方式，经受共同的职业训练，因而往往具有共同的职业兴趣、爱好、习惯和心理传统，结成某些特殊关系，形成特殊的职业责任和职业纪律，从而产生特殊的行为规范和道德要求。

所谓职业道德，就是指从事一定职业的人们在职业生活中所应遵循的道德规范以及与之相适应的道德观念、情操和品质。职业道德在整个社会道德体系中占据重要地位，是社会道德原则和要求在职业领域的具体化，在职业活动有序进行的过程中发挥着重要作用。各种职业的活动对象、内容、方式和目标的不同，决定了不同的行业有不同的职业道德准则和要求。正如恩格斯所说："每个阶级，甚至是每一个行业，都各有各的道德。"[①]所以职业道德需从具体职业出发，根据职业的特殊内涵加以具体化，以此对行业行为加以规范。

在社会分工中，每个行业都是社会整体生产和运行体系的组成部分，担负着特定的社会职能。只有每个行业都有效履行社会职能，社会才能正常运行。任何一个行业的"失职"，都可能引发具有连锁效应的社会问题。

2. 职业道德的特征

第一，职业道德具有传承性。每种职业都有其特殊的道德传统和道德准则，这些道德内容是在长期的、反复的、特定的职业社会实践中形成的，即具有较强的稳定性和传承性，往往表现为稳定的职业心理、职业习惯和世代相传的职业传统。

第二，职业道德具有专业性。职业道德调节的主要是从事同一职业的人员的内部关系以及本行业从业人员同其服务对象之间的关系。鉴于职业的特点，职业道德调节的范围主要限于本职业的成员，而对于从事其他职业的人就不一定适用。

第三，职业道德具有多样性。职业道德是依据本职业的业务内容、活动条件、交往范围以及从业人员的承受能力而制定的行为规范、道德准则，所以职业道德是多种多样的，有多少种职业就有多少种职业道德。

第四，职业道德具有时代性。不同时代的职业道德必然反映出不同时代特征，因为职业道德的存在和发展，离不开特定的社会环境和时代条件的影响和限制。

(三) 职业道德的作用

1. 调整与服务对象关系

职业道德要求从业人员应从本职业的性质和特点出发，为服务对象服务、为社会服

---

① 马克思，恩格斯. 马克思恩格斯全集(第4卷)[M]. 北京：人民出版社，1960: 240.

务,并在这种服务中求得自身与本职业的生存和发展。哪种职业为社会、为服务对象服务得好,哪种职业就会受到社会的赞许,否则就会受到社会舆论的谴责。

2. 调整职业内部关系

调整职业内部关系包括调整领导与被领导之间、职业各部门之间、同事之间的关系。诸种关系之间都要保持一种和谐共进的关系,相互信任,相互支持,相互合作,做到社会关系的协调统一,避免互相拆台、互相掣肘。

3. 调整职业之间关系

通过职业道德的调整,各行业之间的行为得到协调、统一。社会主义社会的各种职业都是为实现全社会的共同利益而服务的。各行业之间的分工合作、协调一致,是社会主义职业道德的基本要求。

4. 促进成员健康成长

职业道德在促进职业成员成长的过程中具有重要作用。一个人有了职业,就意味着这个人已走上社会。在职业活动中,他势必要面对和处理个人与他人、个人与社会的关系,并接受职业道德熏陶。由于职业道德与从业人员的切身利益息息相关,人们往往通过职业道德接受或深化一般社会道德,综合形成一个人的道德素养。注重职业道德建设和提高,不仅可以造就一大批有高尚道德感、责任心的职业工作者,还可以大大促进新的社会道德风尚的发展。

第二节 教师职业与教师职业道德

一、教师职业

(一) 教师职业的产生和发展

教师是人类历史上最古老的职业之一。我国最早的教育活动可以追溯到原始社会。从古籍对燧人氏教人钻木取火、伏羲氏教民以猎、神农氏教民耕种的记载中可以窥探,在原始社会中教育是在日常生活和劳动实践中进行的,原始部落的氏族首领和具有劳动、生活经验的长者在生活中扮演了"教师"的角色,承担着把生产技能和生活经验传授给下一代的职责。到了奴隶社会初期,养老是氏族社会的传统,将富有生产经验和社会生活常识的老人集中起来,由集体敬养,这些老人自然担负起教育下一代的责任,养老的场所逐渐变成传授知识的场所,便产生了专门的教育机构——学校。这时的教师就是这些老人,而且他们已经有了最初的级别,即"国老"与"庶老"。到了奴隶社会鼎盛时期，西周统治者对教育极端重视和高度垄断，形成"学在官府"和"官守学业"的局面，培养统治阶级的治国人才。这时的学校分国学和乡学两种，国学是专门为京城的奴隶主贵族子弟设立的，乡学是建在地方、为一般奴隶主和庶民子弟设立的。但此时的教师并不是职业教师，他们大多是"以吏为师""官师合一"，国学里的教师由京城大官担任，乡学里的教师由地方官吏担任。直到春秋战国时期，由于社会动乱打破了统治阶级对教育的垄断局面，一些掌握了一定文化知识的贵族人员流落到社会下层，促进了私学的产生和兴起。在我国，私学的兴起是教师职业正式诞生的标志。在私学任教的人，不领取政府的俸禄，以自己的才干学识广收门徒，以收取学费作为生活的主要来源。自此，教师不再是官职，而成为一种独立的职业。随着社会发展对人才需求的增加，学校教育全面普及，教师职业受到社会越来越多的重视。

【资料卡片】

"教师"的由来

"教师"一词最早出现在《学记》中："教师者所以学为君也。"古代称教师为"师"，与军队有关。西周立国之初，为了加强军队统治力量，统治者便开始办学校，培养贵族子弟。这些贵族子弟在学校主要是学习射箭、驾驭等军事技能，而后才是学习文化。因此，西周初期学校的教师都是由高级军官担任，而其职名为"师"或"师氏"。随着社会的进步和文化教育事业的发展，任教的人逐渐多起来，因而教师便成为社会上一部分人的职业。由于"教"是传授知识的主要手段，人们便逐渐把"教"和"师"合起来，成为"教师"。

资料来源：360文库. 教师起源与发展[EB/OL]. (2019-05-22)[2022-02-20]
https://wenku.so.com/d/ebde1665206c8e9edfb645ff43848832.

在现今社会，教师不仅是一门独立的职业，还是一门专业性的职业。1966年，国际劳工组织和联合国教科文组织就在《关于教师地位的建议》中指出："教育工作应被视为专门职业。它是一种要求教师经过严格而持续不断的学习或研究，才能获得并维持专业知识和技能的公共业务。"1994年，我国实施的《中华人民共和国教育法》(已于2021年最新修订)规定"教师是履行教师职责的专业人员"，第一次从法律角度确认了教师的专业地位。2000年，教育部又颁布了《教师资格条例实施办法》，教师资格制度开始全面实施，促使教师职业专业化程度不断提高。

(二) 教师职业劳动的特点

教师作为教书育人的职业，其劳动特点是由活动对象、活动目的，以及活动本身的特点所决定的。但是无论从教育活动的对象、目的还是活动本身来看，教师所从事的教育劳动本质上都是一种道德实践活动，在整个教育活动中都体现出教师的教育道德品行。

1. 教师劳动的复杂性

教师劳动的对象是学生，是具有一定的自觉意识、主观倾向，有思想、有情感、有意志、有个人兴趣和爱好的活生生的人。首先，教师劳动对象的复杂多样性决定了教师在进行教育活动时，不能像物质生成那样使用统一的模式、固定的工艺流程和统一的型号，要考虑不同学生的身心发展特点、规律以及特殊性，进行因材施教。其次，学生是未成熟的人，身心状态处在不断成长变化中，这就要求教师要潜心研究学生，密切关注学生，根据学生变化具体情况改变教育教学的内容和方法。教师不仅要具有渊博的学识、高超的教育技巧，还必须以高度的责任感、事业心以及强烈的奉献精神积极投入到教育工作中去，方能完成教书育人的任务。

2. 教师劳动的示范性

学生具有以教师为榜样并模仿教师言行的倾向，我们称其为学生的"向师性"。教师本人的人格品质、道德情操、言谈举止和为人处世的方式都是具有影响力的教育资源。"教师不仅仅是向学生传授知识，他实际上以一种个人的方式体现了他所教授的知识。从某种意义上，教师就是他所教授的知识。"①这就要求教师要从育人的高度重视对自己思想、道德和行为等方面的修养，严于律己、以身作则，力求各方面成为学生的表率。

3. 教师劳动的个别性与合作性

教师劳动是建立在集体协作基础上的个体脑力劳动。首先，教师备课、讲课、辅导、批改作业、与学生谈话交流等大部分教育工作都要靠教师独立完成，而外界很难对其认真细致的程度进行监督和检查。这就要求教师要具备高度责任心和良好的自律性。其次，对学生的教育任务是由多方面协作的成果，教师需要与学生合作、与同事合作、与家长合作，形成教育合力。这就要求教师在日常工作和交往中应具有宽容意识与互助精神，相互尊重，相互理解，团结协作，互勉共进。

4. 教师劳动的长期性

一方面，教师劳动是培养人的劳动，周期长、见效慢。十年树木，百年树人。教育在育人方面从来不会取得立竿见影的效果，教师要通过长期连续性的工作，才能有效促进学生的成长。这就要求教师决不能以浮躁的、急功近利的心态面对教育工作。另一方面，教师劳动对学生的影响是长期的。教师对学生的影响不仅限于知识和技能，还有对待生活和工作的态度、思考问题的方式和方法等，所以教师对学生的影响不会随着学生学业结束而消失，而是以一种潜在的形式长期存在，甚至会伴随学生的一生。教师要本着为学生的全面发展、长远发展和终身幸福负责的态度开展教育工作。

---

① 马克斯·范梅南.教学机智：教育智慧的意蕴[M].李树英，译.北京：教育科学出版社，2001:104.

(三) 教师劳动的意义

1. 教师劳动对学生的意义

教师的主要任务在于帮助学生塑造自己、完善自我。这种塑造和完善影响着学生的成长和成熟，影响着人的潜能发挥和实现，促进个人更好地体验和实现自己人生的意义，获得幸福。教育不仅是传授知识，更重要的是培养学生一种积极的生活状态，让学生以积极的生存心境、人生态度对待生活。

教师劳动的意义在于使学生成为更好的人，在于让学生的生活由此变得美好。2000年的迪士尼全美年度教师罗恩·克拉克(Ron Clark)曾经这样描述他为什么当教师："当我看到我把全部的身心和热情投入给一群孩子后所带来的变化时，我便知道一个人如何能真正改变他人的生活。它一直推动着我坚持做教师，在教育这个领域坚持下去。"

2. 教师劳动对自身的意义

一方面，教师劳动对教师生存具有意义。教师通过教育劳动获取报酬，以满足自己物质生活和精神生活的需要；另一方面，教师劳动的意义体现在职业生活所带来的自我发展和实现上。教育是一个使教育者和受教育者都变得更完善的职业。教师劳动的过程既是一个育人的过程，也是一个育己的过程。教师在教育劳动过程中，与学生一起探求真知、追寻生活智慧，从而获得专业素养的提升和生命力量的充盈，并使自我的人生价值得以实现。

3. 教师劳动对社会的意义

首先，在人类社会发展的长河中，教师承担着传播文化、启迪智慧、教化万民的重要责任，教师辛勤的劳动对推动人类文明发展和社会承先启后、继往开来等方面具有重要的意义。其次，教育是一个民族最根本的事业，教师担负着为国家和民族培养合格建设者和接班人的重任，对国家创新能力的增强、国家竞争力的提升有着深层次的影响。此外，教育承载着家庭的梦想和幸福。在我国的家庭教育观念中，家长对孩子的未来寄予了无限的期望。教师向学生传授科学文化知识，保护好学生的身心健康，促进学生快乐幸福地成长，其意义并不仅仅在学生个人，也有助于家庭的和谐和幸福。

二、教师职业道德

(一) 教师职业道德概述

教师职业道德是教师在其职业生活中，调节与他人、与集体、与社会等关系时应当遵循的道德规范与行为准则，以及在此基础上所表现出来的道德观念与道德品质。简单来说，教师职业道德是教师在从事教育教学活动时所应遵循的行为规范和必备品德。教师职业道德以具体适用于教师职业活动的形式体现出全社会对教师行为的基本道德要求,具体体现在教师职业理想、教师职业责任、教师职业态度、教师职业纪律、教师职业良心、教师职业作风和教师职业荣誉等方面。

教师职业道德对教师行为的规范、约束和指导主要是通过建立道德规范体系来实施的。从学科理论体系结构来看,教师职业道德体系由教师职业道德基本原则、教师职业道德规范和教师职业道德范畴三个基本要素构成。

教师职业道德基本原则是教师在教育职业活动中正确处理各种利益关系所必须遵循的最根本的行为准则,集中体现了一定阶级或社会对教师职业活动的最根本的道德要求,是教师职业道德体系与其他职业道德体系相区别的基本特征,在教师职业道德规范体系中居于核心和主导的地位。教师职业道德基本原则对教师的行为具有普遍的约束力,贯穿于教师职业活动的全过程。

教师职业道德规范是教育职业活动中调整人们之间的利益关系,是判断教师教育行为是非善恶的具体标准。教师道德规范是教师道德原则的展开和具体化,它既增强了教师道德原则的可操作性,又便于对教师行为做出更直接、更具体的指导和评价。

教师职业道德范畴是专指可以纳入教师职业道德规范体系并需要专门研究的基本概念。它既是反映教育劳动中教师与学生、教师与学生家长、教师与同事及教师集体、教师与教育事业、教师与社会之间的最本质、最主要、最普遍的道德关系的基本概念,又是概括教师职业道德的主要本质,体现一定的社会对教师行为的根本道德要求的基本概念。

教师职业道德(简称"师德")基本原则、规范和范畴三方面相辅相成,共同构成了教师职业道德体系的有机整体。其中,师德原则是整个教师职业道德规范体系的核心和灵魂,师德规范和范畴应以师德原则为依据并体现教师道德的基本原则;师德规范是师德原则的展开和具体化,师德原则总是要通过一系列具体的师德规范才能对教师行为起调节和指导作用,离开了师德规范的师德原则是空洞抽象的;师德范畴受师德原则和规范的制约,同时又是这些原则和规范发挥作用的必要条件,是对师德原则和师德规范不同层次和不同侧面的补充与丰富。

(二) 教师职业道德的形成与发展

1. 教师职业道德的形成

教育劳动实践中客观存在的各种利益,是教师职业道德产生和形成的客观根据。一定的社会教师职业道德的建立,既要反映当时社会的经济基础和当时统治阶级的利益要求,受当时社会占统治地位的思想意识、道德原则和规范的制约,又必然要借鉴和吸收以往社会教师职业道德思想的合理因素。

第一,教育劳动实践是教师职业道德形成的客观基础。教师职业道德是教育劳动实践中各种利益关系的反映。在教育劳动实践中,主要的利益包括教师的个人利益、学生的个人利益、教师集体的利益、社会教育事业利益。这些利益之间不仅有相互依存的一面，也有相互对立和矛盾或冲突的一面。这些矛盾或冲突往往会恶化教育劳动的条件，影响教师的威信和劳动情绪，影响教师劳动行为方式的选择和教育过程的顺利进行，从而最终影响着整个社会教育事业的发展。教育劳动从一定意义上来讲，是一种内心道德责任感支配下所做出的"良心活"。一个具有良好职业道德修养的教师，可以勤勤恳恳，呕心沥血，为学生健康成长做出可贵的贡献；而一个缺乏职业道德的教师，不论规章制度制定得多么详细，他总可以想方设法怠工和偷懒。由此可见，教育劳动中的道德调节是一种更灵活、更有效、时时处处都能起到指导和监督作用的调节机制。教师职业道德通过对教师的思想和行为进行灵活的、内在的、自觉的引导和监督，从而实现着对教育过程的调节作用。正如苏联教育家契尔那葛卓娃和契尔那葛卓夫在《教师道德》中所指出的："教师的道德是各种利益互相冲突的情况下，从调节教师行为的需要中产生出来，以便把教师的行为协调地纳入职业集团的活动中，纳入社会中去，从而保证所有其他参加教育过程的人都能合作相处。"[1]

第二，教师职业道德的形成受一定社会生产关系和阶级利益的制约。社会生产关系决定并制约着教育制度目的和内容，而教育制度目的和内容又决定着教育活动的目的、性质和任务，决定着教师的地位，从而制约着从事教师职业的人在整个教育劳动过程中采取怎样的劳动态度，在处理各种利益关系上遵守怎样的行为准则。从教师个体方面看，教师不仅是该社会从事教育职业活动的一个成员，更是整个社会生活中的一员，他的道德意识必然会受到整个社会道德的影响，并把它们体现在自己从事的教育职业活动中。因此处在一定阶级关系中的教师或者教育家的师德观念，总是自觉或不自觉地带有阶级色彩。教师职业道德在阶级社会里总是带有一定程度的阶级性，必然反映一定阶级的利益要求，必然受统治阶级的思想意识、道德原则和规范的影响。

第三，教师职业道德的形成是批判继承历史上优秀教师道德遗产的结果。在不同社会、不同阶级的教师道德中，存在着某些共同的规范和要求。如"教书育人""为人师表""严谨治学"已经成为各个社会、各个阶级教师道德的重要内容。这些规范不为某一时代、某一阶段、某一部分教师所独有，而是一切社会各个阶级的教师共同遵守、共同维持的行为准则。这些共同的教师职业道德规范必然会代代相传，成为各个社会、各个阶级教师职业道德体系中必不可少的一部分。

需要注意的是，任何社会、任何阶级对于历史上的道德遗产，都不是无条件地全盘吸收，而是根据所处时代的经济关系和经济利益的需要进行加工改造，将不适应的部分加以剔除，将适应的因素加以继承，对教师职业道德遗产的继承也同样如此。那些反映教育过程的客观规律和教师职业劳动特殊性，符合新时代特点的规范和要求就会被继承下来，融入新的教师职业道德规范体系，成为其不可或缺的有机组成部分。

---

[1] 契尔那葛卓娃，契尔那葛卓夫.教师道德[M].严缘华，等译.上海：华东师范大学出版社，1982：57-58.

2. 我国教师职业道德的发展

我国最早对教师明确提出职业道德要求是在商周时期。那时学校教育在宫廷官府之中，教师是由官吏兼任的，教师职业道德往往夹杂在政治道德之中，尚没有明确的教师职业道德理论，但已初步提出了教师应遵守的道德原则。《礼记·文王世子》曰："师也者，教之以事而喻诸德者也。"意思是说，所谓师，是用具体事例教导并用它说明各种德行的人。这是中国古代最早提出的对教师的要求以及教师应遵循的职业道德原则。

春秋战国时期以孔子、孟子、荀子、墨子等为代表的一批教育家、思想家纷纷兴办私学，并且基于自身的教育实践总结出了一套教师道德规范体系。孔子要求教师学而不厌，诲人不倦；因材施教，有教无类；不愤不启，不悱不发；以身作则，言传身教；热爱学生，有教无类；因材施教，循循善诱，并且要求教师有高尚的道德情怀。孟子把从事教师工作看作人生三大乐事之一，所谓"得天下英才而教育之，三乐也"。荀子对教师提出非常严格的要求，认为当教师应具备四方面的基本条件："尊严而惮，可以为师；耆艾而信，可以为师；诵说而不陵不犯，可以为师；知微而论，可以为师。"意思是说，当教师的人要具有4个特征：第一要有尊严和威信；第二要有丰富的经验和崇高的信仰；第三要能循序渐进地讲学；第四要通晓细微的道理并能加以阐发。

《学记》是我国最早的一部教育学专著，也是迄今为止世界上发现最早的一部教育学专著。它言简意赅地总结了先秦时期我国教育工作的宝贵经验，提出很多真知灼见。《学记》指出，教师要善于开导、鼓励、启发学生，做到"道而弗牵，强而弗抑，开而弗达"。《学记》还指出，教师要有高尚的道德品质和丰富的学识，"记问之学，不足以为人师"，特别重要的是"善教者，使人继其志"，这是对教师道德的进一步要求。

汉武帝"罢黜百家，独尊儒术"以后，教师职业道德与儒家伦理实现了全方位的融合，儒家伦理成为教师职业道德的伦理基础。董仲舒提出，教师的道德就在于"化民成性"，教师要不断提升自己的道德修养，从而成为整个社会的道德榜样，对民众起到道德教化的作用。唐代的韩愈提出教师职业的三项基本要求：传道、授业和解惑。韩愈认为，为了传递儒家道统，教师必须不断提升自身的道德修养，做到"以身立教"，最终实现对学生以及民众的道德教化。宋代理学大师朱熹所拟订的《白鹿洞书院揭示》是我国古代关于教师道德规范比较完整的阐述。朱熹在其中提出了忠信、修身、博学、慎思、明辨、笃行等思想主张，强调教师要做到知行合一，以崇高的道德修养来实现道德教化。明代心学大师王明阳也认为"明人者先自明"，提出通过提升自身的道德修养和道德境界，然后更好地培养学生的道德品质。

鸦片战争以后，中国逐渐沦为半殖民地半封建社会，文化教育的性质发生了深刻的变化。康有为、梁启超、蔡元培等为代表的一大批教育家，对教师职业道德提出了新的规范要求。康有为十分重视师德修养，针对不同的教育对象，提出不同的师德要求。他认为，儿童正处于生长发育生长期，易受外界环境的影响，缺乏自理能力，小学教师"当选任德性仁慈，威仪端正，学问通达，诲诱不倦者完之"；中学生特别是初中生意识还不成熟，自立性、持久性、自制力等还不如成人，更需要"妙选贤达之士，行谊方正，德性仁明，文学广博，思悟通妙，而又诲人不倦，慈幼有恒者，方当此任"。我国著名教育家蔡元培也极为重视教育工作，他要求教师的行为和品质应成为学生的榜样。他曾说过："什么是师范？范就是模范，为人的榜样。"他不仅要求教师为人师表，本人也时时处处做出表率，为后世树立了光辉的师德榜样。

五四运动后，马克思主义在中国传播，开辟了教育文化发展的新纪元，中国教师职业道德的发展也进入了新的阶段。教育家陶行知先生被人们誉为"人之模范"，他放弃舒适安逸的城市生活，到贫穷落后的农村创办乡村教育。他说："乡村人民儿童所敬爱的教师，应该具备健康的体魄，农民的身手，科学的头脑，艺术的兴味，改造社会的精神。"[①]他严于律己，好学不倦，认为做教师的人必须天天学习，才能有教学之乐，而无教学之苦。

中华人民共和国成立之后，特别是改革开放以来，我国经济社会发展取得了长足进步，师范教育的水平得到了显著的提高。我国师范教育发展翻开了崭新的篇章。随着社会的前进和教育事业的发展，社会主义的教师职业道德在不断地发展和完善，逐渐形成了比较成熟、系统、完备的教师职业道德体系。我国于1985、1991、1997、2008年先后四次颁布和修改了《中小学教师职业道德规范》，对教师职业道德的发展起了积极的推动作用。

(三) 教师职业道德的特点

教师职业道德，从其本质意义上来说，与一般道德或其他行业道德不存在本质上的差异。但是，教师职业道德是一般社会道德在教师职业中的特殊体现，与教育劳动紧密相连。教师职业劳动的特殊性决定了教师职业道德又具有不同于其他职业道德的自身特点。

1. 教师职业道德要求的高层次性

教育劳动是以培养人为目的的特殊职业劳动，教师担负着教书育人的职责。教师不仅要用丰富的学识去教人，还要用高尚的道德品质去感染人，从而把我们的学生培养成为社会所需要的德才兼备的人。作为"人类灵魂的工程师"，任何国家和阶级都对教师道德水准提出了较高的要求。

汉代著名思想家董仲舒曾说："善为师者，既美其道，有慎其行。"他认为教师是为别人做表率，因此必须对自己的一言一行负责，而不可掉以轻心。现代教育家陶行知在《我们的信条》里，列举了十多条教师道德要求，主要有以下几条：教师应以身作则，必须学而不厌，诲人不倦；应当运用困难以发展思想及奋斗精神；应做人民的朋友；应有"农夫的身手，科学的头脑，艺术的兴味，改造社会的精神"，及"对儿童教

---

① 陶行知. 陶行知教育文选[M]. 北京：教育科学出版社，1981：90.

育有鞠躬尽瘁、死而后已的决心"；等等。在国外，人们对教师道德也提出了很高的要求。如1948年，美国师范教育委员会在组织深入系统研究的基础上，向全国教师发表了题为《我们时代的教师》的报告，对教师提出了13条道德要求：①教师要自爱爱人；②教师要富于社会意识；③教师要能够理智地处理一切事务；④教师要善于与人合作；⑤教师要能够在专业素养中培养其一般的优良特质；⑥教师要继续不断地求知；⑦教师要熟悉传授知识的技术；⑧教师要热爱学生；⑨教师应了解学生；⑩教师应了解社会并参与社会活动；⑪教师应是学校、社会中的良好分子；⑫教师对自身及学生的成就要有正确的评价能力；⑬教师要有专业的信心。[1]这些要求不仅全面，而且标准很高。

历史上无论哪个时代，教师道德总是处于当时社会道德的较高水准上，作为人类道德继承和发展的主要桥梁而发挥着积极的作用，也正是因为教师有着较高的道德水准，不管自己所处的地位如何、待遇如何，总是凭着自己的职业良心，尽心尽责地教书育人，所以教师职业和其他职业相比，一般较能受到人们的信任和尊重。

2. 教师职业道德行为的示范性

教育劳动对象是可塑性大、模仿性强，思想观念和道德品质正处于形成阶段的青少年。他们对教师有一种特殊的信任和仰慕的情感，常常会不自觉地效仿教师的言谈行为、为人处世的态度等。无论教师本人是否意识到，其在教育劳动中所表现出来的一切言论、行为、品性，都会在学生心灵上留下痕迹，都会对学生起着熏陶、感染甚至感召的作用。"教，上所施，下所效也。"教师的道德行为在教育劳动中具有强烈的示范性，它不仅是对教师自身行为的规范要求，也是对学生进行教育的有效手段。教师良好的言行，是对学生良好的现身教育。正如俄国教育家乌申斯基指出："教师个人的范例，对于青年人的心灵，是任何东西都不能代替的阳光。"[2]因此，教师必须做到"学为人师、行为世范"，要"取法乎上"，见贤思齐，用模范的言行举止为学生树立榜样。

3. 教师职业道德调节的自觉性

一切类型的道德实践都强调主体的自觉，职业道德也不例外，但教师职业在这方面更为突出。教师是以个体脑力劳动为主要的劳动方式，也就是说，他的工作常常处于无人监督的情况之下。诸如，教师是否充分备课，是否认真批改作业，是否耐心教育学生，等等，这些都是很难进行监督和考核的，主要依靠教师本人的严格自律。而且，教师对学生的教育和影响并不局限于课堂上、教室内和校园里，在任何时间、任何地方要求学生做到的，教师本人首先必须身体力行。这种劳动时间和劳动空间的灵活性，要求教师要有较高的思想觉悟，在遵守职业道德上要有更强的自觉性。

---

[1] 刘桂香.教师道德新论[M].北京：军事谊文出版社，1993：75.

[2] 龚乐进.人民教师的职业道德[M].长春：吉林教育出版社，1987：14.

4. 教师职业道德影响的深广性

"深广性"的"深"是就程度而言的，指教师道德在教育过程中不只是作用于学生的感官，还可以直接深入学生的心灵，塑造学生的性格和品德；不但会影响学生在校期间的成长，甚至会影响他的一生。这种强大的穿透力是其他类型的职业道德无法比拟的。"深广性"的"广"是就范围而言的，指教师道德不仅是作用于在校的学生，还会通过学生影响到学生的家庭甚至是整个社会。在现代社会中，随着教育的普及以及教师社会地位的提高，教师与社会的接触越来越多，联系面也越来越广泛。他们的思想境界、行为举止也将越来越多地影响到社会的各个阶层和各个行业，进而影响整个社会的道德风尚。

(四) 学习和践行教师职业道德的意义

1. 有利于教育工作的顺利开展

教育过程中包含着纷繁复杂的人际关系，如教师与学生的关系、教师与同事的关系、教师与家长的关系、教师与社会的关系等。处理好这些关系，对教育事业顺利、有效地发展是至关重要的。

首先，良好的教师职业道德是人际关系的润滑剂，它以带有本职业鲜明特点的特殊道德形式，向教师指明了协调教育劳动中各种利益关系的行为方向，促进教师与教育过程的其他参加者以及社会各方面建立协调一致的关系，以便顺利地进行教育活动，完成教育任务。其次，具有良好职业道德修养的教师能够深刻认识自己所从事的工作的伟大意义，能够正确评价教师职业的价值，从而树立起牢固的敬业精神和端正的职业态度，勇于克服工作中的各种困难和阻力，热爱并献身于教育事业。这也是教育过程顺利开展并富有成效的必要条件。此外，教师一旦将作为外在规范的教师职业道德要求转化为自身内在的信念，即便没有外在的监督和指导，他也会自觉地恪守教师职业道德的要求，尽力完善自己的教育行为。总之，教师职业道德可以指导教师在教育工作过程中正确选择自己的教育行为，处理和调节好各种道德关系和利益矛盾，从而保证教育工作顺利、高效地开展。

2. 有利于促进学生道德品质的形成

学校教育是青少年道德品质形成的主要途径之一，而教师对青少年道德品质的形成负有重要的责任。教师应"成为他们道德品质的启蒙者、设计者和导向者，以自身的高尚道德作为他们的榜样，激起他们内在的道德倾慕感和趋同性"[①]。

一方面，教师道德对青少年学生道德情感的培养具有影响作用。具有良好师德的教师能自觉在教育教学过程中，向学生渗透积极的世界观、价值观和人生观，能激发学生道德认识的积极性。教师在教学过程中体现的道德素养直接影响学生的道德情感的培

---

① 谢瑞俊. 教师职业道德的特点和功能[J]. 苏州教育学院学报(社会科学版)，1992(4)：25.

养。在与学生交往中，教师个人的态度、风格和教学机智等个性特征对学生道德成长具有直接的影响。在与学生的直接接触中，教师对每一个问题的回应，每一次分发的作业，对每一次争论的总结，给学生的每一次评语，甚至一个眼神、一个手势和一种语气，都有可能在学生的心中留下深刻的印象，引导他们对求知、做人、处事方面的价值判断与善恶分别[①]。

另一方面，教师道德对青少年学生道德行为的养成具有示范作用。教师是学生在校园中接触到的最直观、最真实的道德榜样，教师的一言一行都对学生具有教育影响。具有高尚师德的教师能够通过自己的"身教"来印证课堂上的"言教"，进而实现"不教而教"的效果，这种榜样影响有效推动学生在道德品质成长过程中，由道德认知向道德行为的转变。

【资料卡片】

四块糖的故事

一天，陶行知在校园里看到学生王友用泥巴砸自己班上的男同学，立即制止了他，并让他放学后到校长室去。

放学后，王友早早地来到校长室门口准备挨训。这时，陶行知走过来。他一看到王友，就掏出一块糖果递给他，说："这是奖给你的，因为你按时来了，而我却迟到了。"

王友惊愕地接过糖果，目不转睛地看着陶行知。这时，陶行知又掏出一块糖果递给王友，说："这块糖果也是奖给你的，因为当我不让你再打人的时候，你立即就住手了，这说明你很尊重我，我应该奖励你。"

王友更惊愕了，他不知道校长到底想干什么。这时，陶行知又掏出一块糖果放到王友的手里，说："我已经调查过了，你用泥块砸那些男生，是因为他们不守游戏规则，欺负女生。你砸他们证明你很正直善良，并且有跟坏人作斗争的勇气，应该奖励。"王友听了非常感动，他失声叫了起来："校长，你打我吧，我砸的不是坏人，而是自己的同学呀！"

陶行知满意地笑了，又掏出一块糖果递给王友，说："你能正确地认识错误，这块糖果值得奖励给你。现在我已经没有糖果了，你也可以回去了。"

资料来源：万鑫，宋颖军.中外教育家故事集锦[M].长春：吉林教育出版社，2012.

3. 有利于教师自身专业发展

教师只有具有高尚的职业道德，具有坚定的事业心和责任感，才可能教好每一个学生、传授每一份真知；才可能在教育领域不断探索、不断改进和超越，提高自己的研究

---

① 刘万海.教学即德性生活：走向新的教学理解[J].全球教育展望，2005(7)：39.

能力；也才可能克服工作中的种种困难和压力，调整情绪和状态，形成积极乐观的生活态度、健康向上的心理素质。

第一，教师职业道德是教师专业化发展不可或缺的要素，是教师专业化发展的核心内容。一种职业的专业化发展，必须有职业道德的规范和提升，否则很难实现真正的专业发展。对于一名教师来说，即使他拥有良好的专业知识和高超的教学技能，但如果没有赢得家长及社会的信任和尊重，缺乏应有的职业道德及专业情感，仍不能称为专业教师。

第二，教师职业道德有助于教师形成坚定的专业信念，是教师专业发展的动力支持。教师专业信念是教师对教育理念、教育观念、教育教学理论的认知和确信，它可以影响教师的专业态度和动机，从而指导教师的教育行为。教师职业道德能够对教师专业信念的形成起到指向作用和调控作用，不仅能够帮助教师树立正确的专业信念，还能够帮助教师从内部坚定专业信念，继而促进自身的专业化发展。

第三，教师职业道德有助于提升教师的专业化水平。教师职业道德可以更好地帮助教师平衡现实生活中较为复杂的道德矛盾和道德关系，并使其以师德为准绳处理问题。另外，教师在提升自我道德修养的过程中，也会以更高的标准要求自己、发展自己，使自己的专业化水平得到进一步提升。

4. 有利于社会道德风尚建设

教师职业道德的意义不仅表现在学校教育过程中，还会通过各种途径和方式，促进社会良好道德风尚的形成。

一是教师通过培育学生的优良道德品质来影响社会。教师在育人的过程中以自身的道德标准来要求和感染学生，使学生具有良好的道德品质。而学生将在学校里培养的道德品质带往社会的各行各业，从而带动整个社会的道德水平的提升。

二是教师通过自身的道德品质去影响社会。在日常生活中，教师会把在教师行业中形成的优良道德品质带进家庭生活和周围环境中，尊老爱幼、亲友和睦、乐于助人、遵纪守法，这无疑都会对良好社会风尚的形成起到积极的促进作用。

三是教师通过参加各种社会活动来促进道德风尚的传播。教师除了自己特定的职业活动外，还将作为社会成员参加各种社会活动，用自己的学识和自身的行为向社会传递正能量。

【拓展阅读】

做党和人民满意的好老师(节选)

邓小平同志曾经指出："一个学校能不能为社会主义建设培养合格的人才，培养德智体全面发展、有社会主义觉悟的有文化的劳动者，关键在教师。"教师重要，就在于教师的工作是塑造灵魂、塑造生命、塑造人的工作。一个人遇到好老师是人生的幸运，一个学校拥有好老师是学校的光荣，一个民族源源不断涌现出一批又一批好老师则是民族的希望。国家繁荣、民族振兴、教育发展，需要我们大力培养造就一支师德高尚、业务精湛、结构合理、充满活力的高素质专业化教师队伍，需要涌现一大批好老师。

那么，怎样才能成为好老师呢？今天，我想就这个问题同大家做个交流。

每个人心目中都有自己好老师的形象。做好老师，是每一个老师应该认真思考和探索的问题，也是每一个老师的理想和追求。我想，好老师没有统一的模式，可以各有千秋、各显身手，但有一些共同的、必不可少的特质。

第一，做好老师，要有理想信念。陶行知先生说，教师是"千教万教，教人求真"，学生是"千学万学，学做真人"。老师肩负着培养下一代的重要责任。正确理想信念是教书育人、播种未来的指路明灯。不能想象一个没有正确理想信念的人能够成为好老师。唐代韩愈说："师者，所以传道授业解惑也。""传道"是第一位的。一个老师，如果只知道"授业""解惑"，而不"传道"，不能说这个老师是完全称职的，充其量只能是"经师""句读之师"，而非"人师"了。古人云："经师易求，人师难得。"一个优秀的老师，应该是"经师"和"人师"的统一，既要精于"授业""解惑"，更要以"传道"为责任和使命。好老师心中要有国家和民族，要明确意识到肩负的国家使命和社会责任。

我们的教育是为人民服务、为中国特色社会主义服务、为改革开放和社会主义现代化建设服务的，党和人民需要培养的是社会主义事业建设者和接班人。好老师的理想信念应该以这一要求为基准。广大教师要始终同党和人民站在一起，自觉做中国特色社会主义的坚定信仰者和忠实实践者，忠诚于党和人民的教育事业，自觉把党的教育方针贯彻到教学管理工作全过程，严肃认真对待自己的职责。要注重加强中国特色社会主义理论体系的学习，加深对中国特色社会主义的思想认同、理论认同、情感认同，不断增强道路自信、理论自信、制度自信，积极引导学生热爱祖国、热爱人民、热爱中国共产党。好老师应该做中国特色社会主义共同理想和中华民族伟大复兴中国梦的积极传播者，帮助学生筑梦、追梦、圆梦，让一代又一代年轻人都成为实现我们民族梦想的正能量。

广大教师要用好课堂讲坛，用好校园阵地，用自己的行动倡导社会主义核心价值观，用自己的学识、阅历、经验点燃学生对真善美的向往，使社会主义核心价值观润物细无声地浸润学生们的心田、转化为日常行为，增强学生的价值判断能力、价值选择能力、价值塑造能力，引领学生健康成长。

第二，做好老师，要有道德情操。老师的人格力量和人格魅力是成功教育的重要条件。"师也者，教之以事而喻诸德者也。"老师对学生的影响，离不开老师的学识和能力，更离不开老师为人处世、于国于民、于公于私所持的价值观。一个老师如果在是非、曲直、善恶、义利、得失等方面老出问题，怎么能担起立德树人的责任？广大教师必须率先垂范、以身作则，引导和帮助学生把握好人生方向，特别是引导和帮助青少年学生扣好人生的第一粒扣子。

"师者，人之模范也。"教师的职业特性决定了教师必须是道德高尚的人群。合格的老师首先应该是道德上的合格者，好老师首先应该是以德施教、以德立身的楷模。师者为师亦为范，学高为师，德高为范。老师是学生道德修养的镜子。好老师应该取法乎上、见贤思齐，不断提高道德修养，提升人格品质，并把正确的道德观传授给学生。

师德是深厚的知识修养和文化品位的体现。师德需要教育培养，更需要老师自我修养。做一个高尚的人、纯粹的人、脱离了低级趣味的人，应该是每一个老师的不懈追求和行为常态。好老师要有"捧着一颗心来，不带半根草去"的奉献精神，自觉坚守精神家园、坚守人格底线，带头弘扬社会主义道德和中华传统美德，以自己的模范行为影响和带动学生。

好老师的道德情操最终要体现到对所从事职业的忠诚和热爱上来。好老师应该执着于教书育人。我们常说干一行爱一行，做老师就要热爱教育工作，不能把教育岗位仅仅作为一个养家糊口的职业。有了为事业奋斗的志向，才能在老师这个岗位上干得有滋有味，干出好成绩。如果身在学校却心在商场或心在官场，在金钱、物欲、名利同人格的较量中把握不住自己，那是当不好老师的。

现在，很多地方做老师还比较清苦，特别是农村基层小学老师很辛苦，收入不高，物质生活不是很宽裕，有些家庭负担较重的老师生活还比较困难。各级党委和政府都要关心广大老师特别是生活工作有困难的老师，努力为他们排忧解难。同时，老师要有"衣带渐宽终不悔，为伊消得人憔悴"的精神，兢兢业业做好工作。做老师，最好的回报是学生成人成才，桃李满天下。想想无数孩子在自己的教育下学到知识、学会做人、事业有成、生活幸福，那是何等让人舒心、让人骄傲的成就。

第三，做好老师，要有扎实学识。老师自古就被称为"智者"。俗话说，前人强不如后人强，家庭如此，国家、民族更是如此。只有我们的孩子们学好知识了、学好本领了、懂得更多了，他们才能更强，我们的国家、民族才能更强。

扎实的知识功底、过硬的教学能力、勤勉的教学态度、科学的教学方法是老师的基本素质，其中知识是根本基础。学生往往可以原谅老师严厉刻板，但不能原谅老师学识浅薄。"水之积也不厚，则其负大舟也无力。"知识储备不足、视野不够，教学中必然捉襟见肘，更谈不上游刃有余。

国外有教育家说过："为了使学生获得一点知识的亮光，教师应吸进整个光的海洋。"在信息时代做好老师，自己所知道的必须大大超过要教给学生的范围，不仅要有胜任教学的专业知识，还要有广博的通用知识和宽阔的胸怀视野。好老师还应该是智慧型的老师，具备学习、处世、生活、育人的智慧，既授人以鱼，又授人以渔，能够在各个方面给学生以帮助和指导。

陶行知先生说："出世便是破蒙，进棺材才算毕业。"这就要求老师始终处于学习状态，站在知识发展前沿，刻苦钻研、严谨笃学，不断充实、拓展、提高自己。过去讲，要给学生一碗水，教师要有一桶水，现在看，这个要求已经不够了，应该是要有一潭水。

第四，做好老师，要有仁爱之心。教育是一门"仁而爱人"的事业，爱是教育的灵魂，没有爱就没有教育。好老师应该是仁师，没有爱心的人不可能成为好老师。高尔基说："谁爱孩子，孩子就爱谁。只有爱孩子的人，他才可以教育孩子。"教育风格可以各显身手，但爱是永恒的主题。爱心是学生打开知识之门、启迪心智的开始，爱心能够滋润浇开学生美丽的心灵之花。老师的爱，既包括爱岗位、爱学生，也包括爱一切美好的事物。

有人说，好老师的眼神应该是慈爱、友善、温情的，透着智慧、透着真情。好老师对学生的教育和引导应该是充满爱心和信任的，在严爱相济的前提下晓之以理、动之以情，让学生"亲其师""信其道"。好老师要用爱培育爱、激发爱、传播爱，通过真情、真心、真诚拉近同学生的距离，滋润学生的心田，使自己成为学生的好朋友和贴心人。好老师应该把自己的温暖和情感倾注到每一个学生身上，用欣赏增强学生的信心，用信任树立学生的自尊，让每一个学生都健康成长，让每一个学生都享受成功的喜悦。

有爱才有责任。好老师应该懂得，选择当老师就选择了责任，就要尽到教书育人、立德树人的责任，并把这种责任体现到平凡、普通、细微的教学管理之中。正是因为爱教育、爱学生，我们很多老师才有了用一辈子备一堂课、用一辈子在三尺讲台默默奉献的力量，才有了在学生遇到危难时挺身而出的勇气，才有了敢于攻克新知新学的锐气。老师责任心有多大，人生舞台就有多大。

老师还要具有尊重学生、理解学生、宽容学生的品质。离开了尊重、理解、宽容同样谈不上教育。"学而不厌、诲人不倦"，有教无类，因材施教，教也多术，就是要求老师具有尊重、理解、宽容的品质。这本身就是一种伟大的教育力量。受到尊重、得到理解、得到宽容，是每一个人在人生各阶段都不可缺少的心理需要，儿童和青少年更是如此。一些调查材料反映，尊重学生越来越成为好老师的重要标准。好老师应该懂得既尊重学生，使学生充满自信、昂首挺胸，又通过尊重学生的言传身教教育学生尊重他人。

世界上没有两片完全相同的树叶，老师面对的是一个个性格爱好、脾气秉性、兴趣特长、家庭情况、学习状况不一的学生，必须精心加以引导和培育，不能因为有的学生不讨自己喜欢、不对自己胃口就冷淡、排斥，更不能把学生分为三六九等。对所谓的"差生"甚至问题学生，老师更应该多一些理解和帮助。老师在学生心目中具有重要位置，老师无意间的一句话，可能造就一个天才，也可能毁灭一个天才。好老师一定要平等对待每一个学生，尊重学生的个性，理解学生的情感，包容学生的缺点和不足，善于发现每一个学生的长处和闪光点，让所有学生都成长为有用之才。

我看了不少优秀教师的事迹，很多老师一生中忘了自己、把全部身心扑在学生身上，有的老师把自己有限的工资用来资助贫困学生、深恐学生失学，有的老师把自己的收入用来购买教学用具，有的老师背着学生上学、牵着学生的手过急流、走险路，有的老师拖着残疾之躯坚守在岗位上,很多事迹感人至深、催人泪下。这就是人间大爱。我们要在广大教师中、在全社会大力宣传和弘扬优秀教师的先进事迹和高尚品德。

好老师不是天生的,而是在教学管理实践中、在教育改革发展中锻炼成长起来的。衷心祝愿每个教师都能成为符合党和人民要求、学生喜欢和敬佩的好老师,希望每个孩子都能遇到好老师。

资料来源:习近平同北京师范大学师生代表座谈时的讲话. https://www.ccps.gov.cn/xxsxk/zyls/201812/t20181216_125673.shtml?appinstall=0.

【师德故事】

时代楷模张玉滚:一根扁担挑起山里娃的"上学梦"

春天的伏牛山,满山遍野披上绿装,黄色的连翘花竞相开放。位于伏牛山深处的河南省南阳市镇平县高丘镇黑虎庙小学校园里,红旗迎风飘扬,教室里书声琅琅,校长张玉滚正在给六年级的孩子们上课。

这样熟悉的画面,在全国道德模范张玉滚的人生中已经重复了20个年头。山还是那座山,孩子们送走了一届又一届,而张玉滚始终坚守在这里。

"无论多忙,我都坚持给孩子们上课,每周至少保证6节课。如果遇上省里或者市里的巡讲活动,落下的课,我都会抽时间补上。"眼前的张玉滚虽然已经是享誉全国的道德模范,但聚光灯下的他始终朴实无华,一说到学生就两眼放光。

"您看,校园里焕然一新,孩子们有了全新的塑胶跑道。如今,学校有12位任课教师,每位老师都住上了一室一厅一卫的教师周转房……"课间时,张玉滚带着记者参观崭新的现代化校园,对校园设施如数家珍,"学校六年级也办起来了,教师们干劲儿可足了。"

此时的校园里,孩子们有打乒乓球的,有跳绳的,有玩老鹰捉小鸡的……一切都是那么生机勃勃。

一个人静下来的时候,望着眼前这一切,张玉滚常常会不自觉地想起以前的黑虎庙小学,那时与现在相比,有着天壤之别。

以前,黑虎庙人想走出大山,需要沿着牧羊人顺山脊走出的小道,翻越海拔1600多米的尖顶山,攀爬险峻难行的八里坡。老辈人说:"上八里,下八里,还有一个尖顶山;羊肠道,悬崖多,一不小心见阎罗。"

走出大山,改变命运,过上好日子,是山里人世世代代的梦想。但要刨除穷根,必须从教育开始。

2001年8月,眼瞅着开学在即,黑虎庙小学老校长吴龙奇为安排老师上课犯了难:算上返聘的,依旧还有两个班没有老师授课。

正当火急火燎时，老校长脑海里突然蹦出一个人，高兴得一拍大腿："早先咋没想到，黑虎庙还有个正儿八经的师范毕业生呢——我教过的学生张玉滚，不是7月份刚从南阳第二师范学校毕业了嘛？"

老校长赶紧挎上一篮鸡蛋赶去张玉滚家，恰好碰见张玉滚在收拾行李，准备和同学一道去南方打工。"玉滚啊，你是我的学生，得帮个忙暂时顶一下！"老校长软话说了一箩筐，张玉滚左右为难。

为了打动张玉滚，接下来几天老校长每天都往张玉滚家里跑三趟。后来，老校长换了"套路"："咱不能牛不喝水强按头，你好歹跟我去学校瞅一眼再说，是走是留，我不拦你。"

跟着老校长，张玉滚推开当年自己用过的教室门，映入眼帘的依然是"旧桌子，旧水泥台子，里面坐着十来个孩子"。看着孩子们清澈无邪、渴望知识的眼神，那不正是自己小时候的模样吗？张玉滚鼻子陡然一酸，他的心被深深击中了。

21岁的小伙子，一言九鼎："老师，啥也不说了，俺不走了！"

就这样，张玉滚成了一名每月拿30元补助的民办教师。

在黑虎庙小学，有一个传家宝：一根磨得溜光的扁担，两米左右，黝黑发亮。学校的老教师说，这根扁担不寻常，它是老校长挑了数十年的扁担，老校长挑不动了，张玉滚接着挑。

在黑虎庙不通车的日子里，靠着一根扁担，沿着老校长走过的路，张玉滚为孩子们挑来学习和生活用品，也挑起了孩子们的希望。

当年盖新校舍，运材料格外难。正赶上农忙季，建筑队的民工都去抢收抢种了，搬砖运料，就落在老校长和张玉滚等老师身上。上山撬石头，下河挖砂土，运水泥，搬砖头，平地基。建校的一砖一瓦，好多都是张玉滚挑来的。起早贪黑，没日没夜，在大家共同的努力下，崭新的教学楼拔地而起，张玉滚也瘦了一大圈。

在学校建成标准化食堂前，孩子们在教室后面一间临时搭建的棚子里做饭。每到做饭时热闹得很，孩子们的小脸都被熏成了"黑老包"，年龄小的学生做的饭经常半生不熟……

2003年，张玉滚克服重重困难，东拼西凑，总算将食堂建好了。可是，因为学校给的工资少，没人愿意来做饭。万般无奈，张玉滚软磨硬泡，说服在外打工的妻子回到黑虎庙，成为学校的义务炊事员。

2014年5月，妻子在一次为学生轧面条时，一不小心被轧面机轧碎了右手的四根手指，鲜血淋漓。由于山高路远，等赶到县里医院，已经错过了接上手指的最佳治疗时机，妻子也因此落下了残疾。从此以后，她炒菜、做饭由右手改成了左手，见了生人，也都羞涩地把右手藏在身后。

尖顶山上的麻栎树绿了又黄，黄了又绿。"再苦再难也要把学校办下去。"为了一句庄严的承诺，为了改变山里娃的命运，张玉滚这一干就是20年。20年来，他先后教过

600多名孩子，培养出31名大学生，这些孩子也都在大城市里实现了自己的奋斗梦。

一支粉笔，两袖清风，三尺讲台，四季晴雨。这些山村教师，扎根在贫瘠闭塞的小山村，平凡而又坚忍，为乡村教育输送着源源不断的养分，高高擎起教育的火种，照亮山村孩子走出大山的路。

资料来源：王胜昔，刁良梓.时代楷模张玉滚：一根扁担挑起山里娃的"上学梦".
https://m.gmw.cn/baijia/2021-04-07/34744079.html.

问题思考

1. 与其他职业劳动相比，教师职业劳动的特点是什么？
2. 教师职业道德具有哪些特点？
3. 联系个人受教育经历，谈谈学习和实践教师职业道德有什么意义？

第二章 教师职业道德的原则和范畴

教师职业道德体系是由教师职业道德原则、教师职业道德范畴相互作用、相互影响、相辅相成，共同构成的有机整体。教师职业道德原则在教师职业道德体系占据核心位置，起主导作用。教师职业道德范畴都是教师职业道德原则派生出来的，是教师职业道德原则的展开、补充和具体化。

第一节 教师职业道德的原则

一、教书育人原则

(一) 教书育人原则的含义

培养什么人，是教育的首要问题。我们的国家是中国共产党领导的社会主义国家，我们办的是社会主义教育，这是由国家性质决定的。我国教育要培养的是社会主义建设者和接班人，培养一代又一代拥护中国共产党领导和社会主义制度，立志为中国特色社会主义奋斗终身的有用人才。这是教育工作的根本任务，也是教育现代化的方向和目标。

以社会主义的教育目的为指导，教师不仅要向学生传授知识，培养其多方面的能力，提高身心健康水平，更要注意帮助学生提高思想觉悟水平，形成正确的世界观和人生观，培养良好的道德品质，养成良好的行为习惯，促进学生的全面发展。

在教书育人原则指导下，教师在教育教学过程中既要教授学生学习知识，又要培养学生成长成才，要把两者有机地结合在一起，更好地实现教育的目的。教书育人原则对教师的素养提出了较高的要求,教师要加强学习,不断反思,对教书育人的实践问题进行深入研究,不断提高自己教书育人的水平,以适应学生的变化、知识的更新,以及时代对教师教书育人所提出的更高要求。

(二) 教书育人原则的要求

1. 坚持对学生的全面培养

苏霍姆林斯基指出:"不要让上课、评分成为人的精神生活的唯一的、吞没一切的活动领域。如果一个人只是在分数上表现自己,那么就可以毫不夸张地说,他等于根本没有表现自己,而我们教育者,在人的这种片面性表现的情况下,就根本算不得教育者——我们就看到一片花瓣,而没有看到整个花朵。"以社会主义的教育目的为指导,教师不仅要向学生传授知识,开发其智力,培养多方面的能力,还要注意组织学生开展有益的文化娱乐活动和体育活动,活跃班级气氛,锻炼学生身体,提高学生身心健康水平,更要注意帮助学生提高思想觉悟水平,使其形成正确的世界观和人生观,养成良好的行为习惯和道德品质,从而促进学生的全面发展。

2. 按教育规律教书育人

学生的成长是有其自身规律的,教师要教好书、育好人,就必须遵循教育规律。现实生活中大量事实证明,教育方法极为重要,如果方法不妥,其结果往往是事倍功半,甚至是事与愿违。正确的方法,好的方法,就是符合规律的方法。教育规律是个由诸多规律构成的规律体系,教书育人是一个极为复杂的系统工程,教育活动应遵循多种规律,如学生的生理运动规律、心理运动规律、思维运动规律,以及各门学科的学习规律等[1]。

教师只有按教育规律进行教育活动,才能实现社会主义的教育目的。要遵循规律就要认识规律,就要积极探索、努力学习,不同地区、不同学校、不同专业、不同年龄、不同生活阅历的学生有着不同的特点,每个学生都有自己的个性特征,要遵循规律,就要从学生的实际出发,运用适宜的方法,促进学生的健康成长。教师面对学生提出的不合规章制度但也有一定情理的要求,不是一拒了之,而是抓住了教育契机,对学生施加了深刻的教育影响,加强了学生对老师的心理认同,加深了学生对自己错误的认知,促进了学生的学习进步,实现了"教书"与"育人"的有机结合。

3. 努力学习,提高自身素质,探索教书育人的规律

教师自身的素质直接影响教书育人的效果。1966年,联合国教科文组织在《关于教师地位的建议》中提出,应该把教学工作视为一种专门职业,强调教师是具备经过严格训练和持续不断的研究才能获得并保持专业知识及专门技能的专业人员。20世纪80年代以来,在世界范围的教育改革浪潮中,人们越来越认识到:只有教师不断提高专业水

---

[1] 苏霍姆林斯基.给教师的建议[M].杜殿坤,译.北京:教育科学出版社,1984:485.

平，才能保证高质量的教育水平，教师应当努力学习，不断提高自己的综合素质，以适应教书育人的需要。教师要努力学习科学文化知识，拓宽知识面，深入研究问题，这是教好书的知识保证；教师要努力提高思想政治觉悟和良好的道德品质，这是育好人的政治思想理论和道德品质的保证；教师要努力学习和研究教育理论，掌握教育教学规律，这是教好书育好人的方法保证；教师要努力学习教育学、心理学和教学法等基本理论知识，要注意研究学生的生理、心理特征和思想、学习状况，要注意分析各种环境因素对学生成长的影响，探索教育教学规律，以遵循教书育人规律。

在当前改革深化，开放扩大，科学技术迅猛发展，社会经济关系、社会观念快速变化，不同价值观念冲撞，社会矛盾极为复杂的情况下，学生遇到的问题、存在的困惑多样而复杂，学生的困惑往往也是教师的困惑，教师更需注重自身的学习和研究。"以其昏昏"，"使人昭昭"是不可能的，只有"以其昭昭"，才能"使人昭昭"。①

二、教育人道主义原则

(一) 教育人道主义原则的含义

教育人道主义原则是指教育过程中教育者与受教育者都应当尊重对方作为人的价值与尊严，确认人的主体性地位，追求人的全面发展与自我完善。教育人道主义存在的根据源于教育自身。

教育的主体和对象都是人，一切教育活动都是围绕人、依靠人而展开的，人是教育的核心和主旨。这里的"人"是指一个生活在一定时代的具体的现实的人。

教育人道主义原则关注的"人"首先是学生，需要对学生的道德行为规范、价值观念与知识技能进行引导学习，促使其成为既具有充分社会性又具有丰满个性的真正的人。

教育人道主义原则关注的"人"也包括教育者自身，关注教育者作为人的价值和尊严，尊重教育者的人权，促进其自身在教育过程中的自我发展与完善。

马克思主义主张，个人全面发展的教育理想，包含深刻的教育人道主义情怀，是对教育人道主义的超越。社会主义的教育人道主义是以马克思主义为理论基础，建立在社会主义经济基础之上，与社会主义制度相适应，调节社会主义教育关系的基本伦理原则和道德规范。合理把握这一原则，能够更好地协调教育领域中的各方面的关系，有助于师生关系的和谐发展，也有助于调节教师与其他教育者的关系，实现真正的自由发展与共同发展。

---

① 严育洪.这样教书不累人[M].北京：教育科学出版社，2009：149.

(二) 教育人道主义原则的要求

1. 教育要"把人当人看"

苏联教育家阿莫纳什维利说:"首先要把他描绘成一个正在成长中的人,一个有自己多方面的生活的人,一个与周围的人们有着复杂关系的人……既然每一个儿童都是一个有着自己的独立个性的人,因而,只有在考虑到他的实际生活经验,考虑到他的快乐和悲伤、他的需求和志向、他的才能和期望等情况的条件下,我们才能了解他,才能使他成为乐意接受教育的人……"[①]教育人道主义原则要求教师要"把学生当人看"。首先,学生是有血有肉、有情感、有思维、有意志的"活生生的人",教师要以对待人的方式对待和教育学生。一方面要对学生施以人道主义的关怀,平等友好地对待学生;另一方面,教师要肯定学生个体存在的独立价值,尊重学生的人格尊严,保证他作为社会平等一员所应该享有的一切基本的人权,教育的方式和手段应该是人道的、符合人性的。其次,教师要把儿童当儿童看,因为在人生的秩序中,每一个阶段都有其存在的独特价值,儿童就是儿童,教师不能把儿童同成年人一样看待,一味地按照成人世界的标准来要求他们。教师要引导儿童珍惜童年,享受童年,使其有童年的回忆和快乐;教师要提高自己的专业素养,使其教育方式适应儿童。最后,教师要把学生当作一个个具体的、有差异的个体来看待。"科学的人道主义反对任何先验的、主观的或抽象的关于人的观点。科学人道主义所指的人是指一个具体的人,一个在历史背景中的人,一个生活在一定时代的人。"每个学生都是世界上独一无二的,具有自己的独特性和不可重复性,教育不能无视差异或者试图消除差异,而是应该尊重学生的个体差异并将其作为资源来开发,这是对人的存在的丰富性和生动性的肯定,也是贯彻教育人道主义原则的深层体现。

2. 教育要"使人成为人"

教育家夸美纽斯说:"人只有受过一种合适的教育之后,才能成为一个人。"首先,教师需要引导学生对所属社会的道德行为规范、价值观念和知识与技能进行系统学习与内化,使其不断地超出生物属性带来的种种限制,进而把人从纯粹的自然生物性和狭隘的个人偏私性中解放出来,成长为一个既具有充分的社会性又具有丰满个性的真正的人,促进学生社会化。其次,教师需要帮助学生面向人生的可能与理想状态,进行自我实现和自我完善。教育的目的在根本上就是人的"自我实现",是丰满人性的形成,是人所能够达到的或个人能够达到的高度的发展。追求人性中所蕴含的丰富潜能的充分释放与发挥,使这些潜能达到所能达到的最高限度和最完满的境界,这是教育人道主义原则的更高追求和理想境界。

[①] 阿莫纳什维利.孩子们,你们好[M].朱佩荣,译.北京:教育科学出版社,2005:自序.

3. 教育要实现教育者自身的"成人"

教育人道主义原则关注的是教育过程中所有的人，对教育者自身也同样需要以人道的原则加以对待。只强调教育者对学生个体的尊重和关心及成人要求的教育人道主义是片面的，这忽略了教育者本身，因为教育者同样具有尊严与价值，需要发展与完善。完整意义上的教育人道主义既强调学生以及教育过程中的其他参与者对教育者的尊重和关怀，又强调教育者自身在教育过程中的自我发展与完善。

三、为人师表原则

(一) 为人师表原则的含义

为人师表是指教师通过自身高尚的人格力量给学生以良好的榜样示范。为人师表是教师应当遵守的基本的师德原则。

道德品质的养成是一个长期的复杂的实践过程，教师的言行举止会对学生产生长期的、直接的、潜移默化的影响。教师必须自尊自律，言行一致，表里如一，时时、事事做学生的表率；用自己的思想、品德、言行、仪表为学生做出榜样；用高尚的道德、渊博的知识、健康的人格、文明的举止影响学生，熏陶学生，使学生潜移默化地接受教育，健康成长。

教师通过自己的模范榜样，引导学生树立正确的价值观念、伦理道德和行为准则，是全社会对教师的期望和要求，也是教师职业对教师的根本要求。为此，教师应该做到坚定理想信念，培养崇高精神境界；培养良好道德修养，以身作则，做学生的榜样；衣着得体，言行一致；作风正派，廉洁奉公。

(二) 为人师表原则的要求

1. 坚持对自己高标准、严要求

对自己高标准、严要求是为人师表的基础。教师在教育实践中，为了做好学生的表率，必须在各方面以较高的标准要求自己，必须严于律己，严格遵守各种法规，严格遵守各方面的道德规范。教师如果只是满足于不求有功，但求无过，只求过得去，不求过得硬，那就有可能误人子弟，造成不良后果。教师严格要求自己，必须从现在做起，从小事做起，"勿以善小而不为，勿以恶小而为之"，要从大处着眼，小处着手，积小德成大德。教师严格要求自己，就必须虚心听取别人意见，特别是听取学生的意见，不断发现和克服自己的缺点和不足。教师严格要求自己，就必须努力学习，向先进同志学习，学习其他教师的先进之处。教学相长，教师还应向学生学习，向书本学习，学习马

克思主义的立场、观点和方法,并运用其探索做人的道理。在改革开放的进程中,教师要通过学习和探索,使自己具有更高的觉悟,成为学生的榜样。

2. 坚持以身作则,身教重于言教

坚持以身作则,就是要求教师以自身的行为对学生起榜样示范作用。人们常说,榜样的力量是无穷的。教师的榜样示范作用,也是教育的一种方法,是不能不用的方法,是培养学生成长的重要途径。教育实践证明,如果教师善于以身作则,用自己的好思想、好品格、好作风为学生树立学习的榜样,就能对学生产生巨大的积极影响;如果教师不能以身作则,就会对学生产生巨大的消极影响。

坚持身教重于言教,就必然要求教师把身教置于特别重要的地位。无声的身教胜于有声的言教,这是人类社会长期教育实践得出的结论。叶圣陶先生说过,"教育工作者的全部工作,就是为人师表",并告诫教师"身教最可贵,行知不可分"。学生从教师的行为举止中可以直接获得实实在在的感受,获得对言教的印证,从而增加教育的说服力和感染力,增强教育的效果。

3. 坚持言行一致,表里如一

言行一致、表里如一,是一种正派的作风,是一种美德。教师要通过自己的人格去感动学生。教师只有言行一致、表里如一,才能对学生产生潜移默化的良好影响,产生积极的作用。如果教师言行不一,表里不一,说一套做一套,当面一套,背后又是一套,只会给学生带来负面影响,结果必然是其身虽存其教已废。

4. 坚持以身立教,德识统一

教师的社会角色要求教师必须坚持以身立教,德识统一,教师既要教书,又要育人,两者不可偏废。著名教育家徐特立先生指出,教师应是"人师与经师的合一"。一方面,教师应以德高为人师表,教学生做人做事,首先自己应会做人做事;教学生为人之道,首先自己应行为人之道。另一方面,教师既要以善教去育人之魂,又要以真才实学去传授知识,传授真理。苏霍姆林斯基说过,每一个孩子就其天性来说都是诗人,但是,要让他心里的诗的琴弦响起来,就要打开他的创作的泉源,就必须教给他观察和发觉各种事物和现象之间的众多的关系。为此,教师应具有坚实的基础知识、精深的专业知识和广博的边缘学科知识,还应懂得教育规律,具有良好的教学方法和技能。这就要求教师必须刻苦钻研业务,严谨治学,不教给学生伪科学,不误人子弟。而这些又向学生展示了教师认真负责的工作态度和严谨治学的品格,使教师成为学生学习的榜样。从这个意义上说,教书本身就是育人。遵循为人师表原则,不仅表现在非教学方面,也表现在教学方面,表现在教学过程之中。

第二节 教师职业道德的范畴

一、教师义务

(一) 教师义务的含义

义务是人类社会生活中普遍存在的道德关系和道德要求，也是伦理学中重要的范畴之一。从一般意义上讲，义务，即在社会中生存和发展的个人要对他人或社会做与自己的职责、使命、任务相符合的事情。不管个人是否意识到，生活在社会关系中的每一个人都必然要承担一定的义务。正如马克思说："作为确定的人，现实的人，你就有规定，就有使命，就有任务。至于你是否意识到这一点，那是无所谓的。"[①]义务是由社会物质生活条件和人们在社会关系中所处的地位所决定的，其中包括道德义务、经济义务、法律义务、家庭义务等。

教师义务是指教师在教育实践中所表现出来的对社会、集体、学生应当承担的职责、使命和任务，它对教师的教育行为具有客观约束力。教师义务具有两方面的含义：一方面是指社会对教师在履行职业义务时提出的道德总要求；另一方面是指教师自己意识到社会对教师提出的各种道德要求的合理性，因而自觉地把遵循教师职业道德原则、规范及要求看作自己对社会、对教育劳动应尽的责任。

对于教师的义务，《中华人民共和国教师法》(以下简称《教师法》)第八条规定："教师应当履行下列义务：(一)遵守宪法、法律和职业道德，为人师表；(二)贯彻国家的教育方针，遵守规章制度，执行学校的教学计划，履行教师聘约，完成教育教学工作任务；(三)对学生进行宪法所确定的基本原则的教育和爱国主义、民族团结的教育，法制教育以及思想品德、文化、科学技术教育，组织、带领学生开展有益的社会活动；(四)关心、爱护全体学生，尊重学生人格，促进学生在品德、智力、体质等方面全面发展；(五)制止有害于学生的行为或者其他侵犯学生合法权益的行为，批评和抵制有害于学生健康成长的现象；(六)不断提高思想政治觉悟和教育教学业务水平。"

(二) 教师义务的作用

1. 有利于增强教师的教育信念

在我国，教师的基本职责就是要全面执行党的教育方针，为我国建设社会主义现代

[①] 马克思，恩格斯. 马克思恩格斯全集(第3卷)[M]. 北京：人民出版社，1960: 329.

化和构建和谐社会培养大批合格人才。这既是我国现代化建设对教师提出的客观要求，也是教师对国家、社会和学生应承担的责任和义务。

教师工作既有大量显性的、可以量化的工作，也有不少隐性的、难以量化的事情，很难以硬性指标来考核。正因如此，教师工作被人们形象地称为"良心活儿"。由于种种原因，教师在备课、讲课、批改作业、组织学生活动以及协调各方关系、解决工作中一些问题等方面都有着较大的自由度，如果教师只屈从于自己的"自然愿望"，在上述方面尽量少地投入时间和精力，久而久之，不仅会影响教育工作任务的完成，也会使教师本人处于松懈的工作状态或较大的内心压力之中。

因此，教师只有具有正确的义务观和义务意识，才能在教育劳动中充分认识到自己的职责，树立坚定的职业信念，以极其负责的态度自觉地调整自己的行为，忠实地履行教师的各种义务，完成教书育人的任务。

2. 有利于人际关系的调节和教育任务的顺利完成

教育劳动的特殊性和复杂性，决定了教师在日常工作中存在着复杂而特殊的人际关系，如师生之间、教师之间、教师与领导之间、教师与家长之间的人际交往。在这些交往中不可避免地会出现各种矛盾和冲突，如不能尽快解决，不仅会影响教育工作任务的完成，还会使教师处于一种紧张的人际关系和内心压力之中，进而从心理上失去对教育工作的积极性。例如，一个忽视自身义务的教师，就很难正确地处理自身利益与他人利益以及集体利益的关系，而一旦触及个人利益时，这个教师就有可能会不顾学生、集体和整个社会教育事业的利益，在教学中闹情绪、拿学生出气、与同事对立等。因此，教师只有自觉履行教师义务，将职责义务的道德内容深化于内心，时时以学生、集体和社会的利益为重，才能及时调整自己的工作状态和工作方式，建立起和谐的人际关系，促进教育教学工作的顺利开展。

3. 有利于提高教师职业道德"综合评判"的能力

教师在日常生活中有遵守诺言、偿还债务、扶贫济困等一般道德义务；同时在教育工作中又有属于教育本身的一些教育道德义务。教师在教育过程中常常会遇到义务冲突的情况，出现两难的选择。例如，教师在与学生交流的过程中，学生出于对教师的信任，将一些背着父母做的事情告诉教师，出于对学生信任的尊重和对学生隐私的保护，教师应履行为学生保密的义务。但是，如果这些事情涉及原则性问题或性质较重大，出于家长及监护人对学生校内生活情况及处境的知情权考虑，教师应当履行告知的义务，这样教师就会处在两难的境地。这就需要教师从教师义务的高度分析利害、权衡利弊，进行道德上的综合判断，选择有利于学生和社会利益的教育行为。

4. 有利于培养教师高尚的道德品质

康德认为，纯粹出于自然爱好，而偶然性地履行的义务不具有道德价值。只有出于道德义务心，而且克服了"自然爱好"(或非道德冲动)的行为才具有道德价值。教师高尚的道德品质作为其内在的信念意识和外在的品质表现，不是与生俱来的，而是在现实生活和长期的教育教学实践中逐步形成的。一方面，教师义务是社会对教育工作者的职业道德要求，这是一种客观存在，对教师的职业行为起着导向和约束的作用。任何一个选择了教师职业的人，都必须履行自己的教育义务。另一方面，教师在遵章行事的教育教学活动中，不断体验和认识到履行教师义务的必要性和重大的社会意义，经过反复实践、体验，越来越自觉自愿地去履行义务，从而把社会对教师的客观要求转化为教师自身的内在需求，形成一种高度自觉的责任感和使命感，促使自身道德觉悟逐步得到升华①。苏霍姆林斯基曾提出，恪守义务可以使人变得更高尚。教育者的任务，就在于使义务感成为自觉纪律这个极其重要品质的核心，缺少了这个品质，学校就是不可想象的②。因此，教师长期严格践行教师义务，能使其本身的道德意识不断增强，形成高尚的道德品质。

(三) 教师义务感的培养

哲学家石里克说过："比起一个人怎样才被认为是该负责任的这个问题来，还有一个重要得多的问题，那就是他自己怎样才会感到自己是该负责任的。"③因此，教师义务感的培养是教师履行、承担义务的关键前提。

1. 努力培养自己的义务认知水平

道德义务的形成，与个体对客观道德责任的认识水平有着密切的联系。虽然拥有关于义务的知识并不一定会直接导致及时或合适的道德行动，但是对义务的认知，尤其是结合了情感体验的真正认知，会对教师义务感的增强和教师义务的履行有十分积极的意义。因此，教师要深入学习教师义务的内容，深刻体会教师义务的道德内涵，在情感上理解教育意义和责任的前提下，将自身生命的意义与教育活动的意义相结合，从而提升教师职业活动义务认知水平。

2. 努力强化自己的教育事业信念

教师能自觉履行教师职业义务，一个重要的条件就是要有较高的教育事业信念。教师通过自我价值的寻求和教育信念的确立，使道德义务的要求内化为个人的兴趣和愿望时，就可以调动教师的思想、情感和意志，自觉按照师德规范去做事，并严格执行。

---

① 付世秋. 教育政策法规与教师职业道德[M]. 北京：清华大学出版社，2016：223-224.
② 苏霍姆林斯基. 和青年校长的谈话[M]. 赵玮，译. 上海：上海教育出版社，1983：155.
③ 石里克. 伦理学问题[M]. 张国珍，译. 北京：商务印书馆，1997：138.

3. 实现教育义务意识向教育良心的转化

教育义务意识还只是一种以道德认知为主的道德意识，如果一名教师仅仅有道德认知，那么他对教师义务感的理解还处于较低的水平。教师要有真正的义务感，还必须实现教育义务意识向教育良心的转化。因此，实现教育道德义务意识向教育良心的转化的实质，就是要达成真正的教师道德义务履行上的主体自由。

二、教师良心

(一) 教师良心的含义

良心是一种道德意识现象，是社会存在的反映，是社会关系的产物。马克思说："良心是由人的知识和全部的生活方式来决定的。"[①]人们在社会生活中，对他人和社会总要履行一定的道德义务，负有一定的道德责任；同样，人们在履行道德义务的过程中，也要把应负的道德责任变成内心的道德情感和行为准则，形成自己的良心，从而调整自己的行为。

教师良心是指在教育实践中，教师对社会提出的一系列道德要求的自觉意识，是教师个人对学生、教师集体和社会自觉履行职责的特殊责任感和道德自我评价能力。教师良心区别于教师义务的明显特征，在于它是一种"道德自律"。如果说教师义务是教师自觉意识到的道德责任，那么，教师良心就是道德责任的自觉意识，是存在于内心的自我道德信念和要求。"更高一级的教育道德意识乃是教师本人的遵循教师道德要求的愿望，是形成他的意志、成为他个人兴趣的内容的需要。当教育道德的规范成为个人的要求和分内事，成为他的愿望和兴趣时，那么它们就会调动起他的思想、情感和意志，按这些规范去做。教育道德的要求将成为他本人的稳定的品质。"[②]教师职业良心是隐藏在教师内心深处的一种意识活动，教师职业良心的形成，在很大程度上取决于教师的自我体验、自我教育、自我锻炼、自我修养。

教师良心是教师在教育实践中通过对自身所承担义务的正确认识和深刻体验而形成的一种内心信念，也是外部义务要求内化为教师内心的道德要求和个人品质的结果。教师职业良心同教师义务相关，并从教师的教育教学劳动中表现出来。第一，教师良心表现为教师在教育教学活动中形成的一种高度自觉的道德责任感。如果教师对自己应该承担的使命、职责和任务有着非常深刻的认识和理解，就会在此基础上产生一种对学生、对集体、对教育事业及对社会应尽的道德义务的强烈而持久的愿望，从而把社会要求其应当履行的义务升华为个体自觉的义务和责任。这种高度自觉的道德义务感和责任感，

---

① 马克思，恩格斯. 马克思恩格斯全集(第6卷)[M]. 北京：人民出版社，1961：152.
② 契尔那葛卓娃. 教师道德[M]. 严缘华，盛宗范，译. 上海：华东师范大学出版社，1983：192.

是教师职业道德意识的深刻体现，并最终内化为教师个人的职业良心。第二，教师良心表现为教师在教育教学活动中对自己的行为进行的道德控制和道德评价。可以说，教师良心实质上是一种道德自律，是存在于教师内心的一种自我约束。当一名教师深刻理解了社会对师德原则、师德规范及要求的合理性、必要性时，他就可以按照师德要求，把社会赋予教师的道德义务转化为自己意识中自觉的道德责任感和评价能力，即以高度负责的态度，去选择、判断和控制自己的行为；当发现自己的教育行为违背教师职业道德规范时，便会产生否定、愧疚、不安的情感体验，受到"良心责备"。第三，教师良心表现为多种道德心理因素在个人意识中的有机结合及相互作用。教师良心的形成是教师各种道德心理因素相互作用的结果，是教师职业道德认知、职业道德情感、职业道德意志、职业道德信念的有机统一。因此，教师良心是教师职业道德觉悟的综合表现，是教师的道德灵魂。

(二) 教师良心的作用

教师良心不仅是教师自觉履行教师职业道德要求，认真做好教育教学工作，不断提高教育和教学质量的最重要的内在道德因素，还是教师在教育教学活动中选择教育行为的指导因素，也有着极其重要的作用。

1. 在实施教育行为之前，教师良心对教师选择教育行为的动机起指导作用

教师在选择自己的教育行为时，总是要从某种动机出发，考虑其选择某一教育行为的目的和后果。教师良心可以指导教师根据教师义务的道德要求，从学生和社会的利益出发，对教育行为进行思考和权衡，抑制、否定不符合教师义务的动机，肯定符合教师义务的动机，从而确立正确的动机，选择合乎教师道德要求的正确行为。可见，教师的教育行为不仅受到外部条件的制约，还会受到良心的影响。例如，在相同的客观情境下，教师选择这种教育行为，而非选择其他教育行为，是由于教师的选择受到了他们良心的支配。已经确立师德良心的教师，在选择教育行为时，常常会自觉地为社会、他人和行为对象着想："这样批评学生，会收到好的效果吗？""这样的行为有益于学生吗？""要是我处在学生的位置上会怎样呢？"出于强烈的责任感，他们往往能够自觉承担起对社会、对教育事业以及对学生应尽的义务。

2. 在实施教育行为过程中，教师良心起着监督和调节作用

在教育过程中，良心对教师的认识、情感、意志以及行为、方式和手段时时起着监督和调节作用，是教师内在的精神力量。教师的具体劳动过程具有个体性和自由性，这使得教师良心的自我监督和调节作用显得尤为重要。当教师发现自己的行为符合教师职业道德要求时，教师良心便予以支持、激励和强化；对不符合教师职业道德要求的行为，教师良心则予以抑制、否定，促使教师进行自我克服、纠正。特别是当教师发现进行中的行为出现认识错误、违背了教师职业道德时，教师良心就会发出无声的命令，要求教师立刻改变教育行为的方向和方式，自觉坚持正确的行为，确保学生和教育事业的利益。

3. 在实施教育行为之后，教师良心对教师行为起着评价和激励作用

人们常常将良心形象地喻为"内心道德法庭"，而教师良心恰恰是教师教育行为的自我裁判，是建立在教师内心的道德法庭。教师完成一项工作后，都会在内心进行一番自我评价。当教师看到自己符合教师道德要求的教育行为收到了良好的教育效果，同时为教育事业、为学生带来了利益时，他就会产生发自内心的喜悦和满足，从而激励自己继续这种行为，凭借强烈的责任心和义务感，更好地完成教师义务。相反，如果教师意识到自己的行为违背了教师职业道德要求，并因此给学生和教育事业造成损害时，一个有教师良心的教师会为此深感不安，进而会进行道德上的自我谴责，形成一种内在的精神力量，促使自己深刻反省、吸取教训，并想办法努力纠正，尽力弥补和挽回所造成的损失。正是这种自我反省和良心谴责，完善着教师的道德素养。

【案例分析】

我送了三年毕业班，突然发现那些学习刻苦的女孩子都没有长个儿。五、六年级正是她们旺盛生长的时候，但大量的作业压着她们，导致睡眠严重不足，而孩子们是从睡眠中长个的。女孩子比男孩子受的影响大，因为女孩子更听话、更用功一些。刘萌是我最喜欢的学生，学习成绩特别好，作文拿了全国的特等奖。她的爸爸一米八的个子，妈妈个子也很高，可是，刘萌的个子就没有长起来。现在孩子已经上高二了，个子还是很矮。孩子各方面都特别优秀，就是个子的问题让她很自卑。我每次想到刘萌心里就不好受[①]。

案例中的教师对学生的身体发育现状感到内疚，正是教师的良心在发挥评价作用，有了这样的内疚，在以后的教育实践中，教师就有可能调整自己的价值取向，改变实践行为。

（三）教师良心的培养

教师职业良心在教师职业生活中有着巨大的作用，往往左右着教师职业道德的各个方面，成为教师思想和情操的重要精神支柱。培养和增强教师职业良心应该从以下几方面着手。

第一，要具有对教育工作高度负责的精神，这是培养和增强教师职业良心的前提。如果没有教师对教育工作高度负责的精神，教师职业良心的作用就无从谈起。如面对一个学习上的差生，具有高度负责精神的教师会主动帮助这个学生，给他补课、答疑等；而对一个不负责任的教师来说，他就会认为课上完了，就等于完成了任务，至于学生会不会，那是学生自己的事，与自己无关，也就无所谓良心上的安慰或谴责。

---

① 蔡辰梅，刘刚．"教师是一种良心活"：对教师职业认同方式的分析与反思[J]．教师教育研究，2010(1)：9-10．

第二,要具有高尚的师德品质,这是培养和增强教师职业良心的基础。一个具有高尚师德品质的教师,必然热爱教育事业,热爱学生,辛勤工作,甚至牺牲自己的利益,也要顾全大局,一旦自己做错了某事,良心上必然感到不安,千方百计要把损失补回来。而一个师德品质很差的教师,本来就不愿从事教育工作,这样的教师必然不会负责任,甚至做错了事,也认为无所谓,没有什么了不起,其良心上也不会进行自我谴责,即使在舆论的压力面前,也会千方百计地为自己辩解,不肯承认错误。

第三,要有知耻心、自尊心、自爱心,这是培养和增强教师职业良心的关键。知耻心、自尊心、自爱心是职业良心中的重要因素。如果一个教师连起码的知耻心、自尊心、自爱心都没有,当然也就谈不上职业良心。

三、教师幸福

(一) 教师幸福的含义

幸福,一般指人们由于感受到目标和理想的实现而得到的精神上的满足,是一定社会生活条件在人们情感和思想中的反映。由于人们在一定社会生活条件下的实践是多样的和变化的,幸福观念的具体内容和表现形式也是复杂多样的。幸福可以是人们对人生总的感受和评价,也可以是对人生其中一个阶段的感受和评价,还可以是对某一方面生活的感受和评价。层次越高的满足,带来的幸福也越深刻、越持久。马克思主义伦理学认为,幸福这一范畴,实质上是一定人生目的的反映。幸福观是人生观的重要组成部分。马克思主义幸福观的实质集中体现为三大统一:创造与享受的统一、物质幸福与精神幸福的统一、个人幸福与社会整体幸福的统一。

教师幸福是指处于一定社会经济关系和历史环境的教育工作者,在教育教学过程中,由于感受到目标和理想的实现而获得的精神上的满足。

准确把握教师幸福的含义,应从以下4个方面理解。

1. 教师幸福的精神性

首先,教师幸福的精神性表现为教师劳动及其报酬的精神性。这并非意味着教师不需要物质方面的待遇和改善,而是强调教师在物质待遇既定的情况下,无论是学生在学业上的成就、道德上的成长、良好品质的形成,还是对社会做出的贡献,都是教师生命意义的确证。其次,教师在教育教学工作中与学生的精神交流、感情沟通也是其他职业难以得到的享受。教育是心灵与心灵的碰撞、情感与情感的交融。可以说,没有任何一种职业活动的内容能够像教育教学活动那样使教师体验到丰富的情感内容。因此,教师只有摆脱了职业感的束缚,不把教育教学当成谋生的手段,而是出于自己的需要,像孟子那样以"得天下英才而教育之"为乐,才能在教育活动中自由地、有创造性地发挥自己的全部才能和力量。正是由于教师教育工作的这种精神性,在人们的心目中,教师是

"从事着太阳底下最光辉职业"的人,始终有着崇高的地位。

2. 教师幸福的给予性和被给予性

从给予性上讲,教师只有全身心地把自己对学生的热爱给予学生,才能构建真正的幸福教育空间,开展卓有成效的教育活动。强调教师幸福的给予性,是要求教师很好地理解给予的实质,处理好师生之间的关系。首先,教师的幸福感往往通过学生的积极反馈而获得。作为教师,不能片面理解给予性,把学生当成知识的被动接受者,不顾及学生的反应,像填鸭一样,认为自己教得越多,学生也就学得越多,完全把教育教学活动作为一种单方面的给予,而忽略了学生的主观需要、主观感受和信息反馈。其次,教师不能仅把教育教学活动作为一种谋生的手段,只是机械地教授知识,而缺乏教师之爱,放弃教师的职责。从被给予性上讲,教师只有进行了富有热情和智慧的给予,才能从学生身上感受到自己的劳动成果,进而感受到精神上的满足,获得幸福体验。"教育并不是以损失教师来造福于学生,而是教师不断超越自我的活动。学生的成长并不是对教师生命的剥夺,它是教师价值的实现,生命的肯定。还有什么东西比自我生命的增值更让人幸福的呢?还有什么比看到自己的学生茁壮成长更让教师幸福的呢?"① 这一切,也正是教师幸福的根源。

3. 教师幸福的集体性

任何一个学生取得的成就都是教师集体劳动的成果,同时也是学生集体劳动的结果。没有一名教师可以凭借自己的努力培养出一个个出色的学生。因此,教师的幸福及其体验不仅具有一般幸福所具有的个性,更具有集体的性质。例如,对于一个优秀的学生,我们既可以说他是某位老师的学生,也可以说他是某个学校、某一届或某个班级的学生。从这个意义上讲,教师的幸福既有合作与共享性,也具有超越性。可以说,教师的幸福可以超越个体,教师的劳动和幸福都具有在境界上相对崇高的特征。

4. 教师幸福的无限性

教师幸福的无限性,表现在时间和空间两个维度上。从时间上讲,教师的幸福是无限的,是从事其他职业劳动很难比拟的。因为一名师德高尚、学识渊博的教师,对一个学生的影响几乎是一生的。也许我们很难回忆起儿时生病时给我们看过病的医生,但对给予我们极大影响的启蒙老师,即使他已退休离开了讲台,也丝毫不会妨碍我们对他的尊敬。无论多少年之后,每当看到自己当年的一张照片或是当年某个学生赠送的一张贺卡,仍然能够唤起一名教师美好的回忆。从空间上讲,教师的劳动成果绝不仅仅局限在一个学生身上,也不仅仅局限在一个集体中。一代代伟人,一个又一个科学家,千千万万的普通劳动者,都是由于有了教师的劳动才对人类文明、社会进步做出了伟大的贡献。因此,教师可以从教育教学活动对人类社会进步产生的巨大推动作用来理解教育工作的神圣,体会自己的成功,使教师职业真正成为让人羡慕、使人幸福的职业。

---

① 周浩波. 教育哲学[M]. 沈阳:辽宁教育出版社,1993:100.

(二) 教师的幸福能力及培养

幸福能力是指对幸福的感受力和创造力。教师幸福同教师需要的满足连在一起。当教师的需要得到满足时，就会产生一种愉悦的体验，就会感到幸福。否则，教师就会有痛苦失意的感觉，难以体验到幸福。但是，在很多相同的情形下，有些教师能感受、体验到幸福，而有些教师却不能。就教师的职业生涯来说，教育教学活动占据了核心部分，如果教师不能在职业生涯中寻找到人生的幸福，那么教师整个人生的幸福又从何谈起？因此，教师要有感受幸福和追求幸福的能力。

1. 充分认识教师职业的意义

对于任何一个从事一定职业的个体来说，都有对职业理想的追求。因为职业理想是人社会化过程的反映，也是人身心发展的必然结果。教师的职业理想可以分为初级、中级和高级三个层面。

初级层次职业理想，是维系个人及家庭生存的需要，是一个人对职业的最初动机和最低要求，具有普遍性。中级层次职业理想，指教师追求发挥个体专长，希望更好地施展个人才智的职业追求。高级层次职业理想，是教师希望承担社会义务，把教师职业与人类的前途和命运联系起来，渴望为社会培养合格人才的职业追求。同样作为教师，有些人选择教师职业是认为教师的工作和收入较为稳定；有人则认为自己的气质类型适合从事教育教学工作，教学工作可以更好地施展个人才华；也有人会把教育工作看成与民族进步、祖国前途紧密相连的伟大事业。这三个层次的职业理想有着明显的不同，却可以在一个人身上同时存在，并行不悖，即教师的工作目的完全可以是谋求生存、发挥才智和承担社会责任三者的共存。就目前我国的基本国情来看，前两个层次的职业理想更具有普遍性。但是，作为教师，不能把对职业理想的追求仅仅停留在初级层次上，应当充分认识自己职业的意义。如果教师不能认识到教育事业的意义，不能体验到教育事业的神圣性，就无法获得教师幸福。

2. 培养高尚的师德水平，提升教师的人生境界

人对物质需求的满足及其快感，更多带有生物本能的特质，所以人们常常以为物质性的快乐就是幸福。然而，实际上，幸福能力的大敌恰恰是对生活的享乐主义或庸俗的理解。对于一名有着高尚情操和追求的教师来说，幸福绝不等于金钱，也不等于名利。如果一个教师没有较高层次的精神追求，缺乏起码的道德水平，或每时每刻都在计较课酬、职称，就会沉湎于感官生活，习惯于病态的不幸，从而失去对真正幸福的感受力，正如罗素所说，个人的不幸"很大程度上由于对世界的错误看法、错误伦理观、错误的生活习惯所引起，其结果导致对那些可能获得的事物的天然热情和追求欲望的丧失，而这些事物，乃是所有幸福——不管是人类的还是动物的——所最终依赖的东西"。[①]

---

① 罗素. 走向幸福[M]. 上海：上海人民出版社，1988：7.

3. 教师对自己从事的教育教学活动要有实践能力

教师幸福不仅要求教师确立正确的价值观念，更需要教师有把自己的价值理想付诸实践并取得成效的能力。俄国教育家乌申斯基说过："任何一种力求满足高度的道德要求和人的一般精神需要(即属于人和构成人本性中的特征的那些需要的实践活动)，就已经是艺术了。就这个意义讲，教育学当然就成了最高级的一种艺术，因为它力求满足人类最伟大的要求——人的本性的完善。这不是在画布或大理石上表现的完美，而是使人的本性本身——他的精神和肉体趋于完善。这种艺术永远是先行的，它的理想就是完美无缺的人。"①试想，一个不懂得教育艺术、因业务能力不足无法进行创造性劳动、无实际收获的教师，是不可能领略教育劳动的乐趣的，也就当然不会有创造幸福的能力。因此，教师幸福能力的提升，需要教师培养较强的教学实践能力，这是教师获得幸福的根本保证。

(1) 教师应当具有合理的知识结构。这就要求教师不仅要具有所教学科的专业知识，还要具备一定的相关学科的知识，例如教育学、心理学、管理学、社会学等方面的知识，包括对学生的了解以及对教学活动规律性的认识等。因为教师的责任不仅仅是教给学生知识，还要教会学生做人。而做人的学问是一门综合性、复杂性的学问，没有广博的知识面和相关学科知识的整体支撑，是不可能完成教育的神圣使命的，也体会不到教师的幸福。

(2) 教师必须拥有高超的教育能力和艺术。教师要承担起育人的责任，取得良好的教育教学效果，就必须具备一定的教育能力，也就是教育劳动的实践能力，包括语言表达能力、教育观察能力、教育想象能力、人际交往与沟通的能力以及现代教育教学设备的操作使用能力等。教师除应当具有以上能力外，具有高超的教育艺术也是体验教师幸福必不可少的一个因素。教育教学活动作为一种教学相长的双向交流活动，其过程充满了变数。正如夸美纽斯所说："教育人是艺术中的艺术，因为人是一切生物之中最复杂和最神秘的。"因此，教育不仅仅是一个严谨的知识教授过程，同时也是一个充满情感性、灵活性和创造性的艺术过程。

(3) 教师要学会与学生共创、共享教育幸福。教师职业并不是一种单纯的奉献和牺牲，如果教师工作只苦不甜、只出不进，教师就失去了持续发展的空间，他的奉献也不会长久，教师幸福也就无从体验。事实上，教师真正的幸福是教师与学生共创、共享的幸福。教师既是幸福的创造者，同时也是幸福的享受者；学生既是幸福的享受者，也应成为幸福的创造者。由此我们可以引申，教师不仅仅是奉献，他也应享受奉献后所体验的幸福——教师幸福。

---

① 尼·阿·德米特里耶娃.审美教育问题[M].冯测一，译.北京：知识出版社，1983：4.

【拓展阅读】

教师道德发展的几个境界

一、遵守规范道德的境界

我们一向重视教师的规范道德，这无疑是必要的。对于新教师来说，特别是对于那些从来没有认真规范过自己、如今却要规范他人的年轻教师来说，如果不知道有哪些职业道德规范，或者说还不能严格遵守职业道德规范，试问何以能够立足？而对于那些经验丰富的教师来说，在市场经济大潮的冲撞之下，必须清楚地记得并时时检点自己遵守师德规范的情况，否则岂不枉为人师？因此我们认为，遵守规范道德是教师职业道德发展的基础境界，就像盖房子首先必须完成地基。然而正如盖房子不能只完成地基一样，教师道德还需要发展，发展必须与时俱进，教师道德不能僵滞在遵守规范道德的境界。规范道德对教师而言，是外在规定性的、社会所期望的并要求教师遵守特定准则的道德，它是建立在外在价值追求上的、未必同时满足主体价值和主体内在需要的道德；它是规定了相应的评价指标，遵守它可予以夸奖、违反它则予以惩处的道德。如今是个弘扬人的主体性的时代，而被动性的遵守、外在性的奖惩，都具有抑制主体精神、漠视主体体验的性质，因此，遵守规范道德的境界是肤浅的。或许我们没有认真思考过，规范道德里的许多关键词，如忠诚、奉献精神、热爱、诲人不倦等，它们已伴随我们走过了教师道德发展的千百年历程，仿佛真可以规定、遵守、笃行，但有谁能够真正地践行它们或者科学地评价它们？有谁能"让"它们成为教师自己的觉悟？这不仅是太高或者太理想化的问题，而是它们从性质上就不可能由外部规定，也不可能只凭现象、可量化的指标达成以及所谓科学统计就可以正确判断。但实践中我们却正是这样判断的，我们把上述关键词慷慨地给予了教师，其中有名副其实、当之无愧的，也不乏滥竽充数、自欺欺人的，甚至还会有欺世盗名者蒙混其间。可以说，遵守规范道德的境界存在着许多不确定性。

或许我们没有认真思考过，规范道德即使可以被规定，也能够真正被遵守笃行，依然还有一个如何正确解读的问题。教育尤其是基础教育，是关系到天下兴亡、百年大计的根本性问题，是关系到中华民族伟大复兴事业的关键性问题，而教师是教育事业的直接责任肩负者，对其道德或不道德的解读，是个复杂且意义深远的问题。如果只是依据急功近利的、狭隘的所谓成功与失败的标准来判断教师道德或者不道德，显然是不够的，甚至是舍本逐末的。譬如单纯的学生考试成绩排名或者升学率高低、各种恶性竞争或者评估，就与教师道德没有太多关联，更确切地说，这里的成功还很可能与教师不道德相关。在如今功利主义盛行的情况下，我们需要对几乎没有异议的师德规范重新进行更高层次的判断，因而也就需要对遵守规范道德的境界本身进行新的解释。

二、考问良心道德的境界

在人们的经验解释中，凭良心、讲良心之类的说法会给人一种基础道德的印象，但若用西方伦理学有关良心、良知的理论进行严格分析，良心道德的境界并不比规范道德的境界更高。从发展的角度来看，人对待职业的良心道德却必然经历一个由外向内的生成过程，它是人们隐藏于内心中的意识活动，让人自觉地意识到自己职业的道德责任，所以具有价值判断与选择的内在性、自觉性、非外部约束或外部评价等特征。因此，在践行遵守职业道德规范基础上养成职业道德良心，就是一个由外在规定转化为内在生成、由外部奖惩转化为内在自觉的过程。同样，在人们的经验解释中，凭良心、讲良心之类的说法还会给人一种超越规范、超越外部评价的印象，这往往是因为道德规范或者道德的外部评价乏力，失去了人们赖以信任的道德意义，因此人们需要用发自内心的道德来支持自己的职业行为。在这样的情况下，考问良心道德就成为提高了的道德境界。

让良心面对"忠诚于人民的教育事业、具有奉献精神"的规范道德，时下最需要辨析的是对待教育事业的良心和奉献的良心。事业与职业的根本区别就在于是否有一种劳动"交换关系"，奉献的根本特质就在于超越"交换关系"，试问，时下有多少教师弄清楚了"教育是事业"这个基本判断，自觉地超越了"交换关系"？基础教育是以"一个都不能少"为基本判断的关乎国民基础素质的事业。当我们为建起了比发达国家更奢华的学校而自豪的时候，当我们为培养了几个精英人才而沾沾自喜的时候，是否想过，数千万农民工子弟的教育、打着赤脚翻几座大山读书求学的孩子的教育，他们是否同样是我们教育的坚强基石？

让良心面对"热爱学生、诲人不倦"的规范道德，时下最需要辨析的是教师对学生的责任心和真爱之心。这里的教师良心道德有个敢于负责、善于负责、全面担待责任的问题。教师向学生负责，意味着面向全体学生不以贫富贵贱而转移的责任，以及不以学生学业成绩优劣、思想道德水平高低为转移的责任。在教育备受市场经济冲击的现实背景下，这些责任更为严峻地考问着教师的良心。

教师对学生的真爱之心，主要是教师能不能为学生的长远发展考虑的问题。在这里，帮助学生奠定一生发展的底线基础、关心底线基础的普遍适应性是最根本的。这里说的底线基础，其实就是人之为人起码的合格性标准，如健康的体魄、良好的德性、充盈的聪明才智和审美修养、能够自食其力的普通劳动者素养等；所谓底线坍塌，就是达不到起码的合格性标准。当我们的许多精英连基本的劳动生存能力都不具备时，当许多艺术特长生仅仅把艺术理解为通过各类考级时，当许多学生开始厌倦学习时，我们说那就是底线坍塌了。如果真是如此，只能说我们是在制造昙花一现的教育成功，同时也为学生制造了不堪其忧的未来，这样还能说是为学生长远发展考虑的真爱之心吗？

让良心面对"为人师表、以身作则"的规范道德，时下最需要辨析的是道德的价值与功能。在规范道德中，对此问题是从教育责任的角度来予以解释的，即教师的责任是育人，育人先育己，育己是为了给学生树立榜样。在我看来，这样的解释有双重"失落"：一是它"失落"了教师的存在就是榜样，就是客观存在的教育，无论教师是否意识到，其行为都会对学生有所影响；二是它"失落"了教师的自我教育与自我发展，教师对学生的道德良心同时也是对自己的道德良心，教师不只是教育培养学生，同时也是教育发展自身。换句话说，教师不只是为了给学生做榜样才严于律己、宽以待人。教师以诚信待自己，这同时就是对自己负责，教师如果有自尊自爱之心，事事处处对自己负责，必定会自强不息地发展自我，自然也就能以身立教。

三、体验幸福道德的境界

无论是中国传统的忠恕之道、仁义之德，还是我们现在所说的教师职业道德，它们都有一个共同特征，即道德具有某种给予他人、赋予他人、容忍自我、牺牲自我的性质。正因如此，人们才会赞许和褒扬道德，才用高尚、崇高、伟大等评价教师道德。但这里忽视了一个重要问题，即教师是主体的人，他有属于自己的主观体验，以上美好评价毕竟只是规范道德范畴的评价，是外在评价、他人评价、社会评价，却未必是教师自己的主观感受。而我们所说的幸福道德，是指主观感受和体验的道德，是教师在自己热爱的教育事业和朝夕相处的学生中获得的。因此，体验幸福道德是更高的教师道德境界。

忠诚于事业、有奉献精神、热爱学生也热爱自己的教师，应当就是拥有幸福道德的教师。如果他不只是个停留在职业交换关系水平上的工具性的人，而是在这个过程中实现着自我精神追求的人；如果这种自我实现的过程是充实的和有意义的，他同时也就可能拥有了马斯洛论自我实现境界时所说的"忘我"的境界。燃烧的蜡烛正是在照亮他人的同时辉煌自我、张扬自我的，它未必就得体验"蜡炬成灰泪始干"的凄楚，我们为什么一定要把殉道者而不是得道者的体验强加给教师呢？或许，一些看上去物质环境恶劣或者仅仅是贫困的教师会触动人们的怜悯和同情之心，人们会说他们在奉献或牺牲，但其实，改变教师的物质生存环境只需要公正和正义而不需要施舍，支持教师的教育事业只需要理解和承认而不需要标榜，体验幸福道德的教师默默奉献也默默收获着，却唯独没有奉献者的体验。

我们的一些教育理解常有顾此失彼之嫌，如规范教师"热爱学生，诲人不倦"，往往就忘记了尊重学生主体，硬是把学生解读成无情无义、顽劣不堪的愚氓。而实际上人的情感交往是双向互动的，真诚热爱学生的教师遭遇的不只是怨恨、不只是麻木不仁，还有真诚热爱和拥戴，或许它会来得迟一些，但精诚所至、金石为开。体验幸福道德的教师是幸福的：拥有人间大爱的教育情怀，其付出本身就是幸福的，历经水滴石穿的艰辛是来之不易的幸福，春风化雨、润泽万物是秋收冬藏的幸福，人们常说要"心存感激"，这句话并不只适合于学生对教师，其实它何尝不适合于教师对学生？哪一个教师的优秀不是因为优秀的学生、不是因为学生对教师的质朴纯真的热爱？体验幸福道德的教师总是对学生心存感激，却唯独没有居功者的体验。

有人把教师比作春蚕、比作人梯，听上去是溢美之词，细细品味却让人感到些许无奈和苦涩。当教师职业本身还谈不上专业发展、学术成长的情况下，他仿佛就是个教书匠，只是个坚韧地吞着桑叶把丝绸献给人间的角色，或者是木讷地贡献出肩膀把发展留给学生的角色。记得曾有人预言：小学教师、中学教师、大学教授将越来越不再具有学术地位的差别。南通师范附属第二小学的李吉林老师，在小学低年级语文情境教学的几十年研究道路上已经兑现了这种预言，千百万教师时下也正在兑现着这种预言。如果说他们依然是春蚕或者是人梯的话，那么至少也是同大学教授或者科学家们一样的春蚕和人梯，其间的道理并不复杂，体验幸福道德的教师总是与他的学生共同发展的，却唯独没有平庸的体验。

可能我们在规范道德的基础境界停留得太久了，可能我们在局限的师道尊严论那里继承的权威观念积淀得太深了，可能我们在简单地批判师道尊严，也简单地尊重学生主体时矫枉过正了，我们竟然在呼唤学生是个大写的"人"的语境中，不敢平等地呼唤教师也是个大写的"人"了。作为大写的"人"的教师，不仅应该严格遵守规范道德，也应时时考问良心道德，同时还有权利也有责任体验幸福道德。教师应该是幸福的人，不只是因为教师培养了学生，学生获得了幸福并对教师心存感激，教师只能默默地奉献着并且伟大着；而且因为学生们成就了教师，教师获得了幸福并对学生心存感激，教师也是奉献着伟大着的幸福的人。

资料来源：杨启亮. 教师道德发展的几个境界[EB/OL]. (2009-06-10)[2022-02-20]http://www.cnsaes.org/homepage/saesmag/jyfzyj/2009/6/ gj090610.htm.

【师德故事】

苏步青是我国著名的数学家，读小学时，非常调皮。在《神奇的符号》一书中他道出了一段鲜为人知的小学经历。

学习不用心。哪来好成绩，那学期，我得"背榜"，也就是全班最后一名。我们当时的学校每学期考试成绩都张榜公布，最后一名要把前面所有的人都背在背上，故称"背榜"。这么差的成绩拿回家去，父母连声叹气，一点儿也没办法。第二学期，我的学习还是没有长进，又得了"背榜"。第三学期，"背榜"依然与我结伴。老师把我父亲叫到学校，说我读不好书，还是让我学种田吧，一年还能省下两担米。可是，父亲对我寄托了太大的期望，而且相信管教得好，儿子一定会学好的。正好离我家15里的镇上新办了一所小学，学校离家较近，老师又讲闽南话，父亲就把我转学到这所小学。可对我来说，小时候养成的脾气，一时还是难改。我仍然不爱读书，四处乱逛，这种生性，当然得不到老师和同学的赞赏了。

有一件事，至今还给我留下深刻的印象。那年秋天的一个傍晚，我被教语文的谢先生叫去谈话。老师指着手里的一篇作文问我："这篇作文是你做的？"我拿过作文一看，脱口做出肯定的回答。谢先生用怀疑的目光看着我："你是怎么做的？"我听后感到莫名其妙。要知道，我小时候阅读了许多优秀的古典名著，有些篇章我还能背出来。

作文的笔法不少是仿照名著的。我面对谢先生说："就这么做的，怎么想就怎么写。"这下可惹火了老师，他气呼呼地拿起笔，顺手批了个"毛"字(差的意思)。然后丢给我一句很难听的话："走吧，抄来的文章再好，也只能骗自己而已，想骗我！你还能做出这样的文章？哼！"听了这番话，犹如当头一棒，谢先生平时对家境阔绰的学生格外垂青，而对寒酸又倔强的我却表现出极不信任。学语文的兴趣，一下子降到了零点，上语文课也成了我最反感的事，我还常常把头扭到一边，以示抗议。

　　五年级下学期，又发生了另外一件事。小学里新来了一位教师，名叫陈玉峰，50多岁，身材矮小，脸又黄又瘦。第一堂地理课，他在黑板上挂出一幅世界地图，向学生介绍七大洲、四大洋、名山大川，还有英、法、美等国的地理位置。我第一次在课堂上周游世界，兴奋得眼睛都不眨一下。宇宙之神妙，世界之大观，远胜过小镇上的街景和老虎灶的鸡蛋花。我迷上了地理课，也特别喜欢陈玉峰老师。有一次语文课我逃课，被陈老师发觉了，他问我为什么不上语文课，我振振有词地回答："谢老师看不起我。""看不起？看不起你，你就不读书？这样到什么时候才会被人看得起呢？"我很委屈地把上次发生的事，原原本本地告诉了陈老师，还说："不信我把那篇古文背给你听，我的作文，就是学习这篇古文笔法写的。"陈老师并不想搞清楚文章是不是抄同学的，他沉默了一会儿，问我："你父母送你到学校来干什么？"我说学习。他又问我向谁学？我说向老师学，"你不去上课，怎么向老师学？"接着他又开导我说："父母从家里挑米来交学费，你年年背榜，怎么对得起省吃俭用的父母？"话音刚落，我鼻子一酸，眼泪就扑簌簌落下来了。陈老师继续说："别人看不起你，就因为你是背榜生。假如你不是背榜生呢？假如你考第一呢？谁会小看你？"他又给我讲了牛顿小时候的一个故事：牛顿也长在农村，到城里读书，成绩不好，同学都欺侮他。有一次，一个同学无故打他，牛顿疼得蹲在地上，其他同学都哈哈大笑。那个同学成绩比他好，身体比他棒，平时牛顿不敢惹他，这次却忍无可忍，跳起来还击，把那个同学逼到墙角。那同学见牛顿如此勇猛，害怕了，只好认输。从这件事上，牛顿想到了一个道理，只要有骨气肯拼搏，就能取胜。从此他努力学习，不久成绩就跃居全班第一，后来他成了闻名世界的科学家。我听完陈老师讲的故事，心里非常激动，奋发向上的信心一下子增强了许多。我想通了，作文是我写的，老师怎么看是老师的事，和他闹别扭反而影响自己的学习，实在不合算。现在，陈老师又介绍我认识一位朋友——牛顿，我感到自己仿佛与少年牛顿站在同一个位置上，我有了学习的榜样。

　　后来，我的作业本上，"优"越来越多。平时我还帮父亲算账、帮村里人看信写信，加上三学期都考了"头榜"，再也没人看不起我了。这一切使我对陈老师更加崇敬，他的一席话，可以说是我人生的一个转折点。1931年，我在日本获得理学博士学位后回乡探亲。小山沟里出了大博士，来探望的人络绎不绝。我一眼看出，站在远处头发花白的是陈玉峰老师。我叫着恩师的名字，恭恭敬敬地把他请到上座。陈老师对着周围的人说:"有这样的学生,也算不枉度此一生。"我连忙接着说:"没恩师当年教诲,学生不敢奢望有今日。"临走时,我特地雇了一乘轿子,请陈老师上轿,自己跟在后面步行30里地,把老师送回家去。

资料来源:苏步青.大科学家讲的小故事·神奇的符号[M].长沙:湖南少儿出版社,2010:212-213.

问题思考

1. 用教育人道主义原则审视当下教育实践,说说你的看法。
2. 如何培养教师的义务感?
3. 阐述教师幸福的含义,谈一谈如何提升教师的幸福感。

第三章 教师职业道德规范

教师职业道德规范是指在教育活动中调节各种关系，判断教师教育行为是非善恶的具体标准。教师职业道德规范在教师道德体系中占有突出的地位，它对培养教师的职业心理，形成教师特有的道德习惯、道德传统以及推动教师的工作起着重要的作用。中华人民共和国成立以来，为加强教师队伍建设，全面提高中小学教师队伍的师德素质和专业水平，教育部多次对我国的《中小学教师职业道德规范》进行修订，最新修订的《中小学教师职业道德规范》于2008年9月1日由中华人民共和国教育部颁布实施。《中小学教师职业道德规范》基本内容继承了我国优秀师德传统，并充分反映了新形势下经济、社会和教育发展对中小学教师应有的道德品质和职业行为的基本要求。

第一节 爱国守法

一、爱国守法的基本内涵

爱国守法是公民的基本道德规范，同时也是教师职业道德的基本要求。爱国守法无论是在社会生活中还是在职业道德规范中都处于首要位置，既是时代需求，也是现实要求。作为中华人民共和国的公民，既要爱国也要守法。作为教师更要热爱国家，自觉遵守法律法规，履行教师的职责与义务。

爱国体现了个人与祖国的道德关系。爱国要求每个公民要把热爱祖国作为自己的义务和责任，爱祖国的大好河山，爱自己的骨肉同胞，爱祖国的灿烂文化，爱自己的国家。爱国就要把自己的命运同祖国的命运紧密结合在一起，树立民族自尊心、自信心和自豪感，为祖国强盛、民族发展、人民富裕贡献自己的力量。爱国是教师的政治使命和社会责任，是做好本职工作的支撑点。教师要深切理解爱国主义内涵，培养自己高尚的爱国主义情操，把自己的教育使命与国家和民族的生存发展结合起来，将爱国主义精神贯彻于教育教学的全过程，为祖国和民族培养出优秀的建设者和接班人。

守法是公民行为的基本准则。守法是指一切国家机关及其工作人员、政党、社会团体、企事业单位和全体公民，自觉遵守法律的规定，将法律的要求转化为自己的行为，从而使自己的言行合乎法律要求的活动。公民要依照法律行使权利，履行义务。守法是法治社会对教师的必然要求，也是对传统师德的补充和完善。教师要做到自觉遵守国家法律法规，履行教师的权利和义务，做到依法执教，并能发挥模范带头作用，提升全民族的法律意识和法律素质。

国家的发展在于教育，而教育的根本就是教师。作为对国家、社会和未来负责的教师，不仅要在自身言行中体现爱国守法精神，成为爱国守法的模范，还要积极探索对学生进行爱国守法教育的有效途径和方法，培养学生的爱国主义情感和法律意识。

二、爱国守法的重要意义

(一) 爱国守法是教师从事教育事业的思想基础

教师唯有热爱祖国、遵守法律，才能忠于祖国、忠于教育事业。爱国守法是教师从事教育事业的思想基础，教师要从自身做起，坚定爱国主义信念，树立祖国的利益高于一切的思想意识，继承发扬爱国主义精神；同时要具有法律意识，认真遵守相关法律法规，把自己的教育事业和国家发展相结合，不断地探索和创新，从而实现自己的人生价值。

(二) 爱国守法是教师开展爱国法治教育的理论基础

教师要以爱国守法为理论基础，把爱国主义教育和法制教育丰富到日常工作的各个环节，通过教育教学内容和自身的言行将爱国热情和法律意识传递给学生，潜移默化地对学生产生影响，培养学生的法律意识，培养学生对祖国的深厚感情。

三、爱国守法的具体要求

《中小学教师职业道德规范》中对"爱国守法"的具体要求是："热爱祖国，热爱人民，拥护中国共产党领导，拥护社会主义。全面贯彻国家教育方针，自觉遵守教育法律法规，依法履行教师职责权利。不得有违背党和国家方针政策的言行。"

(一) 热爱祖国，热爱人民，拥护中国共产党领导，拥护社会主义

1. 热爱祖国，热爱人民

热爱祖国，热爱人民是人民教师应当具有的政治情感。苏霍姆林斯基曾说过："对祖国的忠诚要靠忠诚地为祖国服务来培养。"人民教师强烈的爱国之情，则表现为深爱教育事业，满腔热情地教书育人，竭尽全力为祖国培养优秀人才。对祖国和人民的热爱要求教师在教育教学过程中，认真学习祖国的历史文化，弘扬优秀文化传统，全心全意为人民服务，为祖国服务，维护民族团结，促进祖国统一。教师唯有热爱祖国才能更专注于自己的职业，才能完成教书育人的任务，才能更好地遵循党的教育方针、政策，把学生培养成德、智、体、美、劳等全面发展的社会主义事业建设者与接班人。特级教师霍懋征是这样说的："我知道孩子是祖国的花朵，是祖国未来的建设者，爱孩子就是爱祖国，我要把热爱祖国、热爱教育事业之情，倾注到我的学生身上，全身心地投入到小学教育事业中。"

2. 拥护中国共产党领导

拥护中国共产党领导是人民教师应当具有的政治意识。教师要坚定对中国共产党信任的信念，拥护党的领导，学习党的理论，认真贯彻落实党的各项路线、方针和政策，坚持四项基本原则，积极参加党组织的各种活动。不仅如此，教师还担负着引导学生正确认识党的历史、正确评价党的历史地位、坚定对中国共产党信任的信念、提高学生政治素质的重任。因此，拥护中国共产党的领导，坚定对中国共产党信任的信念，就成为教师政治素质和职业道德的重要内容。

3. 拥护社会主义

拥护社会主义是人民教师应当具有的政治立场。社会主义制度在我国的建立，实现了中国历史上最广泛、最深刻的社会变革。改革开放以来，我国经济社会发展所取得的辉煌成就雄辩地证明，中国特色社会主义符合中国国情，符合全国各族人民的利益，是党领导人民通过探索奋斗找到的一条真正适合中国的复兴之路、强国之路。现阶段，在中国共产党的领导下，走中国特色社会主义道路，实现中华民族的伟大复兴，是我国各族人民的共同理想。人民教师承担着培养社会主义事业的建设者和接班人的重任，就必须坚定社会主义理想信念，坚定对中国特色社会主义道路的信念，坚定对中国特色社会理论体系的信念，并将这种信念传递给青年一代。

【资料卡片】

陶行知的教育追求

1917年，陶行知在哥伦比亚大学师范学院毕业之后，怀着"要使全中国人民都受到教育"的理想，回到了阔别三年的祖国，投身于祖国的教育事业，期望通过教育提高国民素质，建立民主共和国，以教育救国、教育建国、教育治国为途径，实现民主共

和国。

他的理想是和祖国的未来结合起来的,所以他为着崇高理想锲而不舍、呕心沥血、矢志不渝、无怨无悔。他自愿放弃优越的生活,率领青年在一片蔓草遍野、荆棘丛生的荒凉之地艰苦创业,开辟新教育基地,创建晓庄师范,为实现自己的理想而努力。他当时的处境不仅异常艰苦而且充满危险。抗战胜利后,他来到上海,当时内战危机迫在眉睫,身处逆境时有遭暗杀危险的他,却对中国前途抱着乐观的态度,坚持自己的理想毫不动摇,仍"要在上海创办社会大学、函授大学、新闻大学、无线电大学、海上大学、空中大学,让整个上海,都变成学校,让上海500万市民,都能得到受教育和再受教育的机会",真是矢志不渝。

为了人民的教育事业,陶行知总是舍己为人,毫不考虑自己。如果他追求个人升官发财是很有条件的,但他视之为粪土,而以为劳动人民多做好事为乐。他不仅置自己的名誉、地位于不顾,甚至置身家性命于不惜。他常说:"唐僧西天取经,遭遇八十一难,不知者以为他是自寻苦吃,其实他是抱着一个宏愿要完成,看破生死就能乐而忘苦。"他从事教育事业都是为了劳苦群众。为了创办晓庄师范,他倾其所有,拿出仅有的1000元。后来,他又把母亲去世后的人寿保险金拿出来办山海工学团。创办育才学校,他除卖字、卖文外,还把当参政员每月360元的车马费全部献出。他自己的生活非常艰苦,终年穿一身蓝布料做成的衣服,有时甚至连吃饭也出现困难,正像他自己说的:"生活不如老妈子。"然而为了人民的幸福、祖国的强盛,他无怨无悔。

陶行知自觉选择教育事业,放弃政治生涯,与其共和国实现之途径——教育救国、教育建国、教育治国的社会观念不无关系。他不想跻身于政界,而选择教育为自己的立命之所,安身之处。陶行知的理想是建立民主共和国,途径就是通过教育提高国民素质。

资料来源:黄晓光.教师职业道德修养:新规范内涵解读与实践导行[M].长春:东北师范大学出版社,2009.

(二) 全面贯彻国家教育方针,自觉遵守教育法律法规,依法履行教师职责权利

1. 全面贯彻国家教育方针

国家的教育方针是国家在一定历史时期为实现该时期的基本路线和基本任务,对教育工作所提出的总的指导方针。教师要在全面理解和掌握国家教育方针的基础上,做好自己的本职工作,即教师应立足社会和国家的需要,以学生的全面发展为方向,为社会主义事业培养高素质的优秀人才。

2. 自觉遵守教育法律法规,依法履行教师职责权利

教育法律法规是规范教育行为的专门法律。在宪法的指引下,我国已经形成了以《中华人民共和国教育法》《中华人民共和国教师法》《中华人民共和国义务教育法》

《中华人民共和国未成年人保护法》等法律法规为主的教育法律法规体系，对教师依法执教提出了相应的要求。教师要学习相关的法律法规知识，增强法律意识，形成法治观念，具备依法执教能力，从而提高法律素养，提升教师职业道德水平。教师要恪守与自身职业相关的法律规定和道德要求，要以法律为尺度，严格依照法律进行教师职业行为选择，将相应法律法规落实到教育教学活动中，在教育实践中做到依法执教。教师要把法定的职业规范渗透到教育教学实践活动中去，从教育的方法到手段都要符合法律的规定，用相关的法律法规来指导自己的教育教学实践。

【案例分析】

高二女生跳楼身亡，疑因老师当众读短信内容[①]

20××年11月6日，某中学高二五班数学课上，一名男生的手机响了，班主任王老师径直走向该男生，将他的手机没收，并在课堂上将手机里的短信内容读出："中午放学一起走吗？"随后，王老师叫起了同班的女生——晓新(化名)，并对她近期的学习状态进行了点评。当天上午的第四节体育课，晓新没有去上，一直在哭……此后两天，晓新都没有上课。11月9日6时许，晓新在宿舍割腕，从其所住的宿舍六楼纵身跳下，不幸身亡……

在现场，晓新的身旁还有一本《巴黎没有摩天轮》，上面沾满了血迹。在宿舍堆满书的写字台上，还有晓新留下的一段写给班主任王老师的遗言："王老师，您为什么偏要这么做，我恨您。一个人的心理承受能力是有限的。您对我有偏见，我知道，可也不至于这样吧，别人的隐私您无权干涉……""王老师，我恨您，老师为什么逼我，一切都结束了……"

这是一个不该发生却不幸发生了的悲剧。本案中的王老师面对违纪学生采取了简单粗暴的方式。当堂没收手机，查看短信并当众读出其中部分内容，这不仅属于变相体罚行为，还侵犯了学生的隐私权和人格权。而课后，老师又未能及时与违纪学生进行交流与沟通，致使学生最终走上了绝路。

该案例给我们的深刻启示是，依法执教不是一条空洞的规范，法的尊严往往守护着学生的尊严，对法的懈怠往往是对生命的漠视。作为教师，仅仅机械地履行自己的职责是远不够的，还需要有对法的敬畏、对生命的敬畏和对国家所托付历史使命的敬畏。

(三) 不得有违背党和国家方针政策的言行

党和国家的方针政策，代表最广大人民群众的根本利益，集中反映了广大人民群众

[①] 田凤元，杨佳，陈文慧. 高二女生跳楼身亡，疑因老师当众读短信内容[EB/OL]. (2009-11-13)[2022-02-20]. http://news.sohu.com/20091113/n268176882.shtml.

的愿望和要求。教师的职业性质决定了教师不能在其职业活动中,特别是自己的劳动对象——学生面前,散布与国家政策法规不一致的言论,宣扬与国家政策法规不一致的观点。由于中小学生是未成年人,辨别是非的能力和自我控制的能力尚处在培养阶段,因此,中小学教师传授给学生的知识必须符合国家法律法规,符合科学规律。教师对于党和国家的方针政策应当身体力行,从自己做起,为人师表,这本身就是一种巨大的教育力量,必然会对学生产生积极的影响。

第二节　爱岗敬业

一、爱岗敬业的基本内涵

爱岗敬业是对本职工作所产生的一种热爱情绪和高度负责的工作态度,具体表现为具有强烈的责任心和使命感,无须强制和监督,就能全身心投入工作,自觉自愿地做好每一项工作。爱岗敬业是忠于职守的事业精神,是职业道德的基础。

爱岗敬业主要涉及三个方面:第一,情感,即热爱自己的本职工作;第二,态度,即尊重自己的职业选择,尊重职业的规范和要求,重视职业社会意义的实现;第三,行为,即按照职业规范或要求行事,恪尽职守,承担自己应该承担的责任和义务,完成和实现工作任务。

爱岗敬业是教师职业的本质要求,是教师职业道德的重要组成部分。爱岗就是"干一行,爱一行",要求教师具有对所从事的教育事业的荣誉感和自豪感,热爱教育工作、对学生热情关怀。敬业就是"干一行,钻一行",要求教师具有对国家教育发展和学生成长的使命感和责任感,对教育教学工作专心致志、认真负责、一丝不苟。爱岗与敬业是辩证统一的关系,"爱岗"是"敬业"的外在表现,是"敬业"的基础条件;"敬业"则是"爱岗"的内在支撑力量,为"爱岗"提供原动力。"爱"是"敬"的源泉,"敬"是"爱"的升华;不爱岗就很难做到敬业,不敬业也很难说是真正的爱岗。爱岗敬业要求教师对教育要有强烈的责任感和深厚的感情。没有责任就办不好教育,没有感情就教不好学生。教师应能对教育事业、教师职业、具体岗位职责有全面正确的认识,在为师从教中,能以积极的情感态度、坚定的信念和顽强的意志,完成教师的各种工作任务,进而通过履行教书育人的基本职责,发挥传承社会文明、培养社会所需要人才的教育价值,进而实现自我价值。

【资料卡片】

2013年"安徽最美乡村教师"——界首孟兆显老师

在第29个教师节来临之际,2013年9月6日,全省教师工作会议在合肥稻香楼宾馆召开。界首市段寨中心学校英语老师孟兆显被评为"安徽最美乡村教师",受到大会表彰和省委书记张宝顺,省长王学军,省委副书记李锦斌,省委常委、省委秘书长唐承沛,副省长谢广祥及省政府秘书长邵国荷等省领导接见。

孟兆显,界首市段寨中心学校英语老师,1991年7月毕业于蒙城师范。22年来,他扎根于界首市段寨中心学校,担任年级班主任、英语教研组长等。他忠诚于党的教育事业,爱岗敬业,默默奉献,用辛勤的汗水哺育着一棵棵"幼苗",并取得丰硕成果,受到师生和当地群众的高度赞扬。大家都说他在教学上是老黄牛,在班级管理上是排头兵,在教研活动中是领头雁。自1994年至2013年,孟兆显一直担任毕业班英语任课老师,并跨七、八两个年级教学工作,每周课时基本在20节以上。2008年,孟兆显被评为界首市教学能手,被界首市委、市政府授予优秀教师称号;2011年被评为安徽省优秀乡村教师;2013年5月被评为界首市首届名师。

资料来源:戴民. 界首市孟兆显获评"安徽最美乡村教师"[EB/OL]. (2013-09-10)[2022-02-20] https://www.fynews.net/article-65622-1.html.

二、爱岗敬业的重要意义

(一)爱岗敬业是教师从事教育工作的基本要求

教育工作是平凡、琐碎、辛苦的工作。教师日复一日,年复一年,备课、上课、批改作业、管理班级……这种重复性的劳动单调而缺乏新鲜感,而且教师的工作收入相对来说比较低,社会上对此行业还存在某些偏见。正是在爱岗敬业精神的鼓舞下,无数教师义无反顾地投身到教育事业之中,淡泊名利、勤于奉献、忠于职守,不把教育工作视为一种苦差,而是以奉献为乐趣、为幸福,不计较个人利益的得失,自觉承担起教书育人的职责,履行教师义务,为国家、为民族培养了一批又一批人才。

(二)爱岗敬业是教师专业成长的重要前提

教育是一种专业性很强的活动,要求教师具有丰富的学识、合理的知识能力结构、高尚的道德情操和良好的心理素养等,这些素质要求主要依靠教师的自我教育、自我修养、自我完善来达到。教师只有具有爱岗敬业精神,才能迸发出真正的激情,时时处处以教育者的标准严格要求自己,自觉地加强自我修养,使自身素质合乎教师职业活动的要求，从而不断地完善、发展自己，为更好地完成教育任务提供保证。

(三) 爱岗敬业是保持教师队伍持续发展的基础

学校教师队伍的稳定直接影响着学校的教学质量，关系着教育事业的发展。加强师德教育，培养教师爱岗敬业精神，培养职业责任感、义务感、自豪感、荣誉感，使教师坚定自己的教育信念，热爱教育事业，任劳任怨为教育工作奉献，只有这样，教师队伍才能稳定发展。

因此，教师爱岗敬业，不仅是教育工作发展、教师专业成长的基础条件，还有利于教师整体队伍的稳定，有利于教师个体的专业持续发展。它既是教师实现其职业生命价值的保障，也是教育的社会价值得以实现的保障。

三、爱岗敬业的具体要求

《中小学教师职业道德规范》中对"爱岗敬业"的具体要求是："忠诚于人民教育事业，志存高远，勤恳敬业，甘为人梯，乐于奉献。对工作高度负责，认真备课上课，认真批改作业，认真辅导学生。不得敷衍塞责。"

(一) 忠诚于人民教育事业，志存高远，勤恳敬业，甘为人梯，乐于奉献

1. 忠诚于人民教育事业

忠诚于人民的教育事业是爱岗敬业的总要求，任何职业道德规范都要求其从业人员"敬业乐业""忠于职守"。人们也历来把热爱教育、忠诚于教育事业，作为对教师最基本的职业道德要求。教师要真正做到忠诚于教育事业，首要的是培养职业认同感。教师的职业认同是指教师对职业的性质、内容以及教师职业的价值的认可。教师的职业认同感对爱岗敬业精神的形成起着重要的推动作用。只有教师认为教师职业有价值、有意义，对自己的职业产生尊严感和自豪感，才会发自内心地热爱和敬重自己的职业。同时，教师要结合时代背景提升自身职业认同感，不仅要了解自身的职业性质和使命担当，更要充分认识到新时代教师担负着为国家需求、社会需要培养人才的历史使命和时代重任。2018年中共中央、国务院发布的《全面深化新时代教师队伍建设改革的意见》中，对广大教师开展职业教育有所阐述："到2035年，教师综合素质、专业化水平和创新能力大幅提升，培养造就数以百万计的骨干教师、数以十万计的卓越教师、数以万计的教育家型教师。教师管理体制机制科学高效，实现教师队伍治理体系和治理能力现代化。教师主动适应信息化、人工智能等新技术变革，积极有效开展教育教学。尊师重教蔚然成风，广大教师在岗位上有幸福感、事业上有成就感、社会上有荣誉感，教师成为让人羡慕的职业。"

【资料卡片】

叶澜教授对教师价值的体会

叶澜教授在上海市名师讲坛演讲时讲了一段发人深省的话：我出生在一个普通的教师家庭，从小时候跟着父亲上学起，就对教师这个职业有了一份尊敬，天天看着小朋友对着父亲喊"老师好"，童年时的我心中也添了一份自豪与羡慕。这种情感日积月累，稍懂事后就下决心当老师。高中毕业的化装晚会上，我装扮成电影《乡村女教师》中的瓦尔瓦拉；在报考大学的志愿表上，我毫不犹豫地把6个志愿都填了师范大学，并把华东师范大学教育系作为第一志愿。当时的主导动机是，我既然喜欢当教师，就要当一名出色的教师；要当出色的教师，就必须学习和研究教育的问题。我还清晰地记得42年前这一选择如愿时的欢喜。此后，我与教师就结下了不解之缘：从教育系的学生到教师，从年轻教师到老教师，一步步地走过来，不知不觉之中，已经过去了近40年。与此同时，自己对教师职业的认识，也随着年龄、阅历、时代的变化与职业实践的积累而不断变化。但无论怎么变，我对这一选择不仅无怨无悔，而且十分庆幸。我已深深地体会到：教师，是一种使人类和自己都变得更美丽的职业，是一种使每个从事并愿尽力做好这份工作的人，不断去学习、充实和发展自身的职业，是一种不仅具有越来越重要的社会价值，而且具有内在的尊严与欢乐的职业。

资料来源：叶澜. 教师角色与教师发展新探[M]. 北京：教育科学出版社，2001：82-94.

2. 志存高远

志存高远，就是要求教师必须树立远大的职业理想。2005年2月7日下发的《教育部关于进一步加强和改进师德建设的意见》更是单列一条："树立正确的教师职业理想。广大教师要有强烈的职业光荣感、历史使命感和社会责任感，以培育优秀人才、发展先进文化和推进社会进步为己任，站在时代的前列，努力成为为人民服务的践履笃行的典范。要志存高远，爱岗敬业，忠于职守，乐于奉献，自觉地履行教书育人的神圣职责，以高尚的情操引导学生全面发展。要正确处理个人与社会的关系，反对拜金主义、享乐主义和极端个人主义，把本职工作、个人理想与祖国的繁荣富强紧密联系在一起。"

【资料卡片】

人民教育家陶行知留学回国后，放弃教育厅厅长的高官，推掉三青团书记的要职，抛开舒适的城市生活，致力于乡村贫民教育，安于"粉笔生涯"三十载，赢得桃李满天下。这种令人敬重的人生选择，是与他淡泊名利的人生境界分不开的。他的人生格言是："捧着一颗心来，不带半根草去。"只有具有这种人生境界的人，才有可能做出那样的人生选择。

3. 勤恳敬业

勤恳敬业，就是要求教师必须在工作岗位上辛勤工作，努力进取，脚踏实地，实事求是，同时要对从事教育工作持有一种严肃认真、慎重恭敬、敬畏警醒的态度。因为学生的生命历程都是不可重复的过程，是不可逆的，如果教育出了问题，对学生的影响将是一辈子的。教师要注重自身的每一次教育教学行为，以极端认真和审慎的精神来对待教育中的一切细枝末节。

【资料卡片】

那时候年轻，带第一届学生靠的是满腔热情，但是经验不足，会留下很多遗憾。学生聚会的时候，我总是情不自禁地向他们道歉，跟他们说："当时我太没有经验了，要是有经验的话，很多事情我绝对不会那么做的。"

尤其是对一个女孩子初恋问题的处理，我就不能提那件事，一提心里特别难受，觉得对不住那个孩子。那件事是这样的，班里一个男生喜欢她，给她写了一张纸条，她就交给我了。我当时也没多想就在班里把这件事说了。因为，我当时只有一个想法，不能让他们谈恋爱，那样会耽误他们的学习。后来，那个女生没上高中，就是因为那张纸条。这是他们毕业多少年之后，我才知道的。同学聚会的时候，那个女孩问我："老师，你知道我为什么没有上高中吗？""你还记得吗，班里一个男生给我写了一张纸条，我交给了你，我特别信任你，我想你肯定不会跟别人说的。可是，你却在全班同学面前说了。虽然你没有点我的名字，但是全班同学都知道是我。我觉得在学校再也待不下去了，所以就没上高中。"每次想到这件事，我就会有一种良心上的不安，但是，已经无法弥补了。

资料来源：蔡辰梅，刘刚. 教师是一种良心活[J]. 教师教育研究，2010(1)：9.

4. 甘为人梯，乐于奉献

甘为人梯，乐于奉献，就是要求教师必须具备奉献精神。教师所奉献的不单单是时间、精力、知识和技能，更重要的是奉献力量、奉献智慧、奉献创造，乃至奉献生命。所以人们歌颂教师是蜡烛、是春蚕，牺牲自己，奉献别人，是"太阳底下最伟大的职业"。但教师无私奉献的关键应是以"甘"与"乐"为前提，教师要能把自己从事的本职工作视为有趣味、可享受的工作，才能在奉献中体会快乐和幸福，发自内心甘愿付出，乐此不疲。梁启超先生曾经对此有过非常深刻的论述："凡职业都是有趣味的，只要你肯继续做下去，趣味自然会发生。为什么呢？第一，因为凡一件职业，总有许多层累、曲折，倘能身入其中，看它变化进展的状态，最为亲切有味；第二，因为每一职业之成就，离不了奋斗，一步步地奋斗前去，从刻苦中将快乐的分量增加；第三，职业的性质，常常要和同业的人比较骈进，好像赛球一般，因竞胜而得快乐；第四，专心做一职业时，把许多游思、妄想杜绝了，省却无限闲烦恼。"一个职业，你将其作为苦差事去做是做，作为一件乐事去做也是做。你将其作为苦差事去做，越做越痛苦；你将其作为乐事去做，越做越快乐。

【资料卡片】

对于教师的职业生存状态，叶澜教授在《教师角色与教师发展新探》中勾画了这样三种类型。

(1) 生存型的教师。处在仅以生存为目的的状态下的教师把自己所从事的职业看成进入生活或者取得地位的一种基本手段，以此获得一份固定的收入，用以维持生计。事实上，教师这一职业并不是他们的所爱和首选，他们是不得已而为之，以这样的心态来从教，就可能出现对教师职业如下的认识以及相应的表现：把教师看成知识的搬运工；把教师的工作看成无可奈何的选择；将教师职业当作寻找"更好"职业之前的跳板。

(2) 享受型的教师。在享受状态下，教师的职业成为他们参与生活、体验人生的重要途径。他们快乐地与学生交往，欣慰地享受着自己教学中的成就。学生的每一次获奖，自己得到的每一项荣誉，都成为他们生活中的大事和引以为豪的家珍。带着这样的心态从事教师职业，就可能出现以下几种情况：把学生的成长当成教师最大的快乐；对平凡的工作充满热爱；在付出和给予中获得内心的满足。

(3) 发展型的教师。这些教师怀着崇高的服务社会的理想从事教师职业。他们不是把这一职业当成满足物质需要的功利手段，也不仅仅把这一职业看成给予和付出。他们相信，教师职业就应该以培养出社会需要的栋梁为己任，以学生主动积极的发展为最高目标，并围绕这一目标孜孜不倦地工作。同时教师本身也会通过自由而富有创造性的劳动实现自我的发展与完善。以这样的心态从事教师职业，就可能产生如下选择：把教师看成是教育活动的反思者和研究者；以终身自我教育作为教师生涯的推动力；视教师职业为"不仅给予也在收获"的有意义活动。

发展型教师的生存状态是值得追求和向往的一种理想的教师生存状态。以发展型教师生存状态为理想和目标，把成就学生和发展自己完美地结合起来，把履行教师责任和充分实现自我结合起来，这是每一个教师都可以思考和做出的一种选择。

(二) 对工作高度负责，认真备课上课，认真批改作业，认真辅导学生

爱岗敬业最终要体现在教师认真履行教师职责、对教育教学工作高度负责的实际行动中。教师对工作负责首先体现为认真备课、上课。备好课是讲好课的前提，是加强教学的预见性和计划性，充分发挥教师主导作用的重要保障。一堂课能否讲好，很大程度上要取决于教师备课是否充分，因此，教师职业道德要求教师须认真备课。上课是教学工作的中心环节，是向学生传递知识的基本方法和途径，也是激发学生的求知欲，指引学生走热爱科学、崇尚真理之路的"第一盏明灯"。因此，认真讲课就成为教师最基本

的职业道德。

教师不仅要备好课、上好课，课后还要认真批改作业，进行教学反思，检验效果，总结经验教训，不断改进课堂教学。批改作业，不是简单在作业本上画"√"和"×"，而是涉及教师是否用心去体会学生，是否把学生的问题当作自己的问题，用心去思考、去解决等。辅导答疑也是教师的重要职责之一，是巩固课堂教学效果的必要环节，也是适应学生个体差异、因材施教的一个重要措施，因此教师绝不可将之视为可有可无的环节。当然，这儿提到的"辅导"，不仅包括学习辅导，还包括思想和心理方面的关心和辅导。特别是对一些学习成绩差、心理问题多的学生，教师要给予更多的课外辅导帮助。

总而言之，教师职业道德要求教师要以高度的责任心对待自己的日常教学工作、对待自己的学生。用什么样的态度去对待学生，用什么样的价值观来指导日常教学工作，很大程度上取决于教师的职业良心。因此，教师对教育工作高度的责任心就成为教师职业道德的重要内容。日常教学中教师的施教态度，是最能反映其职业道德优劣的。

(三) 不得敷衍塞责

所谓敷衍塞责，就是做事不负责任，只做表面上的应付，一旦出现问题就把责任推给别人。"不得敷衍塞责"是对爱岗敬业的基本规定，要求教师不得违背；一旦违背，即给予行政处分或解聘处理。从法律的视角分析，一个人身为教师，就拥有了教育赋予你的责任，即有责；也必须担负起教师应尽的责任，履行教师应尽的义务，尽到教师应尽的责任，即负责；还必须勇于承担没有做好自己身为教师分内的事情而必须承担的责任，即问责。工作敷衍了事，出工不出力，消极怠工，"积极"推诿，这对学生本人而言，轻则影响学生一门学科的发展，重则影响学生一生的发展；对家庭而言，轻则造成家庭的不和谐，重则造成家庭分崩离析；对社会而言，轻则增加社会负担，重则养虎为患。

【资料卡片】

教师敬业的十种表现

一是把教师工作当作终生追求的事业来干。作为一名教师，一定要有为教育事业奋斗终生、奉献一切的思想和准备，只有把它当作孜孜以求、实现自己人生价值的事业，才会全身心地投入到人民的教育事业中去。

二是把所教的每一个学生都当成自己的孩子。孩子之间总会有千差万别，但他们都是社会未来的一员，做教师的必须做到无条件地爱每一个孩子，尽己所能去培养每一个孩子。

三是把促进每一个学生成长进步作为自己的神圣职责。学校的课堂、学习的教材是统一的，然而学生却是一个个活生生有特点的个体，因而决定了我们的教育必须是"因材施教"的。

四是把每一节课都上成优质高效课。"满堂灌""大作业量"不是好办法，而"减负增效"才是出路。教师要研究学生学习的规律和特点，让学生"乐学会学"，奠定"终生学习与发展"的基础。

五是把读书学习作为丰富自我的终生爱好。作为教师，要适应现代化教育的需要，就必须养成喜欢读书、善于钻研的习惯。

六是把每一位教师看成携手共赢的亲密战友。教师的工作需要密切配合，教书育人是一个综合工程，必须处理好教师与教师之间的关系。

七是把每一位家长看成平等协作的教育伙伴。在孩子成长的过程中，父母和老师既有分工又有合作。只有家校联合，才能形成完整的教育。

八是把学校当成荣辱与共、休戚相关的家。作为明智的学校领导，一定会信任和依靠教师，团结大家共同奋斗，为办出好学校而努力；作为明理的教师，也应该以校为家，以勤奋工作为学校建设增砖添瓦。

九是把烦琐劳累的工作当作科研探索之路。人是千差万别的，教育的过程也必然是充满艰辛和不易的。这就需要我们不懈地去摸索教育的规律、特点，寻求最佳的途径和方法。

十是把教育业绩看作自我生命光彩与价值的"史记"。教育事业就像播撒阳光雨露一样，哺育着一茬茬幼苗茁壮成长。既然选择了教育生涯，就要力争当好教师，当名师，就要追求卓越，力求最好。只有这样，当回首往事、感怀一生的时候，才能无怨无悔。

资料来源：爱问共享资料.新教师岗前培训范本汇编.https://ishare.iask.sina.com.cn/f/XLjNGFwhz.html.

第三节　关爱学生

一、关爱学生的基本内涵

关爱学生就是从关心、爱护学生的角度出发，密切关注学生的成长，对学生付出全部的爱，把教师与学生情感的交流转化为学生前进的动力。教师也通过关爱学生而不断地增强自身的责任感和归属感，使自己变得更完美。所以，关爱学生不仅是学生成长的力量之源，也是教师职业成长的必经之路，是教师职业道德规范的灵魂。

教师对学生的关爱更多的是教师对教育对象的责任化和社会化，这种爱在道德和责任的推动下使教师职业行为变得更加情感化和无私化，教师对学生充满热情、真诚相待、鼓励帮助，使学生能全身心地投入到学习活动中去。教师关爱学生具有职业性、互动性、原则性和全面性的特点。从职业性上来看，教师在专业能力和学术造诣上可能存在着一定的个体差异，但在关心学生方面是一样的。教师要尊重、了解、平等地对待每一位学生，以一颗真挚、宽容的心来教育和引导学生，严格要求自己，注重培养学生全面成长成才。从互动性上来看，教师教学要符合学生身心发展的规律，把传授知识变成一个互动的过程，师生之间加强沟通交流，互相理解，教师对新事物要具有良好的适应能力。从原则性上来看，教师要学会理解、换位思考，不迁就学生的错误，做到爱中有严、严中有爱、严慈相济，从内心深处关注学生。从全面性上来看，教师要关注学生的全面成长，在学习和生活上都应成为学生成长路上的奠基者和领路人。

> 好教师意味着他是这样的人，他热爱孩子，感到和孩子交往是一种乐趣，相信每个孩子都能成为一个好人，善于跟他们交朋友，关心孩子的快乐和悲伤，了解孩子的心灵，时刻不忘记自己也曾是个孩子。
>
> ——苏霍姆林斯基

二、关爱学生的重要意义

师爱，作为一种无形的教育力量，是在潜移默化之中发挥它的巨大作用的。师爱使学生的人格受到感化，情操受到陶冶，使自卑者自尊，使悲观者看到希望，使落后者上进。这种感化功能是其他教育手段都无法代替的。更为奇妙的是，师爱在悄悄感化学生的同时还完善了教师自身。

师爱，给学生亲密和安全感。师爱使学校有如家庭般亲密。在一个使人感受到安全的教育环境中，学生可以大胆地和教师讨论问题，充分表达自己的不同意见。对于那些在家庭中遭受暴力、虐待和被忽略的孩子，师爱则给他们提供了在其他地方所缺少的某种稳定感、可靠感和一般性支持。

师爱，使学生充满自信。师爱不仅是对学生心灵的呵护，更是一种激励、一种引导。面对孩子发展的各种可能性，热爱学生、对学生怀有希望的教师充满了耐心和忍耐、信念和信任。体验到教师信任的学生由此受到激励，对自己的前途和发展充满了自信。他们读懂了教师的期待，从而振作、发奋和上进。

师爱，有助于有效的课堂管理。关爱学生的教师会把帮助学生取得成功当作乐趣，而对学生表示关爱能影响学生的行为，促进学生认知水平的提高。当教师充分展示他们对学生的关爱，以一种亲切的方式教学，给学生设定富有挑战性的期望来表示他们对学生充满信心时，学生会做得最好。

师爱，使教师成为一位真正的教育者。师爱能激发教师的责任感与使命感，有利于教师人格的自我完善，并能促进师生之间的互动。对学生富有爱心和责任心的教师即使情绪欠佳，也会尽量不使自己的心境影响到他对个别学生或整个班级的行为。这些对学生一贯性的态度将使教师赢得学生的尊重，并对学生的发展产生积极影响，能影响学生的身心发展、人格形成、职业选择和人生道路的转变。师爱对学生的影响之深远是教师也始料不及的。师爱使学生的心灵转向，从而潜在地改变学生的人生道路。

【资料卡片】

霍懋征先生从事小学教育教学60年，只信奉一个理念：没有爱就没有教育。在课堂上，她的爱就是民主、宽松、和谐的氛围；在教法上，她的爱就是将学习变成学生的兴趣，将学生的兴趣变成自己的乐趣；在教育上，她的爱就是不放弃一个学生，就是相信只要有对学生真挚得法的爱，就没有教育不好的学生。

霍懋征曾中途接手一个班的语文课。上作文课的时候，她看见一个女孩子竟然用手捂着耳朵。霍懋征向前任语文老师了解情况，那位老师说："没错，不知道这个学生怎么就怕写作文。讲评作文的时候，她听都不愿意听。"几次作文后，霍懋征发现这个女孩的作文确实不好。几经努力，霍懋征终于发现这个女孩一篇作文中有几个句子很"特别"，她将这几个句子勾出来，批上："这几句非常好，表达了当时的想法。"霍懋征是借此让女孩知道，老师随时关注着她的进步。第二天，霍懋征特地拿出女孩的作文，用饱含深情的声调朗读了那几句话，并向全班同学讲了自己的感受。渐渐地，这个女孩的作文越来越好，也有了得5分的作文。

1981年，北京市进行了小学毕业统一考试，霍懋征所带班级46名学生，44名学生的作文为A类，另两名学生的作文是B类；语文总平均成绩达到了98.7分。全市小学语文教育界为之惊叹不已。霍懋征说："每个孩子都有上进心，都愿意学好，关键在老师如何引导。这是功到自然成的事情，即使100次不行，不是还有101次吗？"这100次，乃至101次所包蕴的内涵正是爱的教育。

资料来源：百度文库.霍懋征老师先进事迹[EB/OL].(2012-05-21)[2022-02-20]. https://wenku.baidu.com/view/f21ee04dcf84b9d528ea7a09.html.

三、关爱学生的具体要求

《中小学教师职业道德规范》对"关爱学生"的具体要求是："关心爱护全体学生，尊重学生人格，平等公正对待学生。对学生严慈相济，做学生良师益友。保护学生安全，关心学生健康，维护学生权益。不讽刺、挖苦、歧视学生，不体罚或变相体罚学生。"

(一) 关心爱护全体学生，尊重学生人格，平等公正对待学生

1. 关心爱护全体学生

关心爱护学生是教育的基础，没有爱就没有教育。鲁迅先生说："教育是植根于爱的。"只有挚爱的心灵才能孕育、启迪学生心灵的挚爱。关爱学生不仅仅是一种态度和行动，也是一种艺术和能力。关爱学生虽是以教师为出发点，但却强调学生的感受。师爱是一种需要被学生认同的爱，不是教师以一己之热情就能够到达学生心灵的情感。教师需要科学理智地表达爱，才能收获学生成长进步的理想效果。

教师关心爱护学生应该做到：第一，全面地关爱学生。师爱是面向全体学生的爱，是爱学生全面的发展。教师要把促进学生健全发展作为职业人生的根本目的，不仅要关心学生在学业上的发展，更重要的还要关心学生人格的健全、情感的发展和个性心理品质的形成。第二，理解和接纳学生。在现有教育中面对学生成长中出现问题时，教师对学生的关爱往往更多体现在尽到自己的教育责任，去帮助和改造学生，期望学生得到完善。这种情况下，学生有可能接受教师的指导，也有可能因为缺乏理解和接纳而抵触和拒绝。师爱不应是定位的塑造和改变，而是应从学生角度出发，理解、接纳他们成长经历中的不足。在情感的接纳和理解的基础上与学生建立良好互动关系，才能更好地引导教育学生。第三，信任、鼓励学生。相信人性本善，相信人可以教育，相信人可以变得更完善，这是教育学的逻辑起点，也是教师应该具有的观念。我们要认识到每个学生都是独特的，有价值的，有发展潜力的，充满希望的。我们需要对每一个学生不抛弃、不放弃，给予学生更多的信任和鼓励，以激发学生成长和进步。在鼓励学生时，我们又要看到学生之间存在着很大的个体差异，对于不同学生要报以不同的期望，既充满希望，又不要让过高的期望令学生难以承受，应当使我们的鼓励积极而恰当。

> 爱世界、爱他人、爱自己的学生，意味着与他们保持这样一种交往关系：不是事先决定好怎样让他们成为我希望的样子，而是以这种方式接受——接受我们对彼此的局限性，而不只是想象中的可能性。
> ——大卫·杰弗里·史密斯

2. 尊重学生人格

尊重学生是教育的前提，是教师一切教育活动的基础。著名教育家苏霍姆林斯基讲过："教育成功的秘密在于尊重学生。"其实学生和成人一样，都具有完整的人格和强烈的自尊心，当其自尊心受到保护时，就会产生积极向上的力量使他进步；当自尊心受到损伤时，就会产生逆反心理使其行为向教育者所要求的相反方向发展。教师应该懂得尊重学生，使学生充满自信，又通过尊重学生的言传身教，教育学生学会尊重他人。

教师尊重学生应该做到：第一，尊重学生的人格自尊。教师要认识到学生在道德人格上与自己是完全平等的，尊重不应该是学生单向的行为，师生关系应是相互尊重的关

系。教师应以平等、诚挚、友善的态度对待学生，不能因为自己是老师就以"教育"、以"爱"的名义做出伤害学生人格的事情。在教育过程中对学生采取讽刺、挖苦、辱骂甚至体罚等损害学生人格尊严的手段，往往是教师无能的表现。第二，尊重学生的个性差异。世界上没有两片完全相同的树叶，差异性是世上万物存在的根本属性。孩子的差异性也是体现在多方面的：有生理方面的差异，有个体情绪和意志方面的差异，有认知水平和知识结构的差异等。每一个学生都有自己独特的个性，作为教师需要认识差异，接纳差异，根据学生的个性和特长，因材施教，才能获得理想的教育效果。第三，尊重学生的主体性。要把学生当成独立自主、完整的生命体去看待，允许他们独立思考问题，欢迎他们提出不同的见解，鼓励他们的创新精神。当学生的主体性得到老师的肯定支持时，学生参与学习和活动的积极性就很容易被调动起来。

> 应当考虑到儿童天性的差异，并且促进其独特地发展，不能也不应使一切人都成为一模一样的人，并教以一模一样的东西。
>
> ——第斯多惠

3. 平等公正对待学生

教师要做到关爱学生首先要平等地对待学生。每一名学生都有不同的家庭状况、生活环境、成长经历、兴趣爱好等，教师不能因学生的相貌、性格、性别和学习成绩等差异区别对待，而应一视同仁，做到不偏爱、不歧视，平等公正地对待每一个学生。习近平在北京师范大学师生代表座谈会上表示："对所谓的'差生'甚至问题学生，教师更应该多一些理解和帮助。教师在学生心目中具有重要位置，教师无意间的一句话，可能造就一个天才，也可能毁灭一个天才。好教师一定要平等对待每一个学生，尊重学生的个性，理解学生的情感，包容学生的缺点和不足，善于发现每一个学生的长处和闪光点，让所有学生都成长为有用之才。"

(二) 对学生严慈相济，做学生良师益友

感人心者，莫先乎情。当然，对学生倾注爱心也并不是无原则地放任或溺爱或偏爱，而是爱严相济，爱中求严，严中见爱，爱而不溺，严而不凶，既要让学生感受到教师对他们满腔热情的爱，又要善于支配自己情感的趋向，节制自己情感表现的分寸，把无私的爱奉献给学生，从而引起学生的崇敬、信任和亲近，师生在人格精神上得以沟通。

1. 对学生严慈相济

教师对学生关爱的同时要有一定的尺度和方法，要关爱也要严格，不要过于严厉，更不要溺爱，要把爱学生与严格要求学生辩证地统一起来。严格要求学生也要讲究科学性，应该严而有理、严而有度、严而有方、严而有恒。第一，要严而有理。教师对学生

严格要求要符合学生身心发展的规律，符合教育规律。不能把这种严格片面地理解为提高学生成绩，只有严格要求能促进学生的全面发展时，这种严格要求才是合理的。第二，要严而有度。教师对学生的实际情况、理解能力和接受能力有全面正确的了解，才能对学生提出符合他们实际水平、能为他们所接受的适度要求。要求过低，起不到应有的激励作用；要求过高，一时无法达到预期目标，会激起学生的不满情绪，这种严格也就毫无意义。另外，学生之间也存在差异性，在严格要求上不能"一刀切"，教师要区分对待，适度地要求学生，才能取得好的教育效果。第三，要严而有方。教师对学生提出的要求，要能使学生心悦诚服地接受，切切实实地执行，关键在于方法。一味地命令和禁止，都不会得到显著的效果，这就要求教师根据学生的特点和教育教学的需求，选择最佳的教育方式，寓教育要求于学生喜爱的活动之中，才能使学生乐于接受和执行。第四，要严而有恒。教师对学生的严要求绝不能时有时无，要保持一定的稳定性。不能只有布置，没有落实，这样不仅教育效果会受到影响，教师的威信也会大大下降。教师对学生提出要求，就要长久坚持，要经常检查、督促，把要求落到实处，从而培养学生良好的生活习惯和学习作风。

2. 做学生良师益友

心理学研究表明，青少年的心理活动常常有一定程度的"闭锁性"。他们不再像童年时那样，将自己的喜怒哀乐都挂在脸上，而常常会把自己的内心活动隐藏起来，这就给教师深入了解他们带来了较大困难。但与此同时，学生由于社会经验不足，对许多事情还缺乏明确的认识，在生活中遇到自己无法理解和解决不了的问题时，需要找人诉说、请教和指点。这表明他们的内心世界还有向外开放的一面。因此，教师应当主动去和学生交朋友。众所周知，人的心扉都是向知己者敞开的，学生也不例外。当他们在与教师的实际接触中切实感到教师能够理解他们，既是自己的师长又是自己的朋友的时候，就会把自己的心里话以及烦恼和忧伤毫无保留地告诉教师。而这时，教师才能真正地了解学生，也才能谈得上有效教育。

教师要使自己成为学生的良师益友，首先，就要尽量扩大和学生交往的范围，积极参加他们的各项活动，在交往中增进师生的相互理解，做学生的知心朋友。其次，要全面深入了解学生，了解学生的学习、生活和家庭等情况，以及他的心理特征和思想活动。教师平时要做到多听、多问、多看、多想，既要了解学生表现在外的优缺点和兴趣爱好，又要了解学生的内心世界，包括他们的苦恼和忧虑。只有这样，才能根据学生的不同情况，因势利导地进行针对性的教育和教学。同时，教师光有成为学生朋友的愿望是不够的，还要努力完善自己，以自己的德行和才学吸引学生，使他们主动和自己交往，而这样学生才会把教师看作自己的良师益友。

所以，教师要"对学生严慈相济，做学生良师益友"，不能是传统上的"师道尊严"。教师可以采用"换位""移情""理解"的方法，去建立一种超越有差别的"角色关系"的无差别的"人格关系"。

(三) 保护学生安全，关心学生健康，维护学生权益

1. 保护学生安全

中小学生多数是未成年人，因此教师除负有教学责任外，也负有保护学生安全的责任。《中小学教师职业道德规范(2008年修订)》新增加了保护学生安全、关心学生健康的内容，明确规定了教师有保护学生安全的责任和义务。教师在日常教学过程中要注重加强学生的安全教育，落实各项安全措施，要经常向学生传授自护自救的安全意识；教师要制止有害于学生的行为和侵犯学生合法权益的行为，当学生生命安全受到威胁时，应挺身而出，履行保护学生的职责；遇到突发事件时，教师更应当及时疏导、救助学生，尽到保护学生的义务。

【案例分析】

"范跑跑"事件[①]

"范跑跑"，原名范美忠，1997年毕业于北京大学历史系。2008年5月12日汶川地震时，范美忠正在四川都江堰光亚学校上语文课，课桌晃动了一下，范美忠根据对地震的一些经验，认为是轻微地震，因此叫学生不要慌。但他的话还没说完，教学楼就猛烈地震动起来。

"我瞬间反应过来——大地震！然后猛然向楼梯冲过去。"后来，范美忠发现自己是第一个到达足球场的人，等了好一会儿才见学生陆续来到操场，随后他与学生有一段对话：

范美忠："你们怎么才出来？"

学生："我们一开始没反应过来，只看你一溜烟就跑得没影了，等反应过来我们都吓得躲到桌子下面去了！等剧烈地震平息的时候我们才出来！老师，你怎么不把我们带出来才走啊？"

范美忠："我从来不是一个勇于献身的人，只关心自己的生命，你们不知道吗？上次半夜火灾的时候我也逃得很快！"

接着，范美忠对一位对他有些失望的学生说道："我是一个追求自由和公正的人，却不是先人后己、勇于牺牲自我的人！在这种生死抉择的瞬间，只有为了我的女儿，我才可能考虑牺牲自我，其他的人，哪怕是我的母亲，在这种情况下我也不会管的。因为成年人我抱不动，间不容发之际逃出一个是一个，如果过于危险，我跟你们一起死亡没有意义；如果没有危险，我不管你们，你们也没有危险，何况你们是十七八岁的人了！"

范美忠写道："这或许是我的自我开脱，但我没有丝毫的道德负疚感，我还告诉学生，'我也绝不会是勇斗持刀歹徒的人！'"这些话如一石激起千层浪，在论坛上炸开

[①] 周琴. 教师职业道德与教育法律法规[M]. 合肥：安徽大学出版社, 2019:61-63.

了锅,他因此被千万网友称为"范跑跑"。

2008年的汶川大地震震惊世界,也感动着世界。在生与死的抉择中,涌现出一批英勇献身的人民教师:死死护着桌下4名学生的东汽中学教导主任谭千秋老师、救下13名学生再也没有回来的映秀镇小学张米亚老师……然而"范跑跑"却选择了无视学生的生命,逃之夭夭,并振振有词。继后,安徽某中学的两名学生在课堂上打架,授课的杨老师没有制止,而是继续上课,导致一名学生死亡。杨的作为被网友称为"选择站在三尺讲台上当看客",其本人也被冠以"杨不管"的绰号。记得有人说:"你选择了某种职业,其实你就选择了一份责任。"而保护学生安全,从教育的视角分析,是教师的第一责任,是教师的天职。从法律的视角分析,这是法律赋予教师的义务,因为中小学生是未成年人,保护未成年人是教师应尽的义务。

2. 关心学生健康

教师除了关心学生的学习以外,还要关心学生的身体健康和心理健康。在身体健康方面,教师要引导督促学生加强锻炼,不得随意侵占学生的休息、娱乐、体育锻炼的时间。在心理健康方面,中学生处在青春期,容易在家庭教育、生活环境等因素的影响下出现心理障碍和心理缺陷。教师应该关注学生的思想动向和心理状况,要教育学生珍爱生命,培养学生乐观坚强、积极向上的良好心态。

3. 维护学生权益

学生的权益是指学生在教育活动中享有的各种权利。学校既是专门从事教育活动的场所,也是保护学生权利的主要部门。一方面,教师要增强学生运用法律手段维护自己权益的意识,要以学生健康成长为出发点,充分尊重和保护学生各项权利,做学生权利的维护者。另一方面,教师又必须约束自己的行为,形成依法执教的观念,尤其要尊重未成年学生的受教育权,不得随意停学生的课,不得随意开除学生。

(四) 不讽刺、挖苦、歧视学生,不体罚或变相体罚学生

不讽刺、挖苦、歧视学生,不体罚或变相体罚学生,这是教师职业道德规范的重要行为准则。把挖苦当作教育的手段,用体罚等方式来达成教育效果,是不可取的,这样做将会给学生的身心造成严重的危害,是违反教师职业道德规范的行为。这种错误的教育方式会破坏教育环境和氛围,产生师生矛盾,破坏教育效果。调查研究发现,教师对学生的体罚主要存在以下几种形式。

体罚,即对学生身体的惩罚。常见的体罚方式有罚站、罚晒、罚跑、罚劳役;手打、脚踢、拧耳朵、扇耳光;更有甚者还强迫学生自己打自己,或强迫学生排队轮流打一个学生;等等。这些体罚方式给学生的肉体和精神带来极大痛苦,教师的这些行为不仅违背教师职业道德规范,还涉嫌触犯法律。

心罚，即对学生心理和精神的惩罚。心罚主要表现为教师以各种方式伤害学生的情感，侮辱学生的人格，损伤学生的自尊心。如教师在批评做错事的学生时，使用训斥、谩骂、讥讽、丑化、嘲弄、污辱等方式；又如公开评选"最差生"，给后进生设特座等，这些都是歧视学生、侮辱学生人格的表现。

变相体罚，即借助其他形式间接地对学生进行处罚。例如，因学生作业没写对或没完成，教师便惩罚学生再写十遍、二十遍，甚至上百遍等；学生在学校表现不好，教师就暗示或直接通知家长，通过家长之手惩罚学生。总之，体罚、心罚和变相体罚，都是教师对待学生的非人道行为，会对学生的人格和尊严造成严重伤害，激起学生的厌学情绪以及对教师的仇恨，这是与教师职业道德背道而驰的。

事实上，对学生实施批评、检查、处分等惩戒措施是教师的权利，也是教育的需要。合理的教育惩戒可以使学生懂规矩、辨是非，促进其改过，起到教育和警示作用，有助于维护集体纪律。同时，教育惩戒是在学生身心完全能承受的前提下采取的教育措施，是一种教育智慧。首先，教育者要明确惩戒只是一种手段而绝非最终目的。惩戒学生的目的是使学生能改过自新和健康成长，是使学生受到教育。如果惩戒时目的不明确，教师就可能带有个人情绪和偏见，就有可能使"教育的惩戒"变成了"教训的惩罚"，没有起到教育效果，反而对学生身心造成伤害。其次，教育惩戒需要教师运用教育智慧去灵活使用，针对不同情况、违规程度以及被惩罚对象的性格类型选择不同的惩罚方式。另外，教育惩戒应与说理、沟通、感化、激励等教育方法结合起来使用，真正达到教育学生认识错误、改过自新的教育目的。

【资料卡片】

三毛为何自杀

三毛，原名陈懋平，后改名为陈平，祖籍浙江。1943年3月26日生于重庆，是律师陈嗣庆的女儿。她自幼酷爱文学，把读书当成"玩"，3岁时，她就对张乐平的《三毛流浪记》《三毛从军记》着迷，一边猜一边向家人问字，就这样，既弄懂了内容，又认了字。学龄前"玩"着读了《木偶奇遇记》《苦儿寻母记》《爱的教育》《安徒生童话集》《格林兄弟童话》等书。1948年，三毛随父母去台湾，当时她6岁，刚上小学，对太浅的语文课不感兴趣，却特别爱读《东方少年人》《学友》等报刊。有时还偷读鲁迅、冰心、郁达夫、巴金、老舍等人的"禁书"，对鲁迅的《风筝》感动得不得了。小学五年级时，她迷上了《红楼梦》，在中学里，也因沉迷于《水浒》《今古传奇》《复活》《死魂灵》《猎人日记》《莎士比亚全集》等"闲书"而不能自拔，以致初二第一次月考，她四门课不及格，数学更是常得零分。

初中二年级第二学期，因为怕留级，她决心暂不看"闲书"，跟每位老师都合作，凡课都听，凡书都背，甚至数学习题也一道道死背下来，她的数学考试竟一连得了6个满分。这引起了数学老师的怀疑，就拿初二的习题考她，她当然不会做。数学老师即用墨汁将她的两个眼睛画成两个鸭蛋,并令她罚站和绕操场一周来羞辱她,严重地损伤了她的自尊心。回家后她饭也不吃,躺在床上蒙着被子大哭。第二天,她痛苦地去上学。第三天去上学的时候,她站在校门口,就是不敢走进校门,眼前总是晃动着数学老师阴沉的脸和沾满浓浓墨汁的大毛笔,耳边还轰响着同学们的哄堂大笑。从那天起,她开始逃学,为了不让父母知道,三毛每天还是背着书包,每天按时离家,可是她去的不是学校,而是六张犁公墓,静静地读自己喜欢的书,让这个世界上最使她感到安全的死人与自己做伴。从此,她把自己和外面的热闹世界分开,患了医学上所说的自闭症。这个数学老师就这样残暴地摧毁了三毛的自尊与自信,使她成了一个孤独的孩子。

好在父母疼爱三毛、理解她,当他们了解真相后,立即为她办了退学手续。自此,她"锁进都是书的墙壁……没年没月没儿童节",甚至不与姐弟说话,不与全家人共餐,因为她觉得他们成绩优异,而自己无能。她曾因此割腕自杀,为父母所救。为了使女儿走出自闭症,父亲不仅亲自教她古典文学和英语,还请人教她学钢琴,学山水画,习花鸟画,可是,她只对书感兴趣。直至她在姐姐20岁的生日会上认识了画油画的陈涛,惊奇于油画的"立体感",问明了陈涛的老师是顾福生,她也要拜顾福生为师学油画。就是这个顾福生,把她慢慢从自闭症中解救出来,因为他了解她的过去和性格,深知她没有绘画的天赋,就引导她走上文学之路,成长为著名作家。然而,令人非常遗憾的是,自闭症最终还是夺去了她的生命。

当然,三毛的自闭症除了教师过度惩罚的原因之外,也许还有自己气质抑郁的原因,愿意阅读伤感类图书的原因,人格脆弱的原因以及右脑发达的原因等。然而,我们也不得不说,初二数学教师不问对象的过度惩罚是三毛形成自闭症的主因。这名数学教师毁了三毛的一生。

资料来源:摘编自《三毛的右脑思维与自闭症》

第四节 教书育人

一、教书育人的基本内涵

教书育人是指教师在组织教学活动的过程中,以教育内容为载体,既要传授给学生系统的科学文化知识,又要以自身的道德行为和人格魅力,言传身教,引导学生寻找自己生命的意义,塑造自身完美的人格,实现人生的价值追求。现代著名教育家竺可桢说过:"教者,传授知识也;育者,培养思想品德也。教中有育,育中有教。"也就是说，既教书又育人是教育的本质要求，也是师德规范的基本要求，更是教师的责任和义务。

(一) 教书与育人的关系

教书是指教师向学生传授科学文化知识，培养学生的科学文化素养，发展学生的智能；育人是指教师通过教学活动和自身行为，对学生进行思想道德教育，促进学生人格的发展。教书和育人是不可分割的统一体，两者紧密联系、相互促进，但两者的地位又不是完全等同。其中教书是手段，育人是目的。书作为人类精神文明的载体，除了具有丰富的科学知识、审美知识、生活知识外，还具有丰富的思想性、道德性、伦理性。正因为如此，教书成为学校教育中教师培养人才的主要工作内容，教师也被人们习惯地称为"教书匠""教书先生"。但是，教师虽为教书之人，其目的并不仅仅是教书，而意在育人，意在培养全面、完整的人。教书只是育人的形式，是达到育人的经常化手段，育人才是真正的目的和根本。如果教师错把教书作为目的，片面追求书本知识和前人经验的推演、传授，忽略人文精神和科学精神的培养，忽略学生道德品质和修养的塑造，忽略学生身心健康等才能的全面发展，最终培养出来的将是一些毫无社会责任感和创造力，无法担当祖国建设重任的平庸之才。

教师职业道德的核心就是做好教书和育人的统一。早在《礼记》中就指出："师也者，教之以事而喻诸德也。"也就是说，教师既要教给学生具体事物的知识，又要培养他们立身处世的品德。韩愈在《师说》中指出，教师有三大职责，即传道、授业、解惑，"道"在先，"业"在后，"道"比"业"重要，"业"为"道"服务。现代著名教育家徐特立曾经指出："教师是有两种人格的：一种是经师，是教学问的；一种是人师，是教行为的。我们的教学是要采取人师和经师二者合一的。"人民教育家叶圣陶先生也说："党和国家对一个人民教师的职业道德具体要求很多，其中要求教师教书育人是根本的。教师既要教书，又要育人，才会使学生真正受益。"

> 教师做的是传播知识、传播思想、传播真理的工作，是塑造灵魂、塑造生命、塑造人的工作。教师不能只做传授书本知识的教书匠，而要成为塑造学生品格、品行、品味的"大先生"。
>
> ——习近平

(二) 全面认识"育人"含义

既然教书是为了育人，育人是目的，那么"育"的是怎样的"人"呢？这是为师从教应当明确的问题。教师对这一问题认识不同，所育之人也会有很大差别。这实质上是教育目的的价值取向问题。在教书育人中，所育之人应是一个全面的人、完整的人。在中国特色社会主义条件下，"育人"就是要培养和塑造社会主义新人。社会主义新人的根本特征就是"四有"——有理想、有道德、有文化、有纪律，就是德、智、体、美、劳全面发展。"四有"和德、智、体、美、劳是一个统一的整体，它们是互相联系、互相依存、缺一不可的。教师要培育出合格的社会主义人才，就应该在保证学生身体健康的前提下，使学生具有坚定的政治信念、正确的思想观点、高尚的道德情操和较高的科学文化素质。因此，教师在教书育人的过程中，既不应该只注重知识的传播，忽视对学生思想品德的教育以及体育、美育、劳动教育等各方面，即只教书不育人；也不应该只强调德育，忽视智育、体育、美育、劳动教育，这也没有真正做到育人。教书这种活动所培养的人，应是一个能在多方面适应社会、推动社会发展的完整的人，即在德、智、体、美、劳等方面全面发展、和谐发展的人。因此，在教育实践过程中，要正确理解育人的含义，树立全面育人的意识。

二、教书育人的重要意义

(一) 教书育人是教师的职责和使命

教师的职责就是教书育人，传授科学文化知识，指导学生学习，传授做人的道理，解答疑惑。从法律法规角度看，《中华人民共和国教师法》中明确规定："教师是履行教育教学职责的专业人员，承担教书育人，培养社会主义事业的建设者和接班人、提高民族素质的使命。"从教育本质上来看，教书育人不只是从学生的某个方面出发进行培养，而是强调全面发展，使之德、智、体、美、劳全面发展。在联合国教科文组织国际教育发展委员会编著的《学会生存：教育世界的今天和明天》一书中，将"培养一个人的个性并为他进入现实世界开辟道路"作为教师的重要任务。教书育人是教师的神圣职责，但在现当代教育教学过程中，明显存在"只教不育"的现象，以致教育仅仅看重才能、才华的培养，而淡化理想信念、品德人格的培育。对此，习近平总书记明确提出教书与育人相统一的原则，他指出："'传道'是第一位的。一个老师，如果只知道'授业''解惑'而不'传道'，不能说这个老师是完全称职的，充其量只能是'经师''句读之师'，而非'人师'了。"显然，育人与育才不可分、不可缺。教育作为一种道德性活动，意味着教育教学内容、途径等均具有道德品质的性质。也就是说，任何课程都有政治性、道德性、价值性的意蕴，都有育人的任务；任何教师都具有政治教育、道德教育、价值教育的使命，都有育人的职责。没有育人的教育不能称为真正的教育，没有育人的教学不能称为真正的教学，没有育人的教师不能称为真正的教师。

(二) 教书育人有助于师生共同提高

教育的过程可以看成一种投入和产出的过程，需要教师和学生的共同参与。对于学生而言，他们更多地关注教师的教学态度、教学方法、育人理念、思想品德、仪表风度、言谈举止等，教师对学生的思想成长和人格发展产生影响，进而产生潜移默化的教育效果。对于教师而言，他们在教书育人的过程中提升了自身的素质水平，对行为规范有了深层次的认识，树立了正确的世界观、人生观和价值观，同时教师再把自身优秀的道德素质和专业素养反馈于教育工作中，进而影响学生、教育学生，最终促进师生共同提高。正如叶澜教授所说："我在自己的教师生活中体验到，在当今的中国，教师完全可能成为富有时代精神和创造活动的人，教师是教育事业和人类精神生命的重要创造者。这项工作所面对的是成长中的、充满生命活力的青少年，教师若把'人的培育'而不是把'知识的传递'看作教育的终极目标，那么他的工作就不断地向他的智慧、人格、能力发出挑战，成为推动他学习、思考、探索、创造的不息动力，给他的生命增添发现、成功的快乐，自己的生命和才智也在事业奉献的过程中不断获得更新和发展。"

三、教书育人的具体要求

《中小学教师职业道德规范》对"教书育人"的具体要求是："遵循教育规律，实施素质教育。循循善诱，诲人不倦，因材施教。培养学生良好品行，激发学生创新精神，促进学生全面发展。不以分数作为评价学生的唯一标准。"

(一) 遵循教育规律，实施素质教育

1. 遵循教育规律

遵循教育规律，尤其是遵循教育要适应年青一代身心发展的这一基本规律，才能实现教育目的。学生的成长变化有其自身的生理运动规律、心理活动规律，教书育人既要遵循学科的内在规律，更要遵循学生的身心发展运动规律。首先，教育既要适应年青一代身心发展的顺序性，用发展的眼光看待学生，循序渐进地促进学生身心的发展；也要适应年青一代身心发展的阶段性，针对不同年龄阶段的学生，提出不同的教育内容，采取不同的再教育方式和手段。同时，还要适应不同学生身心发展的差异性，根据不同学生的身心发展特点和发展需求，因材施教；其次，教育还需要遵循学习规律，充分调动学生学习积极性，灵活采用不同教学方法，努力让每个学生参与其中，使他们成为教育教学活动的积极主体，帮助他们更好地实现自我发展。

【资料卡片】

陶行知喂鸡

一次，陶行知先生在武汉大学演讲。他走上讲台，不慌不忙地从箱子里拿出一只大公鸡。台下的听众全愣住了，不知陶先生要干什么。陶行知从容不迫地又掏出一把米放

在桌上，然后按住公鸡的头，强迫它吃米。可是大公鸡只叫不吃。怎么才能让公鸡吃米呢？他掰开公鸡的嘴，把米硬往鸡的嘴里塞。大公鸡拼命挣扎，还是不肯吃。陶先生轻轻地松开手，把鸡放在桌子上，自己后退几步，大公鸡开始吃起米来。这时陶先生开始演讲："我认为，教育就像喂鸡一样。先生强迫学生去学习，把知识硬灌给他们，他们是不情愿学的。即使学也是食而不化，过不了多久，他们还是会把知识还给先生的。但是如果让他们自由地学习，充分发挥他们的主观能动性，那效果一定好得多！"陶先生精彩的开场白，赢得台下一片掌声。

资料来源：万鑫，宋颖军.中外教育家故事集锦[M].长春：吉林教育出版社，2012.

具体说，教师教书育人要遵循学生生理发展、认知发展、品德和人格发展的规律。[①]

(1) 生理的发展。青少年时期是学生身体发育非常快速的阶段，其中又以脑和神经系统的发展最快，成熟最早。此时期，大脑重量逐渐增加，15岁时达到成人水平。同时，大脑机能和神经系统日趋完善，皮质抑制功能蓬勃发展，这些为后天教育提供了物质基础。这就要求教师在设计教育教学目标时要充分考虑学生的生理发展，避免拔苗助长。

(2) 认知的发展。小学学生逐步具备了人类思维的完整结构，从以形象思维为主逐步过渡到以抽象思维为主；初中学生的认知结构和思维过程进一步完善，抽象思维占据主导地位，开始进行运用假设、逻辑推理及逻辑法则的认知活动；高中学生已能进行完全属于抽象符号的推导，用理论去分析、解决各种问题，形式逻辑思维处于优势，辩证逻辑思维迅速发展。认知发展的以上特点要求教师在呈现教学内容、帮助学生理解教材时做周密的准备，既要适合学生现有水平，又要促进其高效发展。

(3) 品德和人格的发展。中小学生的品德和人格处于快速发展时期，道德认知发展体现为由具体、片面和过于关注结果过渡到抽象、全面和兼顾动机，道德行为也由依附、模仿过渡到自觉和习惯。同时，中小学生的人格也在发展变化中，表现为自我意识由社会自我发展到心理自我，价值观由萌芽到初步确立，情绪情感体验更为丰富，个性品质趋于稳定和成熟等。

2. 实施素质教育

关于素质教育，1997年10月，原国家教育委员会印发的《关于当前积极推进中小学实施素质教育的若干意见》指出："素质教育是以提高民族素质为宗旨的教育。它是根据《教育法》规定的国家教育方针，着眼于受教育者及社会长远发展的要求，以面向全体学生、全面提高学生的基本素质为根本宗旨，以注重培养受教育者的态度、能力，促进他们在德、智、体等方面生动、活泼、主动地发展为基本特征的教育。素质教育要使

[①] 中小学教师通识培训教材编写组.中小学教师职业道德研修读本[M].北京：高等教育出版社，2012：18.

学生学会做人、学会求知、学会劳动、学会生活、学会健体和学会审美，为培养他们成为有理想、有道德、有文化、有纪律的社会主义公民奠定基础。"首先，实施素质教育必须保证所有的适龄儿童都享有平等的受教育权，不论其智力水平、性别、民族、家庭出身，各级学校和教师都不得以任何理由歧视学生。这既是公民受教育权的基本体现，也是实施素质教育的基本要求。其次，实施素质教育还要求学校和教师在教育教学过程中要面向全体学生，关注学生的发展，不能为了片面追求升学率而将关注的重点放在少数"优等生"身上，使多数学生沦为"陪衬"。

(二) 循循善诱，诲人不倦，因材施教

1. 循循善诱，诲人不倦

教育是一个漫长的过程，不可能一蹴而就。十年树木、百年树人，教育的功效往往要几十年才能显现。教师对学生的教育也是一个漫长的过程，特别是对那些学习习惯不好或学习成绩不好的学生的教育，不是一次谈心、一次辅导就能产生效果的。教师要有足够的耐心和恒心，要把学生视为教育过程中具有思维活动的主体，有步骤地引导、教育他们，而不是牵着他们走。

2. 因材施教

由于遗传、成长环境和个体能力的不同，学生的身心发展存在个别差异。但是，每个学生都是可造之才，都有发展潜能，只是潜能发展的类型和表现形式不同而已。例如，有的学生接受新知识快，学习成绩优异；有的学生运动技能强，擅长体育项目；有的学生有语言天赋，作文构思巧妙；有的学生动手能力强，实验操作得心应手；有的学生具有艺术天赋，歌声嘹亮，舞姿优美……总之，学生的潜能千差万别。就学生个体而言，各方面潜能都优秀的学生极少，但总会有某个方面的才能比较突出。因此，教育过程要注重因材施教。古代教育家朱熹曾说过："圣贤施教，各因其材，小以小成，大以大成，无弃人也。"要做到因材施教，教师要从以下三个方面出发。第一，教师要尊重学生的个体差异，把学生看成平等的、有区别的主体，而不是待加工的同一的"零部件"。第二，教师应尊重学生的兴趣、爱好、性格等，从每个学生的实际出发，对他们提出相应的要求和制定相适应的发展目标，使学生的特长和潜能充分地发挥出来。第三，采用多种教学方式进行教学，努力让每个学生都参与其中，成为课堂教学活动的主体，使得每个学生的潜能得到最大化开发。

【资料卡片】

有一次，孔子讲完课，回到自己的书房，学生公西华给他端上一杯水。这时，子路匆匆走进来，大声向老师讨教："先生，如果我听到一种正确的主张，可以立刻去做吗？"孔子看了子路一眼，慢条斯理地说："总要问一下父亲和兄长吧，怎么能听到就去做呢？"子路刚出去，另一个学生冉有悄悄走到孔子面前，恭敬地问："先生，我要

是听到正确的主张应该立刻去做吗?"孔子马上回答:"对,应该立刻实行。"冉有走后,公西华奇怪地问:"先生,一样的问题你的回答怎么相反呢?"孔子笑了笑说:"冉有性格谦逊,办事犹豫不决,所以我鼓励他临事果断。但子路逞强好胜,办事不周全,所以我就劝他遇事多听取别人意见,三思而行。"

资料来源:360百科.因材施教[EB/OL].https://baike.so.com/doc/353460-374388.html.

(三) 培养学生良好品行,激发学生创新精神,促进学生全面发展

1. 培养学生良好品行

《中华人民共和国教育法》规定:"国家在受教育者中进行爱国主义、集体主义、中国特色社会主义的教育,进行理想、道德、纪律、法治、国防和民族团结的教育。"培养学生良好品行既要继承传统美德,培养学生高度的社会责任感、高尚的道德情操、强烈的爱国热情、文明的生活方式,以及良好的个人生活习惯、学习习惯及公共生活习惯,也要培养他们公正、诚信、感恩、合作、奉献等一系列良好的品行。教师是学生生活的导师,是学生道德培养与人格塑造的领路人。教师要通过自身的言行引导学生个体的成长,启迪他们对于人生和世界的美好情怀,如爱、希望、信心、善良、诚实、正直等,通过塑造良好的品行,给他们的一生奠定良好的精神基础。

2. 激发学生创新精神

教学中,教师要实施创新教育,善于激发学生的创新精神。创新是一个民族进步的灵魂,创新教育是一种旨在培养个性,激发学生思维灵感,增强学生创新意识的教育。当前,知识更新迅速,各种新理念、新发明不断涌现,教育的要旨就是培养创新型人才。创新教育,就其本质而言,是培养学生具有各种创新能力;就其教育方式而言,是一种自由、快乐的启发式教育;就其核心而言,是培养学生的创新思维,并使学生的各种能力得到全面发展的素质教育。学生创新精神培养的关键在于教师,只有具有创新能力的教师,才能够培养出具有创新精神和实践能力的学生。教师要在日常教育工作中引导、鼓励、支持和帮助学生大胆想象、勇于探索,激发学生的创新精神;要为学生提供发现和表现的机会,为培养学生的创新能力创造条件。保护学生的创新精神,尊重学生的自主地位,培养学生的自信心、好奇心、探索性和挑战性等创新人格品质。

【资料卡片】

创新教育与教育创新

如何有效地激发学生的创新精神,可以考虑从以下几方面着手。第一,让学生有思考的空间,让学生参与到教学实践当中去,锻炼学生的自主性和创新性。教师要引导学生对所学的理论知识进行实践,通过解决实践中遇到的困难来总结经验,探索未知领

域，培养学生独立解决问题的能力。第二，针对不同学生的身心发展特点来激发学生的专业潜能，充分发挥学生的主体作用。教师要引导学生独立学习，让学生主动学习，把提高学生的学习能力和思维能力作为教育目标的基本要求，让具有不同基础和潜能的学生得到充分发展的机会。第三，教师要注意营造民主、自由探讨和求新求异的氛围和环境，乐于听取学生不同的意见，不排斥学生的错误和失败，鼓励学生有自己的见解。钱学森曾直言不讳，他的创新精神在许多方面得益于年轻时接受的大学教育——敢于挑战权威，鼓励提出与众不同的见解，更有浓厚学术氛围与竞争气氛。第四，教师要善于发现问题，勇于创新。教师要开阔视野，不断充实自己，奠定知识基础，推陈出新，改进教育教学过程发现的问题，采取合理的方法进行优化，同时对于学生的情况需要与家长密切配合，充分运用其他资源等。

资料来源：朱永新，杨树兵. 创新教育与教育创新[J]. 江苏教育研究，1999(5)：102.

3. 促进学生全面发展

联合国教科文组织在《学会生存：教育世界的今天和明天》一书中指出：教育要把一个人的体力、智力、情绪、伦理各方面的因素综合起来，使他成为一个完善的人。陶行知也指出："教育就是培养真善美的活人。"促进学生的全面发展，教师不仅要向学生传授知识，开发其智力，培养其多方面能力，还要注意组织学生开展有益的文化娱乐活动和体育活动，活跃气氛，锻炼身体，提高身心健康水平，更要注重帮助学生提高思想觉悟水平，培养良好的道德品质，养成良好的行为习惯，引导学生树立正确的世界观、人生观和价值观。

(四) 不以分数作为评价学生的唯一标准

社会对人才的需求不仅体现在学生分数上，还体现在学生发展的方方面面。仅仅以分数作为评价学生的标准，不仅抹杀了学生的个性，打击了学生的创新精神，还伤害了学生的自尊心和自信心。教育要在正确的人才观的指导下，用正确的评价方式来引导教育教学活动，不能以分数作为评价学生的唯一标准，而应采用多维度、综合性的评价标准对学生进行评价。2010年颁布的《国家中长期教育改革和发展规划纲要》对学生评价也提出了明确要求："改进教育教学评价，根据培养目标和人才理念，建立科学、多样的评价标准。开展由政府、学校、家长及社会各方面参与的教育质量评价活动。做好学生成长记录，完善综合素质评价。探索促进学生发展的多种评价方式，激励学生乐观向上、自主自立、努力成才。"

教师要全面了解学生，尊重学生的差异，运用不同的评价标准，为每个学生创造表现的机会，促使其全面、和谐、持续地发展，最大可能地实现自身价值。教师对学生的评价行为，都应该建立在有利于促进学生主动和持续发展的基础之上，因此，教师应该做到以下几点。第一，教师不仅要注重评价对象的过去与现在，更要重视评价对象的未来；不仅要关注学习结果，更要关注学习过程；不仅要对基础知识与基本技能掌握情况进行评价，更要对学习能力、科学探究精神以及情感、态度、价值观等方面进行全面评价。第二，评价应该是长期连续的，评价中应突出发展、变化的过程。教师应发掘学生潜能，关注其处境与需要，善于运用赏识性和鼓励性的评价语言，尽可能保护学生的自尊心和自信心，培养学生的主观能动性，激发学生积极主动的态度。第三，教师可以采用多样化的评价方式，除了考试以外，还可以通过技能比赛、交流展示、演讲比赛、辩论大赛等方式来对学生进行评价。另外，教师应将评价贯穿于日常的教育教学活动中，使评价过程成为促进学生发展与提高的过程。

【案例分析】

巧妙评价的作用[①]

高二上学期，李超因学习成绩差而转到美术班。在班里他经常溜号，画画的时候又总是躲在角落里和同学聊天。原本安静的教室变得乱哄哄的，正常的教学秩序也被打乱了。美术老师经常批评他，但收效甚微。经了解，李超在班里很有人缘，学生都听他的；他本身没有美术基础，也不爱好美术，是因为学习成绩不好而被家长硬逼着来学美术的。李超平时画画很不认真，每幅画都画得很慢，而且都是半成品。

在第一次考试中，美术老师要求学生在两节课的时间里完成一幅素描石膏像。这是入学以来第一次考试，学生们很在乎这次考试，都抓紧时间画画。美术老师用质疑的口气对李超说："你画一张完整的画让我看看，我还没见过你画过一张完整的画呢，你不会只是起个稿吧？"这激怒了李超，他回答："我怎么不能画一个完整的画啊？你看看，我画一个给你看看。"两节课后，李超按时交了卷。

美术老师在评卷时发现平时画画不认真也没什么基础的李超对人物的特点抓得比较准确，在造型上有很强的能力。李超是有画画天分的，可能他自己并没有发现自己的天分。老师没有给他的作业打分。成绩公布的那天，李超问："老师，我怎么没有成绩啊？及格不及格都是分数。老师，你不会给我打个零分吧？"老师把李超的考卷拿给全班同学看，让大家谈谈自己的看法。同学们有的说还挺像，有的说有点乱。老师说："这是李超同学入学以来第一幅完整的作品，而且只学了两个月美术，虽然画的线条还很生硬，但画的特点却抓得很形象、很准确。"并继续说，"我之所以没给他打分，是因为他才仅仅学了两个月美术，和大家的起点是不一样的，不在一个起跑线上起跑对他来说是不公平的，你们说是不是啊？"同学们连连点头。老师接着说："但我们的终点是一样的，都是要参加同样的高考。所以我们在相同的时间里，谁付出的努力越多，谁收获的机会就越大。我相信李超同学经过努力一定会有巨大的变化的。"李超在全班同学面前得到了肯定，极大地增强了自信心。

---

① 李彦福.落实教育规划纲要背景下的师德修养[M].南宁：广西教育出版社，2012：120-122.

在老师的鼓励和精心指导下，李超渐渐地树立起了信心，发掘出绘画的天分，进步很快。老师还利用他人缘好、有号召力的特点，让他当美术班的班长，这更激发了他的责任感和进取心。一年之后，他的美术成绩跃居班里中等偏上。同时，李超学习文化课的劲头也更足了。高考时，李超美术科考试拿到了7个学校的成绩合格证，并填报了鲁迅美术学院，最后被鲁迅美术学院雕塑专业录取。

高中阶段是一个非常重要的时期，学生面对高考的压力，教师的评价是十分重要的。分数是评价学生学习成绩的标准，但不是唯一评价学生的标准。每个学生都有自己的闪光点，不要轻易定论某个学生行还是不行，不能因为我们的感性判断而抹杀了一个学生的前途。教师要挖掘学生的闪光点，应抓住他们的特点与优点加以引导，才能激发他们的学习兴趣，促使他们进步。学生对老师的看法很在意，老师对学生的评价和平时的言谈都会潜移默化地影响学生的判断和行为。此案例中的美术老师不以分数、一次测验的成绩好坏评价一个学生，而是善于发现学生的闪光点，运用发展性评价和赏识鼓励性评价积极引导学生，帮助学生树立起学习的自信心，最终使"差生"李超圆了大学梦。教师要为每个学生的发展奠基，成为他们成功路上的指路明灯，学生才会走得更远。

第五节 为人师表

一、为人师表的基本内涵

为人师表是指教师用自己的言行做出榜样，成为学生学习和效法的楷模和表率，即做到"学为人师，行为世范"。

为人师表是由教师劳动的示范性决定的。青少年具有向师性和模仿性的特点，学生除了向书本学习之外，主要是向教师学习。他们往往把教师的政治思想、道德品行、文化素养，乃至性格、情感、意志等作为自己学习的对象、仿效的榜样。因此，要想学生成为什么样，教师首先应该做到什么样。正如我国儿童教育家孙敬修说过："老师的一言一行对孩子都是很有影响的。孩子的眼睛是'录像机'，耳朵是'录音机'，脑子是'电子计算机'，录下来的信号装在电子计算机里，储存起来，然后指导他的行动。"为此，教师要处处事事严格要求自己，凡是要求学生不做的事，教师本身坚决不做，以自己的言行与品质为学生做出榜样示范。

为人师表是由教书育人的根本任务决定的。教师不仅要用自己的学识教人，更重要的是用自己的品格育人；不仅通过语言传授知识，还要用自己的人格感化教育学生。教师拥有的优秀品质和人格力量，对学生心灵的影响是任何教科书、任何道德箴言、任何奖励和惩罚手段都不能代替的。因此，教师要加强自身的道德修养、个性修养，完善自身的人格，引导和帮助学生健康成长，成为"人类灵魂的工程师"。

因此，教师要以高尚的道德品质为人师表，要以严谨求实的学风为人师表，要以认真细致的教风为人师表，要以健全的人格为人师表。

二、为人师表的重要意义

(一) 为人师表促进学生身心成长

一是教师做到为人师表会对学生的认知、情感、意志、信念与行为等产生极其深远的影响，有的甚至会影响其一生。正如教育家乌申斯基所言："教师个人的范例，对于青年人的心灵，是任何东西都不可能代替的最有用的阳光。"二是学生良好行为的习得不仅需要教师的言传，还需要教师身教。"身教重于言教"，正如英国教育家洛克所言："最简明、最容易而又最有效的办法是把他应该做或是应避免的事情的榜样放在他们的眼前。一旦你把他熟知的人的榜样给他们看了，同时说明了为什么漂亮或丑恶，那种吸引或阻止他们去模仿的力量，是比任何能够给予他们的说教都大的。"三是为人师表是一种重要的教育手段，正如孔子在《论语·子路》说："其身正，不令而行；其身不正，虽令不从。"教师没有高尚的品德，是不可能教育出具有良好品德的学生的。教师应做到为人师表，以自己的模范品行来教育和影响学生。

(二) 为人师表激励教师自我完善

为人师表是教师完善自我人生的一个必然追求。正人先正己，教师如果想要做到为人师表，在此之前他必须首先发展成为社会的模范、表率、榜样。正如法国教育家卢梭所言："在敢于担当培养一个人的任务之前，自己就必须造就成一个人，自己就必须是一个值得崇拜的模范。"一方面，教师作为专门的教育工作者，被社会赋予教书育人的职责。教师不仅要授之以知，还要"教之以事而喻诸德也"。教师完成这样的职责，不仅要学识渊博，智如源泉，还要以身作则，为人之模范。这是社会对教师的要求，也就促进教师不断完善自我，使教师实现"经师"和"人师"的和谐统一。另一方面，教师威信对教育效果有着重要的影响，教师威信越高，其教育效果越好。而建立威信的根本取决于教师的德和才。正如爱因斯坦所说："使学生对教师的尊敬的唯一源泉在于教师的德和才。"无德无才的教师是绝对不可能受到爱戴和尊重的。要树立教师威信，需要教师为人师表，在各方面完善自我。

(三) 为人师表纯化社会风气

教师历来都被视为纯化社会风气、引导社会精神文明建设的楷模。教师的思想品德，言谈举止，不仅直接影响着学生的精神状态，还间接影响到学生家长、亲戚及其好友，也可影响到社会与之发生联系的各行各业人员，从而影响整个社会风气。教师作为文明和道德的传播者，更应注意为人师表，从思想作风到生活作风，从言行到举止，从心灵到外表严格要求自己，体现教师应有的文明风度和良好精神风貌，为学生、为学校教育生活营造良好的精神氛围，成为纯化社会风气的带头人。

三、为人师表的具体要求

《中小学教师职业道德规范》对"为人师表"的具体要求是："坚守高尚情操，知荣明耻，严于律己，以身作则。衣着得体，语言规范，举止文明。关心集体，团结协作，尊重同事，尊重家长。作风正派，廉洁奉公。自觉抵制有偿家教，不利用职务之便谋取私利。"

(一) 坚守高尚情操，知荣明耻，严于律己，以身作则

在教育教学活动中，教师所展现的思想品德、教学风格、治学态度、行为习惯，对学生有着直接影响。为人师表首先提倡教师要坚守高尚情操，知荣明耻，严于律己，以身作则。教师以自己的模范品行来教育和影响学生，是教师职业道德的一个显著特点。在天真的孩子眼里，教师具有某种权威性，甚至有些孩子以为"老师说的都是对的"。在许多场合，教师都是学生最重要的表率，是学生最直接的榜样。教师的思想行为、作风和品格无时无刻不在感染、熏陶着学生。所以，教师一定要坚守高尚情操，知荣明耻，严于律己，要求学生做到的自己要首先做到，要求学生不做的自己首先不做，只有言行一致，表里如一，才能成为学生的楷模。为人师表重在以身作则。教师的任务在于育人，教师不仅要用自己的学识教育学生，还要用自己的人格去感化、教育学生。常言道，榜样的力量是无穷的。教师劳动的示范性特点决定了教师的思想观念、道德境界、理想信念都会对学生起到直接的、重要的示范作用。教师的榜样示范作用是教育学生的一种好方法，也是培养学生成长的重要途径。实践证明，教师善于以身作则，用自己的好思想、好道德、好作风为学生树立好的榜样，能给学生以启迪和激励，引导他们健康成长，并使学生终身受益。

美国学者霍华德·加德纳指出："在自然而丰富多彩的环境中，我们成人的每个优点和缺点、强项与弱项，都将展示在孩子面前。孩子时时刻刻都在关注成人的行为……观察成人如何处理问题，能否明辨是非以及如何对待他人。对于儿童来说，道德是在生活实际中通过仔细观察成人和其他同伴的行为而发展起来的。即使我们有很好的教科

书,但如果与现实生活中的情况是相反的,那么教科书是无用的。"[1]只有教师自己把"人"字写大了,才能培养出大写的"人"来。为人师表就在教育教学的日常性事务中体现出来,每时每刻、课内课外,教师的人格潜移默化,直接成为其教育实践的基础。

教师应率先垂范、以身作则,当好学生的标杆、做好学生的表率,用模范的言谈举止为学生树立榜样,把正确的道德观传授给学生,引导和帮助学生把握好人生方向,努力成为塑造学生品格、品行、品位的"大先生"。正如孔子所言:"其身正,不令而行;其身不正,虽令不从。"教师要做到言传要真,身教要诚,以真授人,以诚待人,以情感人,以理服人,用真实的教育鼓舞学生努力学习,实现德、智、体、美、劳全面发展;用严格的要求和高尚的思想品德带领学生,严于律己,乐于助人,全心全意为人民服务,多做好事和实事;应当尽可能地使自己得到全面的发展,形成和谐的人格,从学知识、学言行、学才能、学方法上启迪和引导学生全面发展。

【资料卡片】

当代著名特级教师、上海市杨浦高级中学名誉校长于漪曾经在接受记者采访时,就"新时代我们怎样做一名好教师"这个话题讲了下列这些话:

我做教师有一个体会,选择教师你就选择了高尚,因为这个工作是育人的工作,必须是以自己的完善的人格来引导学生形成完善的人格,以自己的真才实学来引领孩子进入求知的领域和海洋,让孩子能够有一种对知识的渴求,能够打好科学文化的基础。作为老师应该有高尚的情操,以自己高尚的情操感染学生。

我觉得一个好老师的内涵是非常丰富的,在当前这样一个诱惑非常多的社会里面,老师的定力是十分重要的。因为社会上并不是所有人都可以做教师的,他是育人的工作,育人首先就是育自己。我一直认为作为一名好老师首先应该是一名堂堂正正的中国人,说到做到,言行一致,一身正气。

汉代有一个人叫韩婴,他曾经说过,一个老师必须具备这样的条件,就是"智如泉涌,形可以为表仪者"。"智如泉涌",就是你的智慧要像泉水一样喷涌;"形可以为表仪者",就是你的思想言行能够成为别人的榜样。老师必须是德才兼备、品德高尚的,因为身教重于言教,老师要求学生做到的自己一定要首先做到。比如说早晨6点要进行早锻炼,那么我5点50分一定要在操场上等学生,这是一个最起码的身教重于言教。这样,你讲的话才能够在学生心灵里面得到共鸣,你也才能够成为学生成长的铺路石,人生道路的领路人。

于漪老师所强调的实际上是作为一名教师在处理"言传"与"身教"的关系上,必须以身作则。这是为人师表的本质要求。

---

[1] 霍华德·加德纳. 鉴往知来看教育[J]. 教师博览, 2004 (10): 9.

(二) 衣着得体，语言规范，举止文明

教师的仪容仪表、言谈举止是教师内心世界的外在表现，是教师精神气质的自然流露，最直接地反映了教师的道德风貌和审美情趣，对学生具有重要的道德、审美价值和示范意义。

1. 衣着得体

教师的衣着服饰应符合职业特点、环境要求和审美标准。教师应当做到衣着整洁得体，服饰朴素大方，在学校不穿露、透、紧身的服装。教师的仪容仪表应符合时宜，注重整体和谐，不能蓬头垢面、浓妆艳抹、发型奇异。只有这样，教师才能树立良好的形象，才能受学生的爱戴和欢迎，给学生以好的精神感染。

2. 语言规范

教师的语言应该规范、文雅、亲切、自然。授课时教师要使用文明语，讲普通话，切忌语言低级、庸俗。语言要精练准确、言简意赅、生动清晰、合乎逻辑、富有美感。话语要抑扬顿挫、流畅自然，速度快慢适中。在与学生交流时，教师应多用一些肯定、赞许的语言，多一些幽默、生动的语言。特别要注意的是，在教育学生时，教师不能用尖酸刻薄、蛮横粗鲁的话语伤害学生，否则，不仅损害自身形象，还会给学生的心灵带来创伤，不利于学生健康成长。

3. 举止文明

教师要做到稳重得体、从容可亲。一个人的风度与他的气质、品德、情趣、文化素养、生活习惯高度相关。首先，教师的举止行为要稳重。教师的职业特点要求教师遇事必须冷静沉着，泰然处之，能够控制自己的情绪，约束自己的行为，讲究文明礼貌，要自爱自重，尊重他人，保持良好的风范。其次，教师的举止行为要可亲。教师应适时发挥动作、表情、手势、眼神等无声语言的暗示与沟通功能，关爱地抚摸一下学生的头、会意的微笑、赞许的目光、亲切的握手等，体现对学生的关心、尊重、鼓励和期望。"亲其师，信其道"，在教育学生时教师亲切的话语以及在动作、体态中自然流露出来的平等、爱护、关切之情，会使学生产生和蔼可亲之感，从而收到无言之教的效果。

【资料卡片】

《给南京市中小学教师的15条礼仪建议》对教师为人师表应具备的日常文明举止和公德行为进行了细化，其主要内容有以下几点。

(1) 着装的礼仪。教师无论是在教育教学活动中，还是在公共场合，着装都要体现职业特点——美观大方，有时代感，受学生欢迎，符合教师身份。

(2) 仪容的礼仪。教师仪容要端正、庄重、斯文、雅气，不浓妆艳抹；不佩戴款式夸张的耳环、项链等；不染彩色指甲；不将头发染成怪异颜色。

(3) 举止的礼仪。坐姿须端庄，站姿应挺拔，行姿宜稳健。

(4) 社交的礼仪。尊重他人，礼貌待人；约束自己，自律自重。

(5) 参加聚会的礼仪。教师出席正式晚会，男教师以深色西服套装，女教师以旗袍、连衣裙或西服套裙为宜；参加沙龙交流时不要离题万里，浪费他人宝贵时间。

(6) 网络的礼仪。教师在通过网络、短信等方式与他人交往时，应牢记教师身份；在使用网络语言时要尊重他人；留言板上要对自己的言论负责。

(7) 进出校门的礼仪。进入校门主动向人问好；自行车(电瓶车)推行，摩托车、汽车慢行至指定存放处，整齐排放；离开校园主动道"再见"。

(8) 课堂的礼仪。进教室前准备好上课用的教材、教具，不携带通信工具进课堂；讲课不坐着、不靠着，也不过多来回走动；多用敬语"请"字和尊敬手势；目光注视每一个学生，不讽刺、挖苦学生。

(9) 办公室的礼仪。举止规范，谈吐文雅，遵守公德，文明办公；不上网聊天，不玩游戏，不下载娱乐影视片。

(10) 打电话的礼仪。上班时间不煲电话粥，接电话宜内容简洁，声音适度。

(11) 与学生交往的礼仪。微笑交谈，平等沟通。

(12) 与家长交往的礼仪。接待家长做到来有迎声、问有答声、去有送声。

(13) 家访的礼仪。家访前应写便条或打电话预约，把家访内容告诉家长，切忌"登门告状"。

(14) 升旗的礼仪。脱帽、摘墨镜，规范立正。

(15) 会场的礼仪。手机置静音或关闭，不接听手机，不发送和阅读短信。

(三) 关心集体，团结协作，尊重同事，尊重家长

1. 关心集体，团结协作

教师个人的工作与集体的合作是分不开的，教师个人的成长也离不开集体，因此教师要自觉把自己的发展与集体的命运联系在一起，依靠集体的发展来带动自己的进步。正因为如此，教师要牢固树立大局意识，自觉维护集体利益，关心集体发展，树立校荣我荣、校耻我耻的观念，把自己融入集体之中，和集体共同成长。从对学生的教育影响来看，教师间的团结合作作为一种道德品质，对学生之间的团结合作的品质的培养具有直接的示范作用。教师如何对待同事、集体和社会，学生耳濡目染，会有意无意、自觉不自觉地以同样的态度和方式去处理人际关系和利益关系。特别是在当前独生子女普遍以自我为中心、缺乏合作意识的背景下，教师的团结合作精神更具有特别的示范作用。因此，学校里教师之间团结合作的氛围，是更具有教育价值的教育因素，因为其能为学生形成坚强团结的集体树立榜样，为学生与他人开展有效的合作、为学生融入社会和集体提供榜样。

【资料卡片】

　　陶行知认为，如俗语所说的"一个和尚挑水吃，两个和尚抬水吃，三个和尚没水吃"的"不团结协作之景况"，决不应在教师间出现。他对旧社会"文人相轻"的旧传统和嫉妒型的人际关系深恶痛绝。他认为"中国的通病就是没有组织力"，即不能"谋充分之协作"，这个弱点首先应当在教育界得到克服和纠正。

　　1943年10月，陶行知在《创造宣言》中曾形象地比喻说，培养学生好比塑像，"在一个集体当中，每一个活人之塑像，是这个人来一刀，有时是万刀齐发。倘使刀法不合于交响曲之节奏，那便处处是伤痕，而难于成为真善美之活塑像。在刀法之交响中，投入一丝一毫的杂声，都是中伤整个的和谐。"由此可见，协作合群对于塑造人的教师工作是极其重要的。陶行知于1944年拟订的《育才学校创造年计划大纲》中，就把"以互助合作精神相待"作为一项办校方针规定下来，足见他对教师的合作互助精神的重视。同时，陶行知认为，"教育就是改造社会，教师就是社会改造的领导者"，而社会改造"只有团结同志，共同去干，方能发生宏大久远的效力"。

　　资料来源：何国华.陶行知教育学[M].广州：广东高等教育出版社，2001：147-148.

2. 尊重同事

　　当代社会倡导的是双赢、互利，教师也不例外。在教育教学中，提倡教师间相互竞争，能促使教师们振奋精神，奋发图强，在自己的教学岗位上做出更大成绩。但是，这种竞争不应破坏教师间应有的合作关系。教师之间只有相互协作、互相学习，才能共同提高，共同进步，培养出合格的人才。处理好同事之间的关系，一般需要坚持三条原则：一是互相尊重。这表现为既要尊重与自己感情较好、观点相近的同事，也要尊重与自己联系较少、观点相左的同事，要注意克服自傲、妒忌的心态。当与同事发生矛盾冲突时，要宽容大度，虚怀若谷。二是优势互补。教师之间的交往应充分挖掘互补功能，使教师在互相交往中实现思想上的互助、信息上的互换、情感上的融合和知识上的整合，以提高整个队伍的专业化水平。三是情感互动。在互动中争取每个人价值的最大实现，从而在整个教师群体中，形成互相欣赏和促进、互相关心和帮助、互相竞争和合作的交往氛围。

【资料卡片】

　　与其他教师建立良好的同事关系，我们可以尝试着从以下一些方面来努力。

　　(1) 主动开发、培养广泛的兴趣爱好，使你有更多的渠道和机会与更多的同事接近和交往。

　　(2) 与其他教师进行学习和教学上的争辩，但掌握好争辩的分寸，避免使用过激和尖刻的语言。

　　(3) 表现友好相处的愿望，学会"雪中送炭"，在关键时刻送上温暖，表达你的关切之心。

(4) 遇事设身处地替人着想，及时、妥善地处理矛盾，遇到矛盾学会退让、等待、迂回，适可而止，给对方留点退让的余地。

(5) 不在别人背后说三道四，不传播各种小道消息；尊重他人隐私。

(6) 学习文明的交往礼仪，遇见同事主动打招呼，灵活运用礼貌用语。

(7) 经常做一些有益的反思，促进同事间的和谐交往。

资料来源：唐凯琳，刘铁芳.教师成长与师德修养[M].北京：教育科学出版社，2007：144.

3. 尊重家长

家庭是学校教育的基础和补充，家长是教师的重要教育伙伴，教师与家长和谐相处，以达到密切合作培养学生的目的。教师要主动与家长取得联系，了解学生的家庭生活情况并及时向家长报告和沟通学生在校的情况；教师也有义务向家长传播科学的教育思想和方法，促进家庭教育的科学化，使家长在正确的家庭教育思想的指导下，以恰当的教育方式配合学校做好学生的教育工作。

对待学生家长，教师一定要平等公正、充分尊重家长；切忌趾高气扬，随意指责训斥家长。在学校，有时可以看到这样的场景：班主任怒容满面地坐着，家长则陪着犯错的孩子，恭恭敬敬地肃立在一旁，接受班主任的训斥，这是何其难堪的一幕。学生犯了错，请家长到校配合教育本是情理之中的事，但千万不能伤害家长的自尊，更不能训斥家长，这与教师为人师表的要求是不相符的。教师在与学生家长接触时，态度上要做到以下几点。第一，当学生犯错与家长沟通时，教师要耐心和克制，避免发生不尊重家长的言行对家长造成伤害，导致两者间的矛盾冲突。第二，教师要能虚心听取家长的意见，并对正确的意见加以采纳，以促进学校教育教学质量的提高。第三，不管家长素质、身份和社会地位究竟如何，教师应一视同仁地对待每位家长。教师要与家长之间建立起平等合作的关系，通过加强与家长的沟通和联系，形成教育合力，共同促进学生健康成长。

教师要加强与家长沟通的能力培养。教师与家长的具体沟通过程中，首先，要创造与家长对话的友好气氛，学会倾听家长对孩子情况的分析，这是尊重家长的基本表现；以理解的态度评价学生家长的意见，有利于沟通家校双方的教育理念；以建议的方式对家长提出要求，共商"家事"，以提高学校对家庭教育指导的有效性。其次，要与学生家长建立经常而正式的联系，改变学生犯错后才与家长联系的做法。再次，在与家长讨论学生问题时，不妨先评价学生的优点，再指出孩子存在的问题，这样既能让家长看到教育孩子的艰巨性，也能使家长增强教育孩子的信心。在家长会上不告状、不点名、不批评，以保护家长的自尊心，学生的问题与家长个别交流为好。家长会也要改变教师讲、家长听、学生等着挨批的陈旧模式。许多老师创造了诸如交流式、对话讨论式、展示式(学生成长历程)、专家报告式、联谊式、参观游览式等多种方式,使家长会真正成为家校合作的有效平台,成为沟通学生、家长和教师的情感渠道。

(四) 作风正派,廉洁奉公

教师要作风正派,发扬奉献精神,自觉抵制社会不良风气的影响,绝不利用职务之便谋取私利。教师只有坚持操守,作风正派,无私奉献,才能不辱没教师的称号。正是由于使命的特殊性,广大教师更应虽身居斗室,不忘为国分忧;虽两袖清风,不忘为学生操劳。

发扬奉献精神,教师必须正确处理贡献与索取的关系。就这两个方面来看,个人对社会的责任和贡献是居首位的,人生的真正价值在于对社会的贡献。教师正确认识、处理贡献和索取的关系,有助于在维护个人正当利益的同时,更好地发挥主观能动性和积极性,做好教育教学工作,推动教育事业的发展。

作风正派、廉洁奉公还要求教师具有高尚的情操。中华民族是一个讲究"情操"的民族。历史上许多仁人志士为了保持情操、气节,宁愿站着死,不愿跪着生。在教育领域,作风正派、廉洁奉公、品德高洁是教师职业道德规范的应有之义,为古往今来立志于教育事业者所践行。

【资料卡片】

教育部出台6条禁令严禁教师收受学生礼品礼金等行为。

(1) 严禁以任何方式索要或接受学生及家长赠送的礼品礼金、有价证券和支付凭证等财物。

(2) 严禁参加由学生及家长安排的可能影响考试、考核评价的宴请。

(3) 严禁参加由学生及家长安排支付费用的旅游、健身休闲等娱乐活动。

(4) 严禁让学生及家长支付或报销应由教师个人或亲属承担的费用。

(5) 严禁通过向学生推销图书、报刊、生活用品、社会保险等商业服务获取回扣。

(6) 严禁利用职务之便谋取不正当利益的其他行为。

资料来源:中华人民共和国教育部.严禁教师违规收受学生及家长礼品礼金等行为的规定[Z].2014-07-08.

(五) 自觉抵制有偿家教,不利用职务之便谋取私利

自觉抵制有偿家教,不利用职务之便谋取私利,是新时期教师职业道德的新要求。"补课""家教"曾经是学生心目中多么温暖的字眼。老师利用课余休息时间给某方面欠缺的学生"开小灶",弥补他们的不足,这充分体现了教师职业之崇高。随着市场经济的发展,"劳动有偿"概念被广泛接受,"掏点钱给孩子开开小灶"的"有偿家教"也逐步被人们接受和认可,但问题是"有偿家教"逐渐变了味,已经改变了补课的初

衷，影响到正常的教学秩序，给学生增添了沉重的负担。更有甚者，有些教师为了"有偿家教"牺牲正常教学，"课堂留一手，课后家教补"。这样的"有偿家教"偏离了教育的精神内涵，将师生之间的纯洁关系异化为一种赤裸裸的金钱关系，扭曲了教师这一崇高的职业形象。

教师有偿家教，表面上看是教师牺牲自己的课余时间换取正常的劳动报酬，其实质是利用职务之便谋取私利，是牺牲自己的师德人格在赚钱，是建立在学生沉重负担基础之上的赚钱。这样的行为影响了正常的教育教学秩序，也违背了教育宗旨，影响了教师的职业形象。这种行为、这种现象，不但是广大家长、社会所不能接受的，也是广大教师所不能容忍的。对于这种利用职务之便进行有偿家教谋取私利的行为，我们要坚决反对。传授知识、教书育人是教师的天职，如果动辄以家教为名谋取私利，既有损教师的形象，又有违职业道德。社会在进步，观念在变化，作为一名教师，处处为人师表，应是自己的自觉追求。

【资料卡片】

《教育部关于印发〈禁止中小学校和在职中小学教师有偿补课的规定〉的通知》中规定，有下列行为之一的，均被视为从事有偿家教活动。

(1) 教师利用晚上、双休日、寒暑假或法定节假日，在校内、本人住房或租借房屋及学生家里等场所给学生补课并从中获取报酬。

(2) 教师利用学科不同相互介绍或提供家教生源、为退休教师和校外办学机构介绍生源并从中获取报酬。

(3) 教师利用职务之便暗示、诱导、动员或强制学生参加有偿辅导并从中获取报酬。

(4) 教师在校外社会办学机构兼职从事学科类教学、文化补习并从中获取报酬。

教师要自觉抵制有偿家教行为，加强理论学习，提高思想觉悟，充分认识到教师职业的特殊性，不把教学行为变成有偿行为，做好本职工作，强化教师职业道德修养，做到爱岗敬业、遵纪守法、教书育人、淡泊名利。

第六节　终身学习

一、终身学习的基本内涵

终身学习是指社会每个成员为适应社会发展和实现个体发展的需要，贯穿于人的一生的、持续的学习过程，即我们常说的"活到老、学到老"。终身学习理念古已有之，北齐的颜之推在其《颜氏家训·勉学篇》中说:"幼而学者,如日出之光;老而学者,如秉烛夜行,犹贤乎瞑目而无见者也。"儒家学派创始人孔子也提出"学而不已,阖棺乃止",就有劝勉人们终身学习的含义。

现代终身学习理念的源头是终身教育思想。1965年,法国成人教育专家保罗·郎格朗提出了终身教育的构想,他认为,社会把人的一生机械地分为学习期和工作期,前半生的时间用来积累知识,后半生一劳永逸地使用知识,这是毫无科学根据的;教育应当贯穿人的一生,成为一生不可缺少的活动;要建立一个新的一体化教育体系,这种教育体系应当使教育从纵的方面贯穿人的一生,从横的方面联结个人和社会生活的各个侧面,使今后的教育在每一个人需要的时刻,随时都能以最好的方式提供必要的知识和技能。20世纪60年代以来,终身教育理念被越来越多的人接受,人们从受教育者的角度出发,提出了终身学习的概念。终身学习的理念是,人的学习从时间上应该从婴幼儿、青少年到中老年,即人的一生都要接受教育;在空间上应该包括家庭、学校和社会等一切可以利用的教育场所和方式;在形式上应该包括正规教育与非正规教育、学校教育、家庭教育和社会教育等。1994年,在意大利罗马召开的"首届世纪终身学习会议"中提出:"终身学习是21世纪的生存方式。"自此,终身学习成为全球性共识,并作为重要的教育概念广泛传播。

人类知识在不断丰富,新知识的增长速度在加快,知识更新的周期在缩短。20世纪60年代,知识增加一倍,周期是15年;20世纪80年代减少到5年,20世纪90年代减少到3年。随着21世纪的到来,人类进入了知识爆炸的时代,现有的知识正以每年10%的速度更新。在大学阶段,人们只能获得需要知识的10%左右,而其余的90%都要在工作中不断学习才能获得,以往我们那种结束学校教育,找到工作就一劳永逸的想法已成历史。生活在这样一个时代,每个人都必须不断学习。

【资料卡片】

根据英国科学家詹姆斯·马丁1983年的统计,人类科学知识在19世纪是每50年增加1倍;20世纪中叶是每10年增加1倍;70年代是每5年增加1倍。而据美国未来学家阿尔温·托夫勒在20世纪70年代的预测,对于当时出生的小孩来说,到他们大学毕业时(20世纪90年代),世界上知识的总量将增加4倍。当这个小孩50岁的时候,知识的总量将是他出生时的32倍。如此推算,全世界97%的知识都是在他出生以后才研究出来的。

资料来源:么加利.走向复杂:教育视角的转换[D].重庆:西南师范大学出版社,2002.

终身学习是教师专业发展的动力源泉,是社会发展对教师职业道德提出的时代要求。教师作为知识的传播者,更应树立终身学习的理念,通过持续的潜心钻研业务,勇于探索创新,不断提高专业素养和教育教学水平。

二、终身学习的重要意义

(一) 教师需终身学习以适应不断变化的教育

当今世界,科技突飞猛进,信息与日俱增,社会各个领域的知识不断由单一走向多元,不断向更深、更广的层面发展。教育作为面向未来的事业,它不仅仅要适应社会的迅速变革,还要引领社会变革和完善。不断变革的教育需要不断变革的教师,需要不断发展的教师。因此,教师应树立终身学习理念,不断丰富自己的知识储备,使自己在教育观念和教学能力上跟上时代步伐,以适应教育改革和发展的需要。

(二) 教师需终身学习以满足教师职业特点的要求

对于现代社会中的人而言,学习是不可能一次性完成的,企图通过一次性受教育,就能获得胜任教师岗位所需要的所有知识的观念已经过时。过去,人们常用"给学生一碗水,教师得有一桶水",对教师的知识拥有量提出要求。而在网络信息普及和多元化文化碰撞的今天,这种"一桶水"的观念已经不能满足教育的需要,取而代之是源源不断的"活水"。教书育人是教师职业的显著特点,它要求每位教师必须具备自我发展、自我完善、自我更新知识的能力,方能做好教书育人工作。

(三) 教师应该成为终身学习的典范

教师的行为常常被学生观察,由此将影响学生的读书和学习。陶行知先生说过:"要想学生学好,必须先生好学,唯有学而不厌的先生,才能教出学而不厌的学生。"只有教师不断读书、更新知识,学生才能学会读书、学会学习;只有教师学会终身学习,才能教会学生终身学习。教师的行为不仅直接对下一代产生影响,还潜移默化地影响家长和其他社会成员。在社会各行各业中,教师理应成为终身学习的典范。从这个角度来说,教师参与终身学习,不断实现自身专业成长、提高专业服务水平,就有了极为重要的社会意义。

三、终身学习的具体要求

《中小学教师职业道德规范》对"终身学习"的具体要求是:"崇尚科学精神,树立终身学习理念,拓宽知识视野,更新知识结构。潜心钻研业务,勇于探索创新,不断提高专业素养和教育教学水平。"

(一) 崇尚科学精神,树立终身学习理念,拓宽知识视野,更新知识结构

科学精神是求真的精神,是不断探索的精神。根据科学精神的要求,在一个终身学

习的社会,教师应当具有终身学习的理念,在行为上能够自觉地继续学习,发展自己的知识。联合国教科文组织在《世界教育报告(1998)·教师和变革世界中的教学工作》中指出:"人们逐渐认识到,教学同其他职业一样是一种'学习'的职业,从业者在职业生涯中自始至终都要有机会定期更新和补充他们的知识、技巧和能力。"身处21世纪的今天,新知识、新技术层出不穷,以前所未有的惊人速度更新。教师作为知识和文明的重要传播者,作为年轻一代的引领者,必须崇尚科学精神,树立终身学习理念,并且善于将科学精神传递给学生,引导学生积极、主动地掌握知识。

教师要构建合理的知识结构,应遵循以下一些原则:一是要看占有的知识和具有的能力能不能满足从事教育事业和教学工作的需要;二是要看知识能力结构能不能鲜明地体现出自身的专业特点,充分地发挥个人的特长;三是要看能力结构是否有利于在实际工作中获取新的知识和保持创造能力。根据这些原则,教师的知识和能力结构应是文化知识广博、专业知识深厚、智力和能力协调发展、创造性和活力较强的优化结构。其中,创造性和活力是知识能力结构的最高层次。

在信息时代,青年学生智力发育和身心发育异常迅速,他们思想活跃、兴趣广泛,有着强烈的好奇心和求知欲,现代大众化的传播媒介的迅速发展更是拓展了他们的视野。教师经常会面临学生提出的各种问题,甚至是对教师知识视野和思维能力的挑战。这就要求教师必须与时俱进,善于接受新观念、新信息;不断拓宽自己的知识面,开阔教学视野;不断更新和完善自己的知识结构,使自己始终站在知识的前沿,只有这样才能满足学生的求知欲望。

> 为什么教师要懂得那些课堂上并不学习的东西以及那些跟中学所学的教材没有直接联系的东西呢?这是因为:关于学校教学大纲的知识对于教师来说,应当只是他的知识视野中的起码常识,只有当教师的知识视野比学校教学大纲宽广得无可比拟的时候,教师才能成为教育过程的真正的能手、艺术家和诗人。
>
> ——苏霍姆林斯基

教师要保持对知识的兴趣,对信息的敏感,就要养成阅读的习惯。在教学之余,多看一些书籍,阅读报纸杂志,了解文学的、艺术的、新闻的、科学技术的甚至是生活的知识和信息,培养一种审美的眼光和情趣,对于提高教师的自身素养是很有好处的。教师如果有某一方面健康的业余爱好,如集邮、摄影、绘画、书法、音乐欣赏等,也是值得肯定的。外语和计算机是当代重要的工具性基础学科。随着教育的改革和发展,外语和计算机应成为教师新的教学基本功。教师要意识到这方面的新要求,努力掌握外语和计算机的知识和技能。

【资料卡片】

打通教育智慧的"绿色通道"

读书，应该成为一种自我教育、自我提升和自我超越的手段。经典引领我们，智慧武装孩子，孩子创造明天。这些都蕴含着一种生命的疼痛和成长的快感。智慧，其实是一种生命的载体，绝不是一种人为的简单叠加，它因生命而存在，因教育而美丽，当我们在读书的"痛并快乐着"中，已把埃德蒙·伯克所说的"比我们低的一些东西"和"比我们高的力量"，完全统一于一切教育的行动之中。这种行动和力量意味深长。我们既不勉强自己，又不会把无关宏旨的生活方式置之度外。疼痛的全部意义，就在于使我们容易"在那曾经受伤的地方，生长出思想来"。

资料来源：胡明珍. 打通教育智慧的"绿色通道" [N]. 中国教育报，2006-03-12(23).

(二) 潜心钻研业务，勇于探索创新，不断提高专业素养和教育教学水平

1. 潜心钻研业务

一个受学生欢迎的教师，首先要认真钻研所教学科的专业知识。教师在所教学科专业上的造诣，直接影响到具体教学活动中教师对所教授的知识的组织处理水平，影响学生能力的发展和智慧的培养。教师只有精通学科专业基础知识和基本理论，才能在更深广的背景下高屋建瓴、运筹帷幄地处理教材，并运用自如地引导学生积极思维，促进学生的知识和能力、认知和情感的协调发展，从而使学生从教师那里得到比书本多得多的收获。在教学实践中常常可以发现，优秀教师在讲授过程中精彩的一点、一拨，信手拈来的实例，看似不经意，实际上这是专业知识积淀到一定厚度才会有的一种自然流露。作为一名有造诣的教师，在专业知识上应该向纵、横两个维度拓展和延伸。横向即要掌握本专业各主要领域的知识，了解整个知识体系和各知识之间的联系，并准确地把握知识的重点、难点和关键部分，能把所要教授的知识纳入整个专业知识体系。纵向即要把握本专业的历史、现状，探求其未来的发展，因为科学和社会的迅速发展使得各专业知识增长和更新的速度加快，将不断会有新的东西进入学校课程领域，原有的一些思想、观念、概念体系也增加了新的时代的内涵。教师只有注意专业的发展，才不致落伍，才能常教常新。

其次，教师要苦练基本功。教师基本功包括教学语言和"三笔字"等。

(1) 教学语言方面。教学语言是教师搞好课堂教学的基本功之一，是教师传授知识的重要工具。教师能否胜任教育教学工作主要取决于教师的语言表达能力，要想成为一名出色的教师，必须注重自己语言表达能力的锤炼。这需要教师加强语言修养，注重语言规范性，关键是努力学好普通话。教师要利用各种途径进行听说训练，如多听广播，多看电视新闻，对易错发音进行强化训练。因为词汇是语言的"建筑"材料，没有足够

的词汇，教师就无法组织语言表达思想，所以教师要积累词汇，掌握专业术语，语言表达要生动形象，具有浓厚的趣味性。这要求教师使用贴切形象的比喻、鲜明的对比等修辞手法，使语言具有启发性和感染力，教学语言在逻辑上要具有连贯性，要抑扬顿挫，把握节奏的轻重缓急。此外，除了有声语言外，教师的肢体语言也非常重要。

(2) "三笔字"方面。练好"三笔字"——毛笔字、钢笔字和粉笔字，这是教师首先应具备的教学基本功，对中、小学教师尤为重要。文字是文化传承的载体，中华博大精深的文化赋予了汉字极为丰富的内涵。历来就有"字如其人"之说，书写漂亮是一个人有文化、有修养的表现，对学生有不可低估的直接影响。教师如果能把课堂板书、作业批语写得工整美观，必然对学生起到潜移默化的影响，有助于帮助他们养成良好的书写习惯。练好"三笔字"首先要练好毛笔字，因为要想写出规范、流畅的钢笔字和粉笔字，必须以毛笔字为基础，这是由汉字的结构和书写特点决定的。毛笔字讲究"用笔"和"结字"。钢笔笔头硬，弹性幅度小，写出的笔画粗细差别不大。写钢笔字要讲究笔画的起和收，练习时要注意基本笔画和字的形体结构。粉笔字应注意运笔和转动，要保持笔画粗细一致，大小适中，字形均匀美观。教师"三笔字"基本功练习，并非一蹴而就之事，需要有耐心、有意志力，持之以恒地练习。这不是可有可无的小事，而是中小学教师综合素质和专业化发展的重要组成部分。

2. 勇于探索创新，不断提高专业素养和教育教学水平

今天，创新能力正在成为一个民族、一个国家在世界中生存的基本能力。我们民族对创新能力的呼吁亟须创新的人才，创新的人才要靠创新的教育来培养，创新的教育要靠具有创新品格的教师来实践。正如叶澜教授提出："没有教师的生命质量的提升，就很难有高的教育质量；没有教师精神的解放，就很难有学生精神的解放；没有教师的主动发展，就很难有学生的主动发展；没有教师的教育创造，就很难有学生的创造精神。"[1]教育创新是提高教师生命质量，改善教育实践品质，提高整个社会教育水平的重要内涵。

(1) 教育理念的创新。教师创新首先应该是思想观念的创新，一个思想保守、因循守旧、故步自封的教师是不可能有所创新的。善于创新的教师应具有以下教育观念。

第一，学生观的创新——学生是独特的、蕴藏着无限发展潜能的个体。《学会生存》中指出：每个学习者的确是一个非常具体的人，他有他自己的历史，这个历史是不能和任何别人的历史混淆的；他有他自己的个性，这种个性随着年龄的增长而越来越被一个由许多因素组成的复合体所决定。这个复合体是由生物的、生理的、地理的、社会的、经济的、文化的和职业的因素所组成的，而这些"因素"应该也必须纳入我们的考虑范围。每个学生都是独特的，每个学生都拥有独一无二的遗传素质、家庭环境、教育经历、所处社会环境，这种独一无二的成长经历造就了每一个独一无二的学生。独特意

---

[1] 叶澜. 教师角色与教师发展新探[M]. 北京：教育科学出版社，2001：导言.

味着差异,差异孕育着多样性。教师面对的是每一个学生,而不仅仅是一群学生,教学的任务不是让不同学生的体验趋于一致,而应该尊重学生自己思考和感受的独特方式,鼓励学生形成富有个性的情感体验和独创性见解。人生来就蕴藏着巨大的创造潜能,教育应该去唤醒、去挖掘每个人的潜能,而不是埋没、扼杀人的本性。因此,对于孩子"幼稚"的追问,"蹩脚"的改造,"粗浅"的看法,"脱离实际"的想象,以及"没有根据"的假设,教师和家长都不能轻易说"不",因为正是在不断的追问、假设、探究、想象中,创造才得以诞生。

> 我们的工作对象是活泼泼的人,是有思想与情感的人。工人能掌握机器,农民能掌握土地,可是机器和土地都是死的;而人是活的,有他自己的思想感情,要很好地掌握儿童的思想感情,不是一件简单的工作。
>
> ——斯霞

第二,教材观的创新——教师不是教教材,而是用教材教。教师对教材价值、作用、评价标准和处置方式的基本看法从根本上影响着教师的教学方式。一个对教材报以神秘主义态度的教师,迷信教材而不敢有任何增删,忠实地传递教材内容,或者说试图忠实地传递教材的内容和精神;而一个持开放教材观的教师往往以怀疑的精神对待教材,对"教什么"和"如何教"都试图找到适合自己和自己学生的答案。不同的教材观引领教师构建出截然不同的教学生活和学生的学习生活。事实上,教材只是一种文本,这种文本中的文字是被过滤的、承载着我们的社会对于教育宗旨的信念、对孩子未来的憧憬与规划。教材在公众教育理想与个体学生成长之间架起沟通的桥梁,但不代表绝对的权威和真理;教材是师生沟通与共享的主要媒介,却不是唯一媒介。教教材的教师呈现给学生一个千篇一律的、被文字限定与隔离出来的世界,用教材教的教师则创造出一个富有个性、超越文字的、更为广阔和真实的世界。而就教师个体而言,当他们把"干瘪"的教材丰满起来,把"抽象"的内容"生动活泼"起来,把"统一"的教材"特殊"起来时;当他不是简单机械地重复教材内容,更不是照本宣科,而是将自己的理解、认识和经验融进教材时,他就是在宣讲自己的信念,他就是在显示自己的力量,他就是在表白他的真情实感。这样的教师,是创新的,是生动的,同时也是幸福的。

第三,师生观的创新——师生关系是平等的人与人之间的交往关系。我国两千多年的儒家文化积淀形成了尊师重教、师道尊严的传统主调。无可否认,对教师的尊敬应该是任何一个国家、任何一个社会都应该提倡的,但问题在于究竟什么才是真正意义上的"尊敬"。是不是对教师的一言一行从来都言听计从就是尊敬教师,而对教师的观点提出"质疑",就某一问题持有不同看法和意见,这就是"驳老师的面子",就是"羞辱"教师,就是对教师的"不敬"呢?显然,靠这种霸道的方式赢来的"尊敬"是不稳定、不合适的,说得更严重点是不道德的,因为它是以牺牲学生个性、创造性及想象力为代价,以剥夺学生的独立和批判精神为交换的,它并没有把学生当成真正的人来对待。良好的师生关系应该建立在平等、民主的基础之上,教师和学生在对话与理解中彼此尊重、彼此信任、彼此接纳,没有一方对另一方的控制与强迫,也没有苛刻的规训,有的只是师生之间、生生之间的互动、质疑、宽容和悦纳,有的只是灵魂与灵魂之间的敞亮和开放、心与心的碰撞和激荡。师生应从师道尊严的狭隘视野中解放出来,每个教师、每个学生都应成为他自己,成为一个真正的人。

(2) 教学内容的创新。《基础教育课程改革纲要(试行)》中明确提出:"改变课程内容难、繁、偏、旧和过于注重书本知识的现状,加强课程内容与学生生活以及现代社会和科技发展的联系,关注学生的学习兴趣和经验,精选终身学习必备的基础知识和技能。"如何选择对学生终身发展有用的知识,如何让学生学习的内容紧跟时代发展的步伐,如何让学习内容与学生的生活世界有机地结合起来,如何在教给学生知识的同时加强学生能力的培养,这些都需要教师不断地进行探索和实践,并在亲身实践过程中不断地创新。课程只是为教师们提供了一个框架,或者说一些素材,教师在处理教学内容的时候仍然需要发挥创新精神,对各种素材进行分析、整理和重新加工、增删、整合,有舍弃,有补充,可拆卸,可重构,一切对教学内容的创造性处理都要求教师在现实的考虑中恰当地行使以上权利,这样的教学内容才可能适合于特定时空、特定情境下的教学,才不会偏离学生的实际要求和能力太远。

(3) 教学方法的创新。教师教学方式的选择直接影响到教学效果。目前我国义务教育的教与学的方式,以被动接受为主,这主要表现为以下几点:教学以教师讲授为主,而很少让学生通过自己的活动与实践来获得知识;依靠学生查阅资料、集体讨论为主的学习活动很少,教师经常布置的作业多是书面习题与阅读教科书,而很少布置如观察、制作、实验、读课外书、社会调查等实践作业;学生很少有根据自己的理解发表看法与意见的机会,课堂教学在一定程度上存在着"以课堂为中心、以教师为中心和以课本为中心"的情况,忽视学生创新精神和实践能力的培养。这种单一、被动的学习方式往往使学生感到枯燥、单调和乏味。如果教师不管学生喜欢什么、需要什么,一味地向"容器"中填充,那么只是让学生不断地储存和提取知识,很少放手让学生自由自主地去探索和体验,如此训练出来的学生只会是知识的存储器,而不是一个生命意义上的完整的人。在一个开放的社会,尤其在一个尊重多样性、强调个性发展的社会,灌输必然遭到排斥,因为"教育的基本作用,似乎比任何时候都更在于保证人人享有他们为充分发挥自己的才能和尽可能牢牢掌握自己的命运而需要的思想、判断、感情和想象方面的自由"。"人"以及"人的发展"理应成为教育的核心和主旨所在。

教师应精心设计、大胆尝试,找到独具特色并行之有效的教学方式。进入21世纪,人才培养"应从以学科为中心向以学习者为中心转变",那种将学生视为被动接受者的学习观必须发生改变,我们需要一种新的具有更高整体化的求知方式,即探究学习。探究学习是指从学科领域或现实社会生活中选择和确定研究主题,在教学中,创设一种类似于学术(或科学)研究的情境,通过学生自主、独立地发现问题、实验、操作、调查、收集与处理信息、表达与交流等探索活动来获得发展的一种学习方式和学习过程。如果说与接受学习对应的是灌输式教学,那么与探究学习对应的则是探究教学。探究是一种复杂的学习活动,需要做观察;需要提问题;需要查阅书刊及其他信息源以便了解已有的知识;需要设计调查研究方案;需要根据证据来核查已有的结论;需要运用各种手段收集、分析和解释数据实验提出解答、解释和预测;需要把结果告之于人。探究需要明确假设,需要运用判断思维和逻辑思维,需要考虑可能的其他解释。与灌输相比,探究教学所体现出的主体性是明确的,它具有更强的开放性、问题性、实践性、情境性和参与性。探究能使学生更好、更有效地获得知识和技能,培养其探索精神和创新能力,而且通过亲身参与和实践,学生能获得丰富的体验,有利于形成正确、积极的情感、态度和价值观。

(4) 加强教学反思,提高教育教学水平。人类社会是在反思中超越自我而不断进步的,教师的发展也一样。美国心理学家斯金纳提出教师的成长公式:成长＝经验＋反思。教学改革的实践证明,教学反思有利于教师深入思考教学实践,积累和提升自身教学经验,将其逐步内化为先进的教育理念,这是一条造就名师、名家的必由之路。反思型教学实践可分为三类:一是对实践的反思;二是在实践中反思;三是为实践反思。这都要求教师将教学活动本身作为意识的对象,不断地对自我及教学进行积极主动的计划、检查、评价、反馈、控制和调节。在长期的教学实践中,教师大都形成了一定的思维定式,教学工作凭的是经验和习惯,他们往往非常重视教什么和怎么教,认为"我是老师,你是学生",教学就是"我讲你听""我出题你做题",等等,而很少去思考"究竟为什么这么教""这么教好在什么地方""用别的方法有没有可能教得更好""时代在不断变化,教学内容、教学方法和方式的选择要注意什么"这类问题。一切习惯成自然,许多教师反思意识淡薄,甚至根本谈不上有反思意识,他们的工作只是每天需要应付的重复的简单劳动。反思型教师应是一个具有开放思想、试图去看一个问题的两个方面的个人;应能对教学设想和价值提出疑问,应能参与课程开发和学校改革以及承担职业发展的责任。

【拓展阅读】

核心素养：素质教育再出发的起点

"素质教育不是一个新话题,素质教育的概念自20世纪80年代中期提出至今已近30年,为何今天又来讨论素质教育？因为基础教育改革走到今天,到了一个重要的历史节点,需要我们对素质教育的诸多问题进行再认识、再实践。"在日前于贵阳市召开的中国教育学会中小学整体改革专业委员会第二次理事单位学术专题研讨会上,该委员会理事长傅国亮点明研讨会主题"素质教育战略主题再认识再实践"的意义所在。

1. 再审视：基础教育哪里"跑偏了"

虽然素质教育早已成为教育改革和发展的战略主题，但是对于什么是素质教育这样的基础性问题，仍然存在认识上的误区。

"长期以来，对于素质教育的探索，有两个误区，一是没搞清素质教育究竟是一种什么模式，应该说，素质教育是一种全新的育人模式，而非育才模式，以育才取代育人，在现实中必然导致以应试教育取代素质教育，以考试分数取代人的全面发展；二是将素质教育模式化，而实际上，素质教育没有固定的模式，基层探索应该是个性化、特色化、多样化的。"傅国亮说。

贵州省教育厅副厅长李奇勇认为，素质教育就是适度的教育，而当前的中小学教育则是一种过度教育，具体表现在：一是功能过度。基础教育的主要功能是让一个生物人转化和成长为社会人，过早地与成功、发达等宏伟愿景、远大理想对应起来，对于一个普通的未成年人而言，在现阶段是大而无当、虚幻空洞的。二是内容过度。现在的孩子，在学校学些什么，学到什么程度合适？普遍来说，目前学生的书包过重，所学内容过多、过深。三是责任过度。全社会关心学校，学校却"办"了全社会。校园内，购物、吃饭、安保、医疗等所有一切都归学校管。校长充当了炊事员、采购员、保安员等角色，把所有事情都管了，唯独没精力管教学。地方官员大多把重视教育，简单或者功利地理解成办学校、建房子，很少关心教育本身。政府责任过度，往往就是政绩的过度、基建的过度、浪费的过度。教育本来应是家庭的事、团体的事、社会的事，现在却全部成了政府的事情。结果该有学校的地方都由政府投入，把所有的学校都搞成公办，民办教育没有了发展空间。这种过度的责任，还推高了群众择校的热情和对教育不公的不满。四是学制过度。现在孩子发育提前，结果该恋爱的时候在读书、在拼高考，等到上大学了，青春期已经过了，既不爱读书，也不会谈恋爱了，以人为本就是该干啥的时候让他干啥。基础教育，十年足矣。

贵阳市教育局局长赵福菜认为，当前素质教育在实施过程中存在的典型病症，主要表现为知而不行、知行不一、知而周行。首先知而不行方面。几十年来，素质教育这一理念，无论是在各级党委、政府还是基层学校，无论是在教育内部还是社会各界，无论是在专家学者还是平民草根中，都得到了广泛认同，但现实状况是，素质教育在文件制度里有地位，在具体工作中排后位；在专著论文里有高度，基层实践中少热度；在办学理念上有目标，办学行为上无指标；社会舆论讲得好，个人家庭做得少。其次知行不一方面。知行不一实质就是说一套，做一套，认识与实践自相矛盾、互相否定。具体表现为以下几点：育人是教育的本质追求，但在实际的教育过程中仍然存在重分轻能的现象；课堂教学强调尊重学生主体地位，但实际教学中教师"一言堂"仍较普遍；对学生综合素质水平恶评不断，但仍以考试为唯一手段、以分数为唯一评价标准；对学生苦、学生累、学生书包重、学生作业多的批评声不绝于耳，但"不输在起跑线上"的意识根深蒂固，结果是让学生累倒在起跑线上。最后知而周行方面。在实施素质教育的实践中,对素质教育的战略地位、核心目标、基本规律、重点要求、工作路径未能进行深入系统的理解,以育才教育取代育人教育。具体表现为以下几点:育人片面化,以智育代替德智体美劳全面发展,重才轻德;育人特殊化,以少部分尖子生、特长生代替全体学生;育人形式化,课堂教学改革重形式轻实效,不注重保护和培养学生的好奇心、求知欲和想象力,背离了课堂教学的基本规律;育人盲目化,校训校规原则空洞,没有突显学校发展的核心理念;育人简单化,以开展体音美的活动等同于素质教育,校园文化建设仅满足于墙壁文化呈现,把社会实践仅仅局限在军训、农训或志愿者服务等活动中。素质教育在实践中呈现出盲人摸象的态势。

专家们认为,目前素质教育实施过程中的种种问题,既有政策设计、体制机制的缺失,又有基层实践的缺位;既有价值取向的偏离,又有教育政绩的短视;既有用人导向的误区,又有育人方向的错位。这些问题折射出素质教育理想与现实的差距,基层实践的无奈与迷茫。用一句流行的话说,在素质教育的问题上,"我们已经走得太远,以至于忘记了当初为什么而出发。"

2.再认识:如何将"素质"具体化

素质教育到底应该培养学生哪些方面的素质?长期以来,只有方向,没有明确的具体化的内容。这种理论上的"模糊",既给基层实践者提供了自由探索的空间,但也让中小学校长、教师感到迷茫。

事实上,经济合作与发展组织(OECD)国家早在1997年,就提出了"核心素养"的概念,并将其视为基础教育的DNA、人才培养的指针。因政治体制、文化背景等的不同,不同国家提出的核心素养有所不同,但也有一些共通的地方,比如强调合作与交流能力、信息与通信技术的掌握、公民素养、创造性、批判性思维,等等。

目前,我国已经决定采纳上述国家核心素养的概念。核心素养,将成为未来基础教育改革的灵魂。"核心素养强调的不是知识和技能,而是获取知识的能力。核心素养教育模式取代知识传授体系,这将是素质教育发展历程中的一个重要节点,意义深远。"傅国亮说。

上海市教委教研室科研部主任、教育部高中课程标准修订综合组成员王月芬介绍说,核心素养教育体系的建构,意义非常重大。它具体回答了"培养什么人"的问题,有助于实现从学科中心转向对人的全面发展的关注,为育人模式、评价方式的转型奠定了基础,指明了方向。基于核心素养的教育改革,将从单一知识、技能转向综合素质,从学科学习转向跨学科学习,从灌输式学习走向探究性学习。具体到课程改革上,将基于学科本质观来确立学科素养,基于学科素养来择定学科课程内容,基于学科课程内容来研究学业质量评价标准。据介绍,核心素养教育体系,目前尚处于理论探索与建构阶段,到实践层面的落实,尚有一段路程,而基层的教育实践探索者对此充满期待。

不过,素质教育从来都不只是校园围墙内的事,正所谓"生活即教育、社会即学校"。从来没有可以离开社会环境的成长,也从来没有可以离开家庭环境的教育。李奇勇认为,我们要树立"泛教育"的理念,家居是教育工具,社区是教育载体,景观是教育因素,城市、乡村是教育场所;家长是教育者,人人都是教育者,人人互为环境,互为教育者。实施素质教育,每一个学校、每一个课堂、每一个家庭都可以从自身改起,从现在做起。

资料来源:江瑞林.核心素养:素质教育再出发的起点[Z].中国教育报,2015-05-13(10).

【师德故事】

读书成就教师

回首自己走过的45年人生之路,江苏省著名特级教师、苏州市首批名校长高万祥说,读书、教书、著书,不可一日无书。书籍,是学校中的学校,为新世纪培养高质量的"阅读人口"是我们基础教育义不容辞的神圣使命。一个人,只有终生保持阅读的习惯,才能不断提升自己的爱心、良心、责任心,才能让自己永葆青春。因为,与书为友,就意味着与大师为友,与文明为友,与真理为友。

1973年1月,高万祥高中毕业。在那些寂寞而苦闷的日子里,文学成了高万祥唯一的精神寄托。现在他还清晰地记得当年在乡下苦读的情景。白天,他趁着劳动的间隙,经常独自坐在田埂上,扁担当凳子,膝盖当桌子。午休时,他一个人躲在屋里做读书笔记,汗水把稿纸都浸湿了。夏夜,他用棉花塞住耳朵,把屋外纳凉的谈笑声挡在心灵之外。为了对付蚊子的袭击,他不得不穿上长衣长裤、高筒雨靴。就这样,高中毕业后两年,高万祥几乎读遍了当时能找到和买到的书,床头那本《新华字典》早被他翻得破烂不堪,抽屉里塞满了读书笔记、撰写的文章和一大堆退稿信。接下来,高万祥做了三年代课教师。因为不能取得民办教师的资格,20岁出头的高万祥不得不背着简单的行装,像"游击队员"一样,辗转于全乡的十多所中小学校。从幼儿园到高中,常常是刚一站稳脚跟,又要开始"流浪"。尽管如此,这段经历竟让高万祥深深地喜欢上教书这一职业。

对于坚强者来说,逆境与磨难总是人生的一笔财富。1978年,高万祥凭着多年的阅读积淀,以优异的成绩考入江苏师范学院(今苏州大学)中文系。站在高大的图书馆前,高万祥的心激动得怦怦直跳,他禁不住长吁一口气:告别了,无书可读的日子!告别了,疯狂而苍白的岁月!大学四年,高万祥不敢说自己是最优秀的学生,但一定可以算得上是最勤奋的学生。从宿舍到饭厅,从教室到图书馆,他每天都在同样的轨迹上与时间赛跑。对他来说,那时最大的幸福莫过于有书可读。大学时代丰富的阅读给了高万祥新的生命和新的生活。四年之后,高万祥走上了百年名校张家港梁丰中学的讲台,当班主任,做语文老师,工作是非常繁忙的。但是,高万祥常常忙里偷闲,以不懈的阅读支起一片放飞心灵的蓝天。参加工作后,他订阅了十多种报纸杂志,一有时间就跑书店。他读经典,读时文,文学、教育、哲学、文史、经济无不涉猎。他说,阅读,滋润了他的教育爱心，培育了他的正义与良知，给了他诗意般的教育追求与人生追求。多年来，高万祥绝不让教材、教参独霸课堂，他特别注意从广泛的阅读中汲取思想和精神的养料，让书籍为学生打开新的文化视窗。他一直记着教育家苏霍姆林斯基的话："把每一个学生都领进书籍的世界，培养起对书的酷爱，使书籍成为智力生活中的指路明灯——这些都取决于教师，取决于书籍在教师本人的精神生活中占何种地位。"因为阅读广泛，在高万祥的课堂上总能听到新鲜故事。他给学生讲作文与做人的道理，讲《忏悔录》的作者因敞开心扉而被人誉为"欧洲的良心"，讲文坛泰斗巴金"把心交给读者"的创作态度，讲李白墓地上那块书写着"真诗不死"的石碑。他无数次提醒学生：孩子的可爱在于没有矫饰和虚伪，文章的可贵在于真情的流动。为了让学生保持透明的童心，他要求学生把日记当成自己的精神家园，让真实的情感花朵在日记中绽放，让自由的生命个性在日记中挥洒。"天下第一好事，还是读书。"在高万祥身上，我们再一次感到此言妙极！平日里，坐在宽大的办公桌前，高万祥没有被频繁的电话弄昏头脑，没有在琐碎的应酬中迷失自己，他的背景永远是一壁高大的书橱。

资料来源：陈文.教师可以更优秀[M].上海：华东师范大学出版社，2012：176-183.

问题思考

1. 教师应如何培养爱岗敬业精神？
2. 在日常教育教学中，教师如何做到严慈相济？
3. 阐述"教书"与"育人"的关系。
4. 结合所学内容，谈谈教师应该如何做到为人师表。
5. 结合实际，谈谈教育创新对教师的基本要求是什么。

第四章 教师职业道德修养

教师职业道德的形成和发展一方面是通过制度化的职业道德教育，另外一方面源于教师的自我修养。"教育"和"修养"是促进教师职业道德形成和发展不可缺少的两种途径，制度化教育是养成基本教师职业道德要求的必要条件，而自我修养则是丰富、完善和提升教师职业道德境界的内在保障。教师的职业道德教育能否真正影响教师，主要在于它最终是否转化为教师自觉的道德修养。

第一节 道德修养与教师职业道德修养的基本内涵

一、道德修养的基本内涵

修养主要是指个人在思想、理论、道德品质和知识技能等方面所达到的水平，包括个人在行为举止、仪表风度、对人对事的情感，以及在待人处事方式上所表现出来的素质，既有修身养性、内化反省、感悟体验的意义，又有态度、能力和品质的内容。它的实质是使道德主体在不断改造、不断提高和不断完善的过程中，达到理想的品格和境界。

道德修养指人们依据一定社会或阶级的道德要求，对自身道德意识和道德行为所进行的自我审度、自我教育、自我改造、自我完善的活动。加强道德修养是把一定道德体系转化为个人道德品质的重要手段。

重视道德修养是中国文化的基本价值取向。在儒家看来，人生修养主要就是道德修养。孔子认为道德修养是立身处世、治国安邦的根本，他提出要"克己""修己"。孟子认为，一个人要想成就一番事业，必先经过一番艰苦锻炼，他提出"天将降大任于是人也,必先苦其心志,劳其筋骨,饿其体肤,空乏其身,行拂乱其所为"。我国历史上这些优秀的道德修养思想,经过后人的继承、发展和弘扬,对我国经济社会文化的发展起到了重要的促进作用,是中华民族优秀传统道德的重要组成部分。

【资料卡片】

《我的修养要则》(周恩来)

一、加紧学习,抓住中心,宁精勿杂,宁专勿多。

二、努力工作,要有计划、有重点、有条理。

三、习作合一,要注意时间、空间和条件,使之配合适当,要注意检讨和整理,要有发现和创造。

四、要与自己的、他人的一切不正确的思想意识作原则上坚决的斗争。

五、适当地发扬自己的长处,具体地纠正自己的短处。

六、永远不与群众隔离,向群众学习,并帮助他们。过集体生活,注意调研,遵守纪律。

七、健全自己身体,保持合理的规律生活,这是自我修养的物质基础。

二、教师职业道德修养的基本内涵

教师职业道德修养是指教师在教育教学活动中,按照教师职业道德规范的要求,在道德认知、道德情感、道德意志、道德信念和道德行为习惯等方面进行自我教育、自我陶冶、自我改造、自我完善的活动,以及在此过程中所形成的职业道德品质和所达到的职业道德境界。从内涵上来看,教师职业道德修养包括两个方面:一是教师在仪表、谈吐、礼仪、气质等方面的学习、体验和反省等心理活动和实践活动,这是外在意义上的修养;二是教师经过长期的努力之后,在思想、品德、情操、知识、技能等方面所达到的教师职业道德水平和教师职业道德境界,这是内在意义上的修养。

教师职业道德修养具有与其他社会职业道德修养的共同特点。其一是自觉性。师德修养是教师自我磨炼的过程,这个过程离不开教师的自我觉悟。在自我磨炼的过程中,必要的外部条件和影响虽然是不可或缺的,但最重要的因素还是个人的高度自觉。没有自觉性,道德修养就是欺人之谈,只有具备修养的自觉性,才能把自我修养看成一种必要的享受,而不会感到是一种负担和压力。其二是长期性。教师道德修养的目的是形成稳定的道德行为习惯、完善的人格,这不是一蹴而就的,也绝非朝夕之功,而是长期自觉磨炼的结果。其三是实践性。教师的道德修养只有在具体的现实的教育教学的道德实践中才能提高,离开了道德实践,道德修养永远只是纸上谈兵。

教师职业道德修养还具有不同于其他社会职业道德修养的特点。其一是示范性。

苏霍姆林斯基说："教师成为学生道德上的指路人，并不在于他时时刻刻都在讲大道理，而在于他对人的态度能为人表率，在于他有一定高度的道德水平。"教师崇高的职业道德修养，能够使教师在学生中树立起精神领袖这样的高尚形象，使学生倍感亲切和温暖，学生也会以教师为榜样，不断增强自我教育、自我修养。同时教师职业道德的修养也会使教师在社会当中树立良好的道德示范作用，形成更广泛的社会影响。其二是先进性。教师的思想境界——道德水平必须走在时代前列，教师应成为社会中的先进分子。教师肩负着引领社会文明不断进步的历史使命，其道德修养不但关系到学生的身心健康和发展，而且直接关系到国家的进步和发展。教师要成为先进生产力和先进文化发展的弘扬者与推动者必须具备先进的职业道德修养理念，在社会道德体系中切实起到导向作用。

第二节 教师职业道德修养的内容与意义

一、教师职业道德修养的内容

（一）提高教师职业道德认识

教师职业道德认识，是指教师对职业道德理论、规范和要求的理解和掌握。荀子说："知明而行无过。"对于一名教师来说，提高职业道德认识是进行师德修养的起点和前提，是教师职业道德要求内化的首要环节。

提高教师职业道德认识，主要包括以下三个方面：一是对教师职业道德价值的认识。对教师职业道德价值的认识是教师自觉加强师德修养的前提。一名教师只有深刻认识到自己所从事职业的重要性和特殊性，认识到提高师德修养对今后有序开展教育工作的意义和价值，他才有可能将外在的教师道德要求变成自己内在的需要和自觉的道德行为。二是对教师职业道德规范的认识。师德修养不是一个盲目、自发的过程，而是一个有目的的、自觉的过程。作为一名教师，加强师德修养，首先要学习和理解教师职业道德的内涵和基本原则，熟悉和掌握教师职业道德的基本规范和范畴，全面了解学校和社会对教师的基本师德要求，这是师德认识的主要内容。三是对教师职业道德的评价判断能力。提高教师职业道德认识，不仅要掌握职业道德的理论、规范和要求，道理上懂得是非、美丑、善恶、荣辱，还要在实际教育活动中分清上述各种界限，运用已掌握的道德规范和标准对自己和他人的行为进行道德分析、评价和判断。提高教师对教师职业道德的评价判断能力，有利于教师在复杂多变的环境下做出符合师德规范要求的正确道德判断和行为选择,有利于增强教师道德自律和自我提高的意识和能力。

(二) 陶冶教师职业道德情感

教师职业道德情感是教育工作者根据一定的教师职业道德观念,在处理相互关系、评价某种行为时所产生的内心体验。教师职业道德情感的形成是一个潜移默化的过程,师德情感的陶冶比师德认识的提高更为复杂,但也更加稳定。师德情感一旦形成,便成为推动教师献身教育事业的一股强大的动力,促使教师能够几十年如一日,教书育人、兢兢业业、诲人不倦。

首先,教师要努力培养对教育事业的热爱和追求。教师应充分认识到自己所从事的职业是崇高而伟大的事业,它关系到人才的培养和国民素质的提高,更关系到一个民族的振兴和国家的富强。教师只有培养这种道德情感,才能把自己的命运与前途和国家教育事业紧密联系在一起,才能扎根教育、献身教育,为祖国的教育事业做出贡献。其次,教师要培养对学生的热爱和关心。爱是教育行为的内在动因,爱是教育人生的基础。教师对学生的爱是全面的,带有强烈的社会责任感和使命感,这种爱博大而无私,是一种社会性的爱。教师只有培养这种道德情感,才能具有强烈的事业心、责任心和科学的学生观,全面地爱每一个学生,深入地了解、理解、尊重、信任每一个学生,同时又能严格要求每一个学生。再次,教师应培养对同事的尊重和友谊。教育工作是一项庞大的系统工程,教师个体很难独立完成对学生全面教育的任务。这就需要加强同事之间的友谊,团结协作,相互尊重,形成教育合力。最后,教师应在教育教学实践中提升正确的荣誉感,在履行教师职责的过程中明晰自己的社会价值并感到由衷的愉快。教师的荣誉感就像推进器,促使教师认真履行职业道德的义务,发扬拼搏精神,为培养合格的新人贡献出自己的一切。

(三) 坚定教师职业道德信念

教师职业道德信念是教师对职业理想、职业人格、职业原则、职业规范的正当性、合理性等发自内心的坚定不移的信仰,是深刻的师德认识、炽热的师德情感和顽强的师德意志的统一,是把师德认识转变为师德行为的媒介和内驱力。教师职业道德信念决定着教师行为的方向性、目的性,也影响着师德水平和师德内化的程度,具有稳定性、持久性和一贯性的特点。有了坚定的道德信念,也就有了精神支柱,人们不仅能够按照自己所信仰的道德要求去评价他人行为和自己行为的是非善恶,还能够坚定不移地按照自己所信仰的道德要求去做某件事情。

作为一名教师,只有认识、体验到自己所从事的工作的重要和高尚,意识到自己肩上担负着祖国和民族的未来,从而树立献身教育事业的坚定信念,他才能做到言行一致,不论遇到多么大的困难,都能处处为教育事业着想,呕心沥血,矢志不渝,为培养社会主义事业的建设者和接班人而默默地奉献自己的一生。

(四) 磨炼教师职业道德意志

教师职业道德意志是教师在履行道德义务过程中，自觉地克服困难并做出行为抉择的毅力和精神。教师职业道德意志主要表现在道德行为的自觉性、坚毅性、果断性和自制性。它是在形成一定师德认识和师德情感的基础上，调节教师道德行为的重要精神力量。教师所从事的培养人的事业，是一项极为光荣而艰巨的事业。在这个过程中，教师不仅要付出辛勤的劳动，还会遇到来自外界的各种阻力和障碍，这就需要教师必须以超常的勇气和毅力去克服，以实现教育目的。

(五) 养成良好的教师职业道德行为习惯

教师职业道德行为是指教师在职业道德认识、情感、信念的支配下，在教育活动中对他人、集体、社会做出的可以观察到的客观反映以及所采取的实际行动。职业道德行为是衡量人们职业道德品质好坏、道德水平高低的客观依据。职业道德行为的最大特点是自觉性和习惯性。被迫的行为即使有良好的效果，也不能算是道德行为，因为真正的道德行为往往带有习惯性。职业道德修养的重要环节就是要把职业道德原则和规范贯彻落实到职业道德行为之中，做到言行一致、知行统一。人们的职业道德知识、情感、意志毕竟都是主观意志的东西，只有将其贯穿并体现在人们的职业道德行为中才具有现实意义。

教师职业道德修养的最终目的是养成良好的职业道德行为习惯，使教师在没有任何人监督的条件下也能长期自觉地按照职业道德原则和规范办事，积极主动地选择善良的职业道德行为，避免和杜绝邪恶的职业道德行为。良好的职业道德行为习惯不是偶然的、短暂的举措，而是自然而然、习以为常的行为，它标志着教师的职业道德修养达到了较高的境界。

二、教师职业道德修养的意义

教师职业道德修养是教师将社会对教师群体的统一要求，以个性化方式达成的结果。因此，教师的职业角色内涵决定了教师职业道德修养有其重要意义，主要表现在以下几方面。

(一) 教师职业道德修养有利于学生的成长发展

教师是培养全面发展人才的重要保障，教师良好的道德修养对学生培养来说起到决定性的作用。蔡元培主张"完全人格教育"。他认为，人生来就有吸取知识、修养德性的能力，只有培养发展人格才有实现人的发展至善的可能性。他通过提倡完全人格教育，并把人格的培养作为教育的目的，用以解决中国教育存在的问题，对中华民族新一代的成长有着重大的影响①。所以教师的职业道德修养是在后天实践中不断形成和提升的，要充分了解总结学生身心发展的规律和社会发展的要求，运用不同的方式和途径对学生进行素质教育。教师在从教过程中要注重全面地提升自身的礼仪、品德、修养，并且有组织、有计划性地提升自身道德认知和道德品质，使之符合社会发展的需求标准，以更好满足学生个人发展的需要，通过培养学生高尚的道德品质来达到提升教师职业道德修养的目的。

(二) 教师职业道德修养有利于教师的个人发展

师德是教师最重要的素质，是教师的灵魂。教师职业道德修养是个人发展的需要，包括提升道德人格品质、培养道德意识、做好职业教育工作等。教师个人道德修养直接影响其职业发展，因为一名合格的教师，不仅应掌握一定的专业知识，懂得教育的规律，具有教学和教育的各种能力，还必须具备较高的职业道德修养。教师只有在职业劳动中不断地提升自身道德品质，规范自身道德行为，培养良好的道德情操，才能充分地调动和发挥教师自身的积极性和创造性，也才能更好地发挥其对教育事业的最大价值，从而有利于教师的个人发展。

因此，教师要加强道德修养，树立远大理想，增强责任意识，具有敬业精神。在新时代社会要求下，教师应适应社会的发展，满足自身发展的需要，综合考虑政治信念、经济发展、道德理想、精神认知、自然境界、文化自信等因素的影响，加强自主认知，不断总结创新，开创属于自己的精神境界。教师应在教育实践中努力学习和认识社会发展规律，了解社会主义教师职业道德的内涵，通过自身的道德修养的提升来内化自己的意志、外化自己的行为习惯，形成一定的道德品质。

(三) 教师职业道德修养有利于促进学校的建设发展

学校作为人才培养的摇篮、文化学习和传播的重要阵地，肩负着培养社会主义建设者和接班人的根本任务，教师更是文化传播、人才培养的实践者，所以打造高素质的教师队伍是学校发展的重要保障。传统的教育理念随着社会的发展而不断地更新，加强教师队伍的师德师风建设是学校整体发展的迫切需求。教师要牢牢把握住时代发展要求，主动承担起教学和科研任务，把课程改革和学生需求相结合，培养学生健康成才，立足于学校教育理念发展要求，提升自己的教学能力和道德修养，维护教师队伍的形象，改善整体的校风学风，提高教师整体的职业道德水平，使学校始终保持不断发展的生命力和创新力。

---

① 钱焕琦.中国教育伦理思想发展史[M].北京：改革出版社，1998：38.

(四) 教师职业道德修养有利于社会主义现代化强国的建设

人民教师肩负着培养下一代的崇高使命，培养什么人、怎样培养人、为谁培养人成为新时代教育事业发展的根本问题。教师在培养人的理念上要主动更新，重视自身职业道德培养，充分发挥自身的典范作用，坚持把立德树人作为根本任务，加强师德培育和教育现代化建设。在职业劳动过程中，教师要结合时代发展需求来提升自身的道德修养认知，规范自身的道德行为，用现代的教育理念、科学的教育方法来开展教育活动，使积极性和创造性得到充分的调动和提升。在培养学生的过程中，教师要具备较高的道德修养，充分认识到学生个体发展的重要性，全面了解学生在成长过程中的影响因素，有针对性地开展教育工作，真正做到用心去服务学生、关怀学生。通过思想的交流、品德的映射和科学的方法来进行教育活动，培养学生的自主性和创新性，更好地贯彻立德树人的育人理念，更好地服务于教育事业的发展，为建设现代化强国做出重要的贡献。

第三节　教师职业道德修养的原则和方法

一、教师职业道德修养的原则

(一) 知和行相结合原则

教师职业道德修养是科学理论和具体实践相结合的产物，教师职业道德修养的提升关键在于实践。坚持知行合一的原则就是把理论学习、道德认识通过实践来进一步完善，这是教师职业道德认识转变为道德行为的关键钥匙。

"纸上得来终觉浅，绝知此事要躬行"，学到的东西，不能停留在书本上，不能只装在脑袋里，而应该落实到行动上，做到知行合一。每一项事业，不论大小，都是靠脚踏实地，一点一滴干出来的。"道虽迩，不行不至；事虽小，不为不成。"这是永恒的道理。做人做事，最怕的就是只说不做，眼高手低。不论是学习还是工作，都要面向实际、深入实践；都要严谨务实，一分耕耘一分收获，苦干实干。

(二) 动机和效果相结合原则

教师要有坚定的政治信念和理想作为思想支撑，要不断地进行理论学习，了解国家社会发展趋势，这样才能更好地了解职业发展方向，更好地引导、服务学生，培养学生形成正确的世界观、人生观、价值观，要深刻理解新时代教师职业道德修养的意义。

教育兴则国家兴，教育强则国家强。教育是一个国家发展水平和发展潜力的重要标志。今天，党和国家事业发展对教育的需要，对科学知识和优秀人才的需要，比以往任何时候都更为迫切。学校是立德树人、培养人才的地方，是学习知识、增长才干、放飞梦想的地方。社会发展提升了教育的理念，对教师职业发展有了深层次的要求，教师在不断学习理论的同时更要增强道德修养的动力，坚定信念，坚持动机和效果的统一，运用各种方式来服务于学生，使他们成为为新时代中华民族伟大复兴而努力奋斗的全面发展型人才。

(三) 自律和他律相结合原则

曾子曰："吾日三省吾身。"荀子曰："君子博学而日参省乎己，则知明而行无过矣。"古人强调人的道德品质的提升离不开自我反省，每天都要通过不断总结自己来获得发展。卢梭强调：在敢于担当培养一个人的任务以前，自己必须要造就一个人，自己就必须是一个值得推崇的模范。可见，一个人道德品质的形成必须坚持自律与他律相结合，其实质是从辩证唯物主义出发来看内因和外因的关系。师德修养的形成是一个自觉的、独立的身心活动，自律是从内在出发的心灵建设，如自我反省、自身规范、思想认知等，强调具有主体意识、创造力和约束力的内心表现形式；他律主要是外部力量的表现形式，如社会舆论、道德习俗、教育规律、奖惩制度等外部影响因素，具备一定的强制性、监督性和约束性。总之，教师职业道德修养离不开自律和他律的结合，自律是基础，而他律推动着道德意识的形成，两者相辅相成、缺一不可。

(四) 个人和社会相结合原则

教师职业道德修养的形成是个人和社会共同作用的结果，是教师的个人意志行为在社会实践中的一种具体体现，在此形成过程中受到情感、思想、信念、追求、舆论、道德等诸多因素的影响。教师的个人行为在社会实践中不断地进行磨炼而走向成熟，是个人价值和社会价值共同成长的过程。古今中外，关于教育和办学，思想流派繁多，理论观点各异，但在教育必须培养社会发展所需要的人这一点上是有共识的。培养社会发展所需要的人，说具体点，就是培养社会发展、知识积累、文化传承、国家存续、制度运行所要求的人。

(五) 继承和创新相结合原则

中国是有几千年文化的文明古国，有着优秀的师德传统，我们要继承和发扬优秀的传统文化，挖掘丰富的文化教育资源，吸纳人类文明一切优秀成果，把传承下来的传统道德规范和新时期发展要求相结合，加强自身服务建设，提升教师职业道德修养。习近平总书记强调：对历史文化特别是先人传承下来的道德规范，要坚持古为今用、推陈出新，有鉴别地加以对待，有扬弃地予以继承。

继承是教师道德修养的基础，创新则是新时代发展的实质需求。根据国家发展战略目标，到2020年全面建成小康社会，到2035年基本实现社会主义现代化，到21世纪中叶把我国建成富强民主文明和谐美丽的社会主义现代化强国。教育的发展离不开社会的进步，教师职业道德修养也离不开传统思想和现实创新。有时代精神作为支撑，教师自身要自觉地增强道路自信、理论自信、制度自信、文化自信，不断学习、不断探索、不断创新，以培养创新型人才为理念，培养德才兼备的社会主义建设者和接班人。

二、教师职业道德修养的方法

(一) 加强学习

1. 学习马克思主义理论

道德发展阶段论认为，道德认知水平的高低对道德行为的选择具有重要的制约作用，因此提高教师的职业道德修养就必须先加强道德认知教育，努力学习现代社会教师职业道德理论和标准并使之内化为教师自己的观点、信念和情感，然后外化为个体的行为作用于社会。只有以科学理论为指导，才能提高自觉性，避免盲目性，否则道德修养就会迷失方向。

只有在马克思主义的指导下，社会主义时代人民教师的道德修养才能有别于以往一切时代的教师道德修养，才能体现出时代性、实践性。学习马克思主义理论，要认真领会和准确把握马克思主义观察问题和解决问题的基本立场、观点和方法，培养实事求是的科学态度，确立科学的世界观和人生观，从根本上提高自己的师德觉悟；要坚持用马列主义、毛泽东思想、邓小平理论和"三个代表"重要思想，以及习近平新时代中国特色社会主义思想教育全体教师，使广大教师牢固树立科学的世界观、人生观和价值观，坚定共产主义和建设有中国特色的社会主义的理想信念。第一，要进一步加强马克思主义理论的学习。马克思主义是形成无产阶级世界观、人生观和道德观的理论基础。不掌握这些理论，就不可能科学地认识社会，认识人与人之间的关系。我们要进一步认识学习马克思主义理论对于提高师德水平的重要指导意义，改进学习方法，提高学习效果。如果不系统学习马克思主义理论，不注重提高分析问题和解决问题的能力，就会片面甚至错误理解马克思主义；如果不能与时俱进，理论与实际相分离，就会犯左或右的错误，走极端。教师要充分发挥教师的知识优势、思维优势、能力优势以及资源优势，在原有的基础上，学好马克思主义的理论体系，掌握好基本原理，着重从马克思主义的形成和发展来全面了解马克思主义的立场、观点和方法，掌握原理的内容和时代意义，以此来指导自己的师德修养和道德实践。第二，学习马克思主义伦理学知识。马克思主义伦理学是研究道德的起源及其发展规律的科学，学习马克思主义伦理学可以帮助教师更深刻地理解教师道德要求和客观依据,加深对师德修养意义的认识,掌握师德修养的规律,深刻认识师德要求的必然性、合理性,从而提高师德修养的自觉性。在学习马克思主义伦理知识的同时,还要学习和研究师德理论,注意批判吸收古今中外一些优良的师德传统,掌握教师的职业道德的原则、规范和要求,探索师德修养的理论、方法和有效途径。这里要强调教师师德理论学习的针对性、时代性和实效性,注意运用马克思主义道德理论指导自己的师德修养。因为马克思主义作为指导思想和理论基础,不可能回答和解决现阶段师德修养过程中的一个个具体问题,尤其是现阶段出现的新情况、新矛盾。学习马克思主义伦理学知识要注重运用观念和方法来指导自己的道德修养。

2. 学习教师职业道德理论

教师职业道德理论是社会主义职业道德理论的具体体现,批判地继承了古往今来优良的教师道德传统,指明了教师道德修养的任务、途径和方法。教师进行职业道德理论学习,有助于教师深刻了解其必要性、重要性和标准,从而能自觉地抵制一些消极势力的影响,提高遵守教师道德规范的自觉性,不断升华自己的道德境界。教师应树立终身教育观念、素质教育观念和大教育观念,为适应教育现代化的发展不断完善自己的知识结构和技能结构,构建与教育现代化相适应的、具有鲜明时代特征的教师职业道德观念。

3. 学习丰富的自然科学知识

自然科学知识的发展为教师师德修养提供了认识的基础和便利的条件。教师要"以身观身、以家观家、以乡观乡、以国观国、以天下观天下",通过比较和思考,广泛汲取丰富的精神养料,并通过整饬、提炼,使之成为改造主观世界和客观世界的有力武器,以实现师德的不断升华。

4. 向具有高尚师德的优秀教师学习

师德修养水平的提高需要向书本学习,需要向历史上伟大的教育家学习,也需要向现实生活中的优秀教师学习,特别是需要注意学习身边的典型和榜样。具有高尚品德的教师的优秀事迹虽然平凡,但具有震撼人心的力量,这些优秀事迹都是道德理论的具体化。这些教师的事迹鲜明生动,具有感染力,他们的身上集中体现了教师的优秀品格和献身精神。教师要注意学习历史上和现实生活中的优秀人物,以此激励自己,勉励自己,不断完善自身。

5. 不断提高自己的业务水平和能力

教师只有在做好本职工作的基础上才能更好地体现为人师表、爱岗敬业、乐于奉献、关爱学生、团结协作和拼搏进取等师德精神。因此,教师要不断拓宽知识面,刻苦钻研业务,在广和博上下功夫,同时在某一领域有所突破,做到精和深的统一。这就要求不断进行教育能力的修养,提高教育的艺术和水平。教师要关注前沿理论动态,掌握先进的教育技术,以科学的理论武装自己,以先进的道德文化涵养自己,以典型的人和事激励自己，使自己逐步成为道德高尚的人、脱离了低级趣味的人，成为有利于人民的人。

(二) 善于反思

这是教师提高职业道德的关键所在，教师只有不断总结、自主反思，才能完成品德发展的"他律—自律"的转变。其间，教师须将外在的职业道德规范，内化为个体的价值观、道德信念，养成内在的个性精神品质，并且外化为行为习惯，交融于教育实践、师生交往过程中。那么，这一往复的"内化""外化"的过程，仅仅依靠外力的作用是不可能促成的，唯有教师主体性觉醒、自主调控，才能实现。有效的教师职业道德建设不能靠灌输和说教，师德教育应改变以往就是理论"灌输"和政治学习的现象，要为教师搭建一个平台，使教师成为师德教育的主人。师德教育关键在于要让教师有自我建构的过程，否认了这个自我建构的过程，也就否认了教师在师德学习中的主体地位和主动性。为了保证教师的自我建构替代对教师的灌输和说教，要以案例引发反思，用两难问题引发思考，用思维冲突引发辩论，用隐喻促进理解，尽可能调动教师参与的积极性，使他们真正成为自我教育的主人。

提高教师职业道德修养，必须使职业道德内化。只有教师自觉地、发自内心地按照外在的职业道德要求行动，才能发挥道德的作用。师德作为教师的行为规范，主要通过教师内心的信念起作用，主要依靠教师在师德修养过程中的自我意识和自我觉悟。教师在教育实践中，要注重自我学习、自我修炼、自我约束、自我调控，要培养修身意识、民主意识、学习意识。所以，要想提高教师职业道德修养，必须使其内化，实现职业道德由他律向自律的转化，实现道德人格的完善和满足教师现代化的需要。为此，应当明确职业道德内化的条件、意义，重视教师职业道德修养的过程，把教师职业道德认识、情感、信念、意志和行为等基本要素密切联系，相互渗透构成统一整体，促进教师职业道德修养内化过程的完美发展。

(三) 投身实践

马克思主义伦理观认为，理论与实践相结合是最根本的道德修养方法。只有在改造客观世界的实践活动中，才能改造主观世界；只有在与他人相处的道德关系中，才能改造自己的道德品质。从师德发生与发展的规律看，社会所要求的师德规范是否为教师本人所认同，教师本人在处理师德问题时获得了何种情绪体验，道德意志是否坚定，只有在道德践履中才能获得检验。

实践也是检验教师道德修养客观效果的唯一标准，是教师道德修养的目的、归宿和动力，因此，教师进行道德修养必须投身于社会实践、教育实践。一是要积极投身教育教学实践。因为教育工作实践是教师职业道德形成的基础，教书育人是教师的基本实践活动，高尚的教师职业道德是在长期的教育实践中锤炼而成的。二是要积极投身于社会主义物质文明和精神文明建设的实践。因为只有在两个文明建设中，教师道德修养才不会偏离方向，才能在实践中汲取营养，并得到考验。

(四) 要展开批评与自我批评

教师道德修养的本质是教师在心灵深处进行自我认识、自我教育、自我改造和自我提高。道德修养中的批评与自我批评，相对而言，自我批评更重要，这是教师道德修养的根本方法之一。那么怎样才能开展好自我批评呢？

首先，对自己的思想道德提出高标准、严要求，也就是"立志"。有做一名具有高尚师德、献身教育的优秀人民教师的决心，这是攀登师德高峰的起点，也是克服师德修养过程中各种艰难险阻的精神动力。在这方面，许多杰出前辈和优秀教师已经为我们树立了光辉榜样。

其次，要正确认识自己。教师要正确认识自己的优点和不足，这样道德修养就有了目标和前提。除了自我认识之外，教师还需要很好地听取别人的意见，要抱着虚怀若谷的态度来接受领导、同事的意见和建议。同时，教师应该善于从学生的反馈信息中，审视自己，反思自己，寻找不足，加以改进。

最后，要善于控制自己或"战胜自己"。道德修养过程是一个漫长的过程，要坚持不懈，持之以恒，具备坚强的意志和毅力；要从大处着眼，小处着手，长期努力。所以，教师的道德修养也应该从点滴做起，从小事做起，做到循序渐进。

【拓展阅读】

倾听学生的声音[①]

课程改革使教师的角色和教学过程发生了重大变化，教师要从传统的知识传授者转变为学生学习的合作者、引导者和参与者，而教学过程要成为师生共同交往、共同发展的过程。交往意味着人人参与，意味着平等对话。教师要让学生认真听讲，自己首先要学会倾听。只有这样，才能让学生心悦诚服，教学也才能事半功倍。

1. 倾听的意义

倾听面对的是人的生命存在，倾听是揭示、回忆和思考人的存在的可能性的重要手段。倾听的任务是领悟被听者。通过倾听，教师领悟到学生是生命的存在；通过倾听，教师领悟到自己的存在。这是倾听的辩证法："当我倾听自己，听我的话，我的语声时，我也能倾听他人，我在我之内倾听他人；反过来，当我倾听他人时，我也能细听自己，我在我的世界的他人之中，并通过他们倾听自己，我们彼此共鸣应和。"

倾听是一种交际互动。人际交往成功的一个重要因素是倾听。倾听在交往中展开，可以促进教师与学生的交往。倾听改变以视觉为中心的狭隘的交往结构，为教师提供一

[①] 杨振宇. 教师职业道德修养教程[M]. 北京：高等教育出版社，2015：165-167.

套以听觉为中心的新的交往模式,并创造出一套丰富生动的交往技艺。"教育的过程是教育者与受教育者相互倾听与应答的过程。当这一过程被阻断或者处于混乱无序的时候,师生之间的交往和沟通就将陷入困境,教育的危机也将随之出现。"如果教师拒绝倾听,把自己的教育交成"独白",他实际上是在人为地将自己与学生隔离开来,拒绝与其交往和对话。倾听是一种转换,是站在他人的立场上了解自己和对方。拒绝这个转换,就是拒绝与他人交往。

乌申斯基说:"如果教育者希望从一切方面去教育人,就必须从一切方面去了解人。"从这个意义上说,真正的教育是从心与心的对话开始的,而心与心的对话又是从真诚地倾听开始的。不会做真诚的倾听者,就很难做优秀的教师。倾听本身就是一种教育。建构主义教学理论认为,知识是在人的心灵与外界客体相互作用的过程中由内部生成的。教师和学生分别以自己的方式建构起对世界的理解。要想获得对世界的多重理解、建构世界的多重意义,就需要教师与学生相互交流、对话。而这种交流、对话离不开彼此间的倾听。只有细致、专心地倾听彼此的心声,才能够真正建立起有效交流和对话的平台。

2. 教师倾听什么

建构主义学习观认为:学生在学习前,头脑里并非一片空白,他们已经有了先入为主的观念,并对即将学习的内容有着自己的看法和见解。首先,教师要倾听学生的欲望和需求。学生在教育生活中的欲望和需求往往不是通过行为而是通过声音表达出来。它可能是一段叙说、一个句子或者一个简单的感叹词等。倾听、理解和应答这些声音所表达的欲望和需求,是教师的重要任务之一。

其次,教师要倾听学生的情感。细致入微地把握学生的情感动向和状态,并及时协调和引导,是教育者成功的重要标志。一个善于倾听的教师,能迅速而准确地从学生发出的各种声音中听出愤怒、悲哀、快乐和喜悦等各种情绪,并在教学时及时做出恰当的回应。

再次,教师要倾听学生的思想。一个有倾听意识和倾听习惯的教师不会只满足于倾听学生的欲望和情感,他还善于倾听声音背后所隐藏的某种思想或意念的萌芽,并认可它的价值和意义。当学生发现教师倾听并认可自己那些隐藏不露的思想时,他们就与教师建立了更深一层的交往关系——思想上的交往。于是,他们对自己充满信心,真正体验到作为一个人而不仅仅是一名学生的尊严和价值。

最后,教师要倾听学生的见解。有经验的教师都知道,学生对一些问题往往有"意想不到"的独特见解。学生头脑中存在的见解,包括有缺陷甚至错误的见解,是学生经验的产物。学生正是借助这些见解来认识世界的。教师需要倾听这些见解,以使教学少走弯路。

3. 教师如何倾听

首先,教师要学会接纳学生、平等地对待学生。教师倾听学生,意味着教师欢迎和接纳学生，不是把学生作为学生来接纳，而是把学生作为鲜活的生命来接纳。这种接纳也体现了平等和尊重——生命与生命之间的平等，一个生命对另一个生命的尊重。

其次，教师要学会欣赏和学习。倾听意味着教师接纳学生的生命价值和意义。一个真正的倾听者，会欣赏每一个被倾听者发出的独特声音。这是一种学习的态度，是教师向学生学习，是成人向儿童学习。这一学习可以使教师返回自身，充实自身。

最后，教师还要学会参与和体验，在参与中倾听。教师的倾听不是被动的而是主动的，他力图在倾听与学生精神生命成长之间建立起实质性的联系。倾听者不是旁观者，而是行动者、创造者。教师通过倾听参与学生的成长，参与学生的创造。这种"参与"不是主宰、外部控制、干预，更不是对学生发展的替代，而是一种引导和促进，目的是帮助学生，促使他们的思想从单调、混乱、僵化发展为复调、有序和充满活力，参与也由此具有了创造性。

【师德故事】

霍懋征：教育的五个格言[①]

霍懋征老师是一位普通的小学老师，更是全国著名的教育家，她自称是一个平凡的人，周恩来总理却称她为中国的"国宝"。"没有爱就没有教育"，这是霍老师从事教育教学工作的座右铭。她说：一个老师必须热爱学生才能教好他们。在她的眼中，"没有不可教育或教育不好的"学生。她爱每一个孩子，"相信人人可以成才"。60多年的从教生涯，她创造出没有让一个学生掉队的奇迹。没有体罚过一个学生，没有向一个学生动过气……她的教育理念在当今的时代，依然是教育工作者解决德育问题的"良方"。

1. 格言——没有爱就没有教育

一个学习成绩较差的学生举起手要求回答霍老师提的问题，可是当老师问到他时，他却答不上来。老师后来问他为什么不会也举手时，这个学生哭着说：老师，别人都会，如果我不举手，别人会笑话我。霍老师由此感到了学生都有一颗强烈的自尊心。她私下里告诉这个学生，下次提问时，如果会答就举左手，如果不会就高举右手。此后，每当看到他举左手，霍老师都努力给他机会让他回答，举右手时则不让他站起来。一段时间后，这个学生变得开朗了，学习成绩也有了很大的进步。霍老师悄悄地把这个方法也告诉了班里其他几个学习不好的学生，结果发现整个班的学习风气都变好了。

霍老师认为，没有爱就没有教育。爱学生是和尊重学生、信任学生连在一起的。这件事证明，教育的前提是尊重。人皆有自尊心，处在成长期的学生的自尊心更是敏感与脆弱的，更需要老师的悉心呵护。在此前提下，学生才会在一种健康、自由、愉快的环境中接受教育，自觉学习。

[①] 360文库.教育的五个格言[EB/OL].(2018-12-12)[2022-02-20]https://wenku.so.com/d/c6cdbc50d9f7cfbfdbc71a840e203122.

2. 格言——对学生八个字：激励、赏识、参与、期待

班里有个叫米盈余的学生，这个小姑娘腼腆、胆小。老师每次叫她回答问题，她站起来，总是低着头，脸涨得像块红布，说话的声音都打战。一次开家长会，同学们要演出，霍老师有意锻炼这个小姑娘的意志，于是就提议让米盈余担任一个角色，演"小白兔"，米盈余的第一反应是"不行，我不敢"。"试试吧，老师相信你准行，"霍老师抚摸着小米的肩膀亲切地鼓励她，"大家帮助你多排练几遍，好不好？"最后演出成功了。从此，米盈余变得大胆、开朗起来。

霍老师对这八字方针的理解是这样的：激励每个学生求进；赏识每个学生的才能；创造条件让每一个学生参与教育教学活动；来自教师的期待是学生积极进步的动力。真诚的爱、热情的鼓励是打开学生心灵的金钥匙，老师要激励学生们增强自信，勤于努力；要为每一个学生取得的进步而鼓劲加油，使他们感受到由于各自取得的成绩和进步而带来的喜悦。

3. 格言——育德于教、文道统一

《落花生》一课是通过平常的故事告诉人们一个深刻的道理，教学过程中教师往往注重教育学生"不做外表好看而对别人没有用处的人"，而霍老师进一步扩展课文的主题，把三句话同时展示，由学生充分讨论。第一句话："它虽然不好看，可是很有用，不是外表好看而没有实用的东西。"第二句话："人要做有用的人，不要做只讲外表，而对别人没有用处的人。"第三句话："人既要做对别人有用的人，也要注意外表和礼仪。"霍老师在对教材内在的思想意义全面、准确地挖掘后，在句子教学、字词理解的过程中，将一番严肃的话题渗透其中，学生在接受知识的同时，对老师的人生观也给予认同。

霍老师"育德于教、文道统一"的教育目标是从提高学生的素质、发展学生的智力与能力方面提出的。语文教学就是要育人为本，语文课应在训练学生语言能力的过程中，塑造学生的灵魂，坚持"一课一得"的原则。语文德育功能的充分运用，应该是教师自觉地把德育意识和德育内容渗透于语言训练之中的。霍老师在教学中关注的不仅是语言文字本身，更是通过语言文字能作用于人的文中之"道"。

4. 格言——教育是做学生学习的楷模

班上有个爱下象棋的孩子，经常逃课，找人下棋，与人比高低。一天，霍老师对他说："听说你爱下象棋，放学后下一盘好吗？"他惊讶地说："你行吗？"老师说："不如你的话，就向你学呀。"第一盘老师故意输了，他特高兴。老师说："我不服气，再来一盘。"第二盘他输了，他不服气了，但第三盘、第四盘、第五盘都输了。他服气了："老师，您真棒啊！"霍老师趁机说："我虽然下得比你好，但你看到我到处找人下棋了吗？我不能因为爱下棋就不上课呀。以后我们在课下交流，互相提高怎么样？"从此，这个孩子开始好好学习，再也不逃课了。

霍老师的一个学生说,霍老师教我们做人,不是说出来的,而是做出来的。霍老师觉得孩子的眼睛就像摄像机,耳朵就像录音机,他们会把老师的一言一行记录下来。老师在学生眼里是一个榜样,是他们学习的楷模,所以教育是科学,也是艺术。

5. 格言——没有教不好的学生

三年级有几个女同学课上从不发言,课下也不和其他同学交往。霍老师发现她们手很巧,喜欢劳动,于是想办法,找机会让她们展示自己的才华。教室后面墙上有一排挂钩,其中的几个已经断的断、脱落的脱落,学生们挂上去的东西常掉下来。老师就把这几个女生约到办公室,让她们帮着想办法,修好这些挂钩。第二天,老师和这几个女同学早早来到学校,让她们动手修好了挂钩。上课后,老师让学生们看教室后面的变化,学生们看到衣服又整整齐齐地挂在挂钩上,赞不绝口。霍老师马上表扬了那几个女同学,夸奖她们爱集体,善于观察,动手能力强,学生们情不自禁地鼓掌。后来,她们帮老师为班里建立了"自然角",让同学们观察种子的发芽、蝌蚪的变化……渐渐拉近了和同学们的距离,开始主动和同学们交往,参加班级活动,也调动了学习的积极性。

霍老师认为,因为教师的精力有限,他们往往没有足够的时间对问题学生进行细致的教育和引导。爱一个"问题"学生才是对教师的考验,而这正是教师的天职。每一个教师心里都很想把学生教好,但如果对学生缺乏爱心,单是"恨铁不成钢",铁就难以成钢。作为教师,要用发展的眼光看待他们,鼓励他们在原有的基础上不断进步。

问题思考

1. 教师职业道德修养的内容是什么?
2. 结合自己实际,设计一份提升自我教师职业道德修养的计划。

第五章 教育法概述

"法度者,正之至也。"在全面推进依法治国的新时代,教育领域的法治化发展是进一步推进教育改革的必然之势。在教育法治化的进程中,加快教育立法,完善中国特色社会主义教育法律制度体系固然重要,但更重要的是教育者本身的法律素养。教育者只有不断学习教育法律法规,积极参与教育法律实践,才能逐步内化为教育法律意识,养成严格依照法律行使权利与履行义务的教育法律行为习惯,进而形成教育法治发展的合力,推动教育强国目标的实现。

第一节 法与教育法

一、法

(一) 法的含义

在漫长的文明演进中,法律作为维护公平正义的重要手段,发挥着特殊的社会作用。什么是法律呢?马克思主义认为,法律是由国家制定或认可,并以国家强制力保证实施的,反映由特定社会物质生活条件所决定的统治阶级意志的规范体系。从这个定义中可以概括出法律的基本特征:其一,法律是由国家制定或认可的行为规范;其二,法律是由国家强制力保证实施的行为规范;其三,法律反映统治阶级的意志,而这种意志是由特定社会的物质生活条件所决定的。

> 你们的观念本身是资产阶级的生产关系和所有制关系的产物，正像你们的法不过是被奉为法律的你们这个阶级的意志一样，而这种意志的内容是由你们这个阶级的物质生活条件来决定的。
>
> ——马克思、恩格斯

马克思主义认为，法不是从来就有的，也不会与人类社会共始终，它只与人类社会的特定历史阶段——阶级社会相关联，与人类社会发展的形态相对应。人类历史上迄今共出现过4种类型的法律制度，即奴隶制法律、封建制法律、资本主义法律与社会主义法律。

社会主义法律是新型的法律制度，有着与以往剥削阶级类型法律制度不同的经济基础和阶级本质。社会主义法律以公有制为经济基础，保障全体劳动者共同占有生产资料，通过解放生产力和发展生产力来推动社会物质财富和精神财富的日益丰富，从而实现人的全面发展和全体人民共同富裕。社会主义法律是最广大人民群众意志的集中体现，是实现人民当家做主，实现人民民主专政的重要保障，它反映了社会主义生产关系的本质要求，为实现普遍意义的平等、自由奠定了坚实的基础，开辟了广阔的空间，实现了对历史上各种类型法律制度的超越。

(二) 法的作用

法律的作用是指法律对人们的行为和社会关系所产生的影响和效果。法律的作用可以分为规范作用和社会作用。法律的规范作用是指法律作为一种规范体系对人们行为的调整作用，主要包括指引作用、评价作用、教育作用、预测作用和强制作用。法律的社会作用是指法律所具有的维护特定的社会关系和社会秩序的作用。法律的社会作用包括维护阶级统治方面的作用和执行社会公共事务方面的作用。其中法律在维护阶级统治方面的作用是法律的社会作用的核心，而法律在执行公共事务方面的作用是法律的社会作用的重要方面。

> 小智治事，中智治人，大智立法。治理一个国家、一个社会，关键是要立规矩、讲规矩、守规矩。法律是治国理政最大最重要的规矩。
>
> ——习近平

我国社会主义法律的作用体现了社会主义的本质要求。我国的经济发展、政治清明、文化昌盛、社会公正和生态良好，都离不开社会主义法律的引领、规范和保障。在经济建设方面，我国社会主义法律维护和巩固以公有制为主体，多种所有制经济共同发展的社会主义基本经济制度，促进社会主义市场经济持续健康发展，保障社会主义现代化经济体系建设顺利推进。在政治建设方面，我国社会主义法律维护和巩固社会主义基本政治制度，保障人民依法享有和行使当家做主的权利，保障社会主义民主政治建设顺利进行，镇压敌对势力、敌对分子的反抗和破坏活动，保卫国家主权和领土完整，维护国家安全。在文化建设方面，我国社会主义法律既为繁荣社会主义先进文化做出了自己的贡献，同时又为社会主义文化建设保驾护航，巩固社会主义意识形态，维护社会主义核心价值观，弘扬社会主义道德，促进文化事业和文化产业的发展，推动社会主义文化繁荣兴盛。在社会建设方面，我国社会主义法律维护社会的公平正义，协调人与人、人与社会的关系，维护和谐稳定的社会秩序，确保改革发展的成果更多、更公平地惠及全体人民。在生态文明建设方面，我国社会主义法律倡导尊重自然、顺应自然、保护自然的理念，充分发挥生态文明制度建设主力军的作用，通过加强立法，积极建立健全国土空间开发保护制度、耕地保护制度、水资源保护制度和环境保护制度，推动绿色发展，促进人与自然和谐共生。

二、教育法

(一) 教育法的含义

1. 教育法是由国家制定或认可的行为规范

这说明教育法是国家意志在教育领域的反映，而非个人意志的结果。教育法的制定是指由国家机关依据法定的权限和程序形成具有法律效力的教育规范性文件。教育法的认可是指国家机关通过一定的形式赋予某些已经存在的教育方面的习惯、判例等以法的效力，成为教育法的组成部分。

2. 教育法是由国家强制力保证其实施的行为规范

强制性是教育法的本质属性。教育法的强制性表现在以国家的名义规定人们在教育活动中应当享有的权利和应当履行的义务，并由相应的国家机关保证其实施。对于违反教育法的行为，相应的国家机关有权做出一定的处理。

3. 教育法是调整教育活动中各种法律性的社会关系的行为规范

教育法调整的社会关系并不是教育活动中所有的社会关系，只有当教育活动中的某些社会关系被法律所规范的时候，这些社会关系才成为教育法所调整的对象。

综上，我们可以得出结论：教育法是由国家制定或认可，并由国家强制力保证实施的，调整教育活动中各种社会关系的法律规范的总和。

在这里我们有必要区分教育法与教育政策。教育政策是党和政府在一定时期内为实现一定教育目的而制定的关于教育事务的行动准则。教育政策制定的目的是解决教育问题。也就是说，教育政策是政府为解决特定教育问题而制定的行动目标、行动计划和行动手段，具有导向作用、调控作用、管理作用等。一般来说，教育法与教育政策在目的上是具有一致性的，都是为了调整和规范教育活动和教育关系，规范和调整教育主体的权利义务，两者既密切联系又相互依存，共同体现国家和人民的意志。但教育法和教育政策又有着根本的区别。教育法与教育政策的区别主要体现在三个方面：一是制定主体不同。教育法一般由特定的立法机关制定，而教育政策的制定者既可以是政党，也可以是国家机关。二是执行的方式不同。教育法的执行是以国家强制力为保障的，任何组织和个人都必须遵守，而教育政策的执行方式主要靠行政力量或纪律，运用号召、宣传等方式贯彻落实。三是调整的范围不同。教育法更具有稳定性和长效性，适用的范围更广，而教育政策的灵活性和及时性决定了政策调整的范围是特定的，并且有一定的时间性。

(二) 教育法律规范

教育法律规范是由国家颁布的，并通过一定的教育法律条文表现出来的具有内在逻辑结构的一般行为规则。教育法律规范是抽象的、概括的教育行为规则，是教育法的基本细胞，也是构成教育法的基本因素。

从逻辑结构上看，任何教育法律规范都应该包含法定条件、行为准则和法律后果三个要素。

1. 法定条件

法定条件是指教育法律规范适用的条件和情况。每一个教育法律规范的适用，必须以法定条件的存在为前提。如《中华人民共和国教育法》(以下简称《教育法》)第三十八条规定："国家、社会对符合入学条件、家庭经济困难的儿童、少年、青年，提供各种形式的资助。"在这个教育法律规范中，"符合入学条件、家庭经济困难的儿童、少年、青年"就是该规范适用的法定条件。

2. 行为准则

行为准则是指教育法律规范中指明的行为规则的基本要求，即教育法律规范中规定的法定条件具备时，教育法律关系主体应该做什么，不应该做什么，或者可以做什么，禁止做什么。如《中华人民共和国义务教育法》第十四条规定的"禁止用人单位招用应当接受义务教育的适龄儿童、少年"就是禁止性行为准则。

3. 法律后果

法律后果是指教育法律关系主体在法定条件具备的情形下，依照或违背教育法律规范所确定的行为准则，进行某种行为所导致的法律上的后果。如《教育督导条例》第二十六条"督学违反本条例第十五条规定，发现违法违规办学行为或者危及师生生命安全隐患而未及时督促学校和相关部门处理的，由教育督导机构给予批评教育；情节严重的，依法给予处分，取消任命或者聘任；构成犯罪的，依法追究刑事责任"中的"由教育督导机构给予批评教育""取消任命或者聘任""依法追究刑事责任"就是教育法律规范中的法律后果。

(三) 教育法的渊源

法律渊源通常是指法律规范的形成方式及表现为何种法律文件形式。

1. 宪法

宪法是国家的总章程，是教育法的根本渊源。我国宪法规定了教育法的根本指导思想和立法依据，如《中华人民共和国宪法》(以下简称《宪法》)第十九条规定了国家发展教育事业的目的和任务："国家发展社会主义的教育事业，提高全国人民的科学文化水平。国家举办各种学校，普及初等义务教育，发展中等教育、职业教育和高等教育，并且发展学前教育。国家发展各种教育设施，扫除文盲，对工人、农民、国家工作人员和其他劳动者进行政治、文化、科学、技术、业务的教育，鼓励自学成才。国家鼓励集体经济组织、国家企业事业组织和其他社会力量依照法律规定举办各种教育事业。国家推广全国通用的普通话。"另外，《宪法》第二十三条规定："国家培养为社会主义服务的各种专业人才，扩大知识分子的队伍，创造条件，充分发挥他们在社会主义现代化建设中的作用。" 我国宪法也直接规定了教育教学活动的基本规范，如《宪法》第四十六条规定："中华人民共和国公民有受教育的权利和义务。国家培养青年、少年、儿童在品德、智力、体质等方面全面发展。"又如《宪法》第八十九条、第一百零七条、第一百一十九条规定了国务院和县级以上地方各级人民政府和民族自治地方的自治机关领导和管理教育工作。

2. 法律

这里所说的"法律"不是指广义的法律，而是指全国人大及其常委会制定的法律，即狭义的法律。目前我国专门调整教育领域社会关系的法律有作为教育基本法的《中华人民共和国教育法》，还有《中华人民共和国学位条例》《中华人民共和国高等教育法》《中华人民共和国职业教育法》《中华人民共和国民办教育促进法》《中华人民共和国教师法》《中华人民共和国家庭教育促进法》。除此以外，《中华人民共和国民法典》《中华人民共和国刑法》等法律中也有大量调整教育法律关系的法律规范。

3. 行政法规

行政法规是指国家最高行政机关根据宪法和法律，在其职权范围内制定和发布的规范性文件。如《学位条例暂行实施办法》《征收教育费附加的暂行规定》《幼儿园管理条例》《学校体育工作条例》《学校卫生工作条例》《残疾人教育条例》《教师资格条例》《民办教育促进法实施条例》《教育督导条例》等都是我国现行有效的教育行政法规，它们内容广泛、数量众多，在实际工作中起着主要作用。

4. 地方性法规

地方性法规是指由有立法权的地方人民代表大会及常务委员会，在不同宪法、法律、行政法规相抵触的前提下制定的地方性规范性文件。例如天津、云南等地制定的《学校安全条例》，又如《黑龙江省汉语言文字应用管理条例》等。

5. 自治条例和单行条例

自治条例和单行条例是民族自治地方立法，由民族自治地方人民代表大会及其常委会在不违背宪法、法律及行政法规的情况下，依照当地民族的特点制定。依照《宪法》《中华人民共和国立法法》(以下简称《立法法》)和《中华人民共和国民族区域自治法》(以下简称《民族区域自治法》)，民族自治地方的自治机关有权根据国家的教育方针，依照法律规定，决定本地方的教育规划，各级各类学校的设置、学制、办学形式、教学内容、教学用语和招生办法。自治区的自治条例和单行条例，报全国人民代表大会常务委员会批准后生效。自治州、自治县的自治条例和单行条例，报省、自治区、直辖市的人民代表大会常务委员会批准后生效，如《玉树藏族自治州义务教育条例》《大通回族土族自治县义务教育条例》等。

6. 规章

根据《宪法》和《立法法》规定，国务院各部、委员会、中国人民银行、审计署和具有行政管理职能的直属机构，可以根据法律和国务院的行政法规、决定、命令，在本部门的权限范围内，制定规章。我国教育部单独或联合制定的规章覆盖了从学前教育到高等教育的各个层次，现行有效的教育部门规章包括《普通中小学教材出版发行管理规定》《中小学教材编写、审查和选用的规定》《学生伤害事故处理办法》《独立学院设置与管理办法》《国家教育考试违规处理办法》《高等学校档案管理办法》《托儿所幼儿园卫生保健管理办法》《中小学教材编写审定管理暂行办法》等几十部之多。《中华人民共和国地方各级人民代表大会和各级人民政府组织法》第七十四条规定，省、自治区、直辖市的人民政府可以根据法律、行政法规和本省、自治区、直辖市的地方性法规，制定规章，报国务院和本级人民代表大会常务委员会备案。设区的市、自治州的人民政府可以根据法律、行政法规和本省、自治区的地方性法规，依照法律规定的权限制定规章，报国务院和省、自治区的人民代表大会常务委员会、人民政府以及本级人民代表大会常务委员会备案。如《北京市实施〈教师法〉办法》《北京市未成年人保护条例》《上海市终身教育促进条例》等。

7. 国际条约与协定

通常认为教育法是国内法，国际法不构成教育法的渊源。实际上，教育法与国际法的关系非常密切，《教育法》第七十条规定："中国对境外教育机构颁发的学位证书、学历证书及其他学业证书的承认，依照中华人民共和国缔结或者加入的国际条约办理，或者按照国家有关规定办理。"我国已经加入的有关教育的国际公约包括《1958年消除就业和职业歧视公约》《就业政策公约》《经济、社会及文化权利国际公约》《儿童权利公约》《残疾人权利公约》《消除一切形式种族歧视国际公约》《消除对妇女一切形式歧视公约》《准予就业最低年龄公约》《残疾人职业康复和就业公约》等。

(四) 教育法的作用

1. 教育法的规范作用

(1) 指引作用。教育法通过规定人们教育活动中的权利和义务,确定人们哪些可作为,哪些必须作为,还有哪些禁止作为,以及违法行使权利、不正确履行义务、不遵守禁止性规定应当承担怎样的法律责任,以此来指引人们的行为。

(2) 评价作用。教育法作为一种行为标准和尺度,具有判断、衡量人们行为是否有效、是否合法的作用。通过这种评价,能够有效地影响人们的价值观、是非标准,从而达到指引人的行为的教育法律作用。

(3) 预测作用。根据教育法规定,人们可以预先知晓或估计到某种行为是否会发生、行为会怎样发展、会产生什么样的后果,从而避免行动的偶然性和盲目性,并合理地处理自己的教育行为。

(4) 教育作用。教育法通过把国家或社会对人们教育行为的基本要求转化为固定的行为模式,或通过对违法行为的制裁、对合法行为的褒扬,进而影响人们的思想、意识,并使这种影响内化为一定的认知结构。教育法的教育作用有利于提高公民的教育法律意识、权利意识、义务观念、责任感等。

(5) 强制作用。教育法通过对违法行为的制裁,促使人们正确行使权利,严格履行义务和遵守禁止性规定。教育法的强制作用的发挥依靠国家强制力来推行。

2. 教育法的社会作用

教育法不仅具有上述直接的规范作用,还具有间接的社会作用。当代中国教育法的社会作用是通过建立和维护稳定的教育秩序,为全面建设中国特色社会主义现代化强国服务。

(1) 教育法确认和保障教育的性质和方向。我国教育法的社会作用,首先表现在确认和保障教育的社会主义性质和方向上。教育的性质和方向是教育工作的首要问题,它对我国教育事业的成败具有决定性的作用。

(2) 教育法促进和保障教育平等。教育法以法律的形式保障公民的受教育地位平等,所有的公民不分民族、种族、性别、年龄、财产状况、信仰等都有受教育的权利,国家要提供足够的教育资源,以保证公民在任何时候、任何年龄、任何地方、任何层次和类别的教育需求都能够得到满足。

(3) 教育法的实施能够提高教育管理的效率。教育法明确规定和保障与教育相关的各教育法律关系主体的合法权益,确保它们严格履行义务,对不履行义务和违反禁止性规定的行为予以制裁,以此为教育事业的发展创造良好的外部和内部环境,促进教育法律关系主体按照教育规律办事,从而大大提高教育管理的效率和效益。

三、教育法制发展

(一) 国外教育法制发展

国外现代意义的教育立法是在机器大工业和现代工厂制度的基础上产生的。1833年,英国议会通过的《工厂法草案》中的教育条款,可以说是最早的现代教育立法形式。

从19世纪下半叶开始,各资本主义国家相继开始直接干预教育,推行义务教育制度。1870年,英国颁布了《初等教育法》(也称《福斯特法案》),确立了英国现代国民教育制度的基础。1872年,普鲁士为主体的德意志帝国制定了《普通学校法》,把6~14岁的8年初等教育规定为强迫义务教育阶段,并对原有的初等教育系统进行了调整和改革。1881年,法国颁布了《费里法》,确立了国民教育制度及其义务性、免费性和世俗性三项重要原则。

20世纪初是西方资本主义国家广泛开展教育立法的时期,为了加强对教育的管理和控制,教育立法备受重视,大量与教育有关的法律和法规被制定出来。1902年,英国颁布了《巴尔福法案》。同年法国也通过立法改革了中等教育,并加强理科与现代外语的教学,废止了1850年的《法鲁法》,关闭了3000多所教会学校。

第二次世界大战以后,世界范围的教育法获得了空前的发展,教育立法无论在深度或广度上都取得了前所未有的发展。这一时期的教育立法突出了对教育行政的法治化,这成为一个国家教育管理现代化的重要标志。在这一时期,教育法的数量和种类日益增多,有关教育的具体问题的解决逐步纳入法制轨道;教育法的体系建设获得了较大发展,由重视单项教育立法转向逐步建立和完善国家教育法体系;各国进一步加强教育行政机关的职能,强化教育法的作用,把加强教育立法和完善教育管理体制密切地结合起来,同时依靠教育立法,积极推进教育的改革,把教育立法和教育改革有机结合到一起。

随着21世纪的到来,教育面临新的严峻挑战,各国纷纷以提高本国教育质量、适应公民终身学习的需要为基本宗旨,在原有的教育立法的基础上进一步改革和完善,具有代表性的有英国的《1988年教育改革法》、日本的《终生学习振兴法》、美国的《2000年教育目标法》。

(二) 我国教育法制发展

我国作为文明古国,教育历史悠久,教育法制的历史也已有数千年之久。原始社会末期产生了最初的奴隶制教育法律制度,其后经过夏、商、周时期的建设,积累了丰富的经验，为我国古代教育法制的发展奠定了基础。秦始皇时期确立了以法为教、以吏为师的统一制度，实行有利于巩固统一的教育法制。到汉武帝时期"德主刑辅、礼法结合"的封建正统法律思想形成，并逐步发展强化至明清。

现代教育制度最初是作为西方文化的一部分，从西方输入我国的。在当时特定的历史条件和强大的社会压力下，清政府被迫进行了新教育改革。中国的教育立法是伴随着新教育的出现而出现的。1902年拟定的《钦定学堂章程》是近代中国第一个教育法规。

1911年辛亥革命后，中国教育才开始从传统旧教育走向现代教育。1912年，南京临时政府成立，教育部于1912年颁发《普通教育暂行办法》和《普通教育暂行课程标准》，同年7月公布了《学校系统令》。至此，中国的现代学制及其立法基本定型。

中华人民共和国的法制建设是在废除旧法的前提下开展起来的，是在总结我国革命根据地法制建设经验的基础上成长起来的。1949年9月制定并通过的《中国人民政治协商会议共同纲领》中的教育条款为我国的教育提供了基本的方向和政策。1951年10月，政务院颁布了《关于改革学制的决定》；1952年9月，又颁布了《关于接办私立中、小学的指示》。1954年我国《宪法》对于教育问题的规定充分体现了社会主义原则和民主原则。

党的十一届三中全会标志着法制建设进入了新时期，教育立法也出现了崭新面貌。1982年，《宪法》中有关教育的规定为教育法的制定为依法治教提供了最高的效力依据。1980年2月，第五届全国人大常委会第十三次会议通过了《中华人民共和国学位条例》。这是中华人民共和国成立以来由最高国家权力机关制定的第一部有关教育的法律。1986年，第六届全国人民代表大会通过了《中华人民共和国义务教育法》，标志着我国教育立法工作进入了一个新的发展阶段。1995年，《教育法》的颁布则标志着我国教育法制建设已经走上了全面依法治教的轨道。

党的十八大后，中国特色社会主义发展进入新时代，在全面推进依法治国建设的进程中，我国的教育法制高速发展，制定、修订了《中华人民共和国家庭教育促进法》《中华人民共和国教育法》《中华人民共和国义务教育法》《中华人民共和国未成年人保护法》《中华人民共和国预防未成年人犯罪法》等多部法律法规。未来我国还将在教育法制领域继续做好职业教育法、学前教育法、学位法、教师法审议，推进国家通用语言文字法修订，推动终身学习法、教育法典化立法研究，继续推进教育法治化发展进程。

【拓展阅读】

北京平谷法院发出全市首份家庭教育令[①]

北京市平谷区人民法院开庭审理一起未成年被告人盗窃案件，被告人小强犯盗窃罪，被判处有期徒刑8个月，并处罚金1000元，同时针对未成年人父母监护不力的情况，北京市平谷区人民法院向其父母发出北京全市首份家庭教育令，督促被告人父母积极履行家庭教育和监护职责。

2021年7月24日，被告人小强进入某小区，趁室内无人，将现金340元、金项链1条、手机1部盗走；2021年9月3日，小强伙同他人在网吧盗走8000余元现金；2021年10月26日，小强又在网吧盗走手机1部；2021年10月29日，小强潜入某小区一室内，将现金500元、金项链1条、金耳钉1对盗走。公诉机关认为被告人的行为已构成盗窃罪，依法向法院提起公诉。

案件审理过程中，承办法官了解到被告人有长时间夜不归宿、结交社会人员、经常出入网吧等不良行为，被告人父母放任其不良行为，怠于履行监护职责，家庭教育的缺失使其走上犯罪道路。庭审中，法官本着教育、感化、挽救的目的，对被告人进行了法庭教育。被告人也当庭表示自愿认罪认罚，对自己因一时贪念走上犯罪道路深感后悔。

法院审理后认为，被告人以非法占有为目的，多次窃取公私财物，数额较大，其行为已构成盗窃罪，应依法惩处。平谷区人民检察院指控被告人犯盗窃罪的事实清楚，提供的证据确实、充分，罪名成立。法院当庭作出上述判决。

案件宣判后，承办法官依照《中华人民共和国家庭教育促进法》的相关规定，向被告人父母发出家庭教育令，责令监护人承担起家庭教育的主体责任，切实履行监护职责，多关注孩子的生理和心理状况。其监护人也表示，已经深刻认识到自己在教育孩子上的失职行为，会积极履行家庭教育责任，给孩子树立正确的价值观，帮助孩子改过自新。

2022年1月1日，《中华人民共和国家庭教育促进法》正式施行，这是我国首次就家庭教育进行专门立法，标志着我国全面开启"依法带娃"时代。《中华人民共和国家庭教育促进法》第四十九条规定："公安机关、人民检察院、人民法院在办理案件过程中，发现未成年人存在严重不良行为或者实施犯罪行为，或者未成年人的父母或者其他监护人不正确实施家庭教育侵害未成年人合法权益的，根据情况对父母或者其他监护人予以训诫，并可以责令其接受家庭教育指导。"此次发出的家庭教育令，系家庭教育促进法施行后北京市首份家庭教育令，是积极探索法治教育与家庭教育工作联动的重要举措，是促进未成年人健康成长和全面发展的重要法治保障。

[①] 孟雨琦. 北京平谷法院发出全市首份家庭教育令[N]. 中国法院报，2022-02-11(3).

第二节　教育法律关系

一、教育法律关系的含义与特征

(一) 教育法律关系的含义

教育法律关系是指教育法律规范在调整教育社会关系中所形成的人们之间的权利与义务关系。在教育活动中，教育主体之间可以结成各种关系，如教师与学生、学校与社会等主体之间的法律关系。要使一定的教育社会关系成为一定的教育法律关系，就必须经过一定的教育法律规范的调整，使其在主体之间形成一定的权利与义务关系。

(二) 教育法律关系的特征

教育法律关系是法律关系的一种，除以法律规范为前提，以权利义务为内容，以国家强制力为保障这些一般法律关系的特征外，还具有以下特征。

1.教育法律关系主体之间的地位关系复杂，既有平等的，又有不平等的

在很多教育法律关系中，其主体之间的地位是平等的，而且双方的权利义务是对等的，如学校之间的合作关系，学校与企事业单位建立的协作关系等。然而，在某些教育法律关系中，主体之间却处于一种非平等的地位，双方存在着领导与被领导、管理与被管理的关系，而且双方之间的权利义务也不是对等的，如教育行政部门对学校、其他教育机构和教育教学人员进行管理而建立起来的教育法律关系。

2.教育权利与教育义务有时具有同一性

所谓同一性，是指教育法律关系主体必须同时行使权利和履行义务，放弃行使权利就意味着不履行义务。这是教育法律关系与一般法律关系的重要区别所在。如根据《中华人民共和国义务教育法》规定，接受义务教育既是适龄儿童、少年的权利，也是他们的义务；又如根据《中华人民共和国教育法》规定，接受扫除文盲教育，既是我国公民的权利，也是我国公民的义务。教育行政机构在行使教育行政管理职权的同时也在履行相应的职责和义务。

二、教育法律关系的构成要素

教育法律关系由教育法律关系的主体、内容和客体三个要素构成。

(一) 教育法律关系的主体

教育法律关系主体是指教育法律关系的参加者,即在教育法律关系中享有权利或承担义务的人。法律上所称的"人"主要包括自然人和法人。自然人是指有生命并具有法律人格的个人,包括公民、外国人和无国籍人,如教职员工、学生及其家长等。需要注意的是,外国人和无国籍人只能参加我国的部分教育法律关系,其范围由我国法律以及我国与其他国家签订的条约及国际公约规定。

法人是与自然人相对称的概念,指具有法律人格,能够以自己的名义独立享有权利或承担义务的组织,如学校及其他教育机构、国家机关、企业事业单位、社会团体组织等。

从国际法方面讲,国家也可以成为教育法律关系的主体,主要是以国际法主体的名义参与国际教育活动、签署国际教育协议等。

(二) 教育法律关系的内容

教育法律关系的内容是指教育法律关系主体间在一定条件下依照法律规定或合同约定所享有的权利和承担的义务,如教育行政机关的权利和义务、学校的权利和义务、教师的权利和义务、学生的权利和义务等。

(三) 教育法律关系的客体

教育法律关系客体是指教育法律关系主体权利和义务所指向的对象。教育法律关系客体是将教育法律关系主体之间的权利与义务联系在一起的中介。没有教育法律关系的客体作为中介,权利和义务也就失去了目标,就不可能形成教育法律关系。因此,客体是构成任何教育法律关系都必须具备的一个要素。概括地讲,教育法律关系客体主要包括如下几类。

1. 物

法律上所说的物包括一切可以成为财产权利对象的自然之物和人造之物,包括动产和不动产两部分。不动产如学校占有的土地及各种场地、房屋和其他建筑设施以及场馆等,这些是学校进行正常教育教学活动的必要物质基础。动产如学校的各种资金、教学仪器设备等。

2. 行为

在教育法律关系客体的意义上,行为指的是权利和义务所指向的作为或不作为,主要包括行政机关的行政行为、学校及其他教育机构的管理行为和教育者与受教育者的教育教学行为等。

3. 人身利益

人身利益包括人格利益和身份利益，是人格权和身份权的客体，主要是指教育法律关系中涉及的公民或者组织的名称以及公民的生命健康、身体、肖像、名誉、身份、隐私等。

4. 智力成果

这里所说的智力成果主要指的是在教育领域知识产权的指向对象，如教材的内容、教学方法和教学仪器的发明创新等。

三、教育法律关系的形成、变更及消灭

由于社会生活本身是不断变化的，教育法律关系就不可能是一成不变的，而是表现为一个形成、变更与消灭的动态过程。教育法律关系的形成是指教育法律关系主体之间出现了法律上的权利、义务关系。教育法律关系的变更是指教育法律关系的主体、客体或内容中的任何一项发生了变化，它包括权利主体的增加或者减少、权利内容的部分变化和客体的增减变化等。教育法律关系的消灭指的是主体间权利、义务关系完全终止。

教育法律关系的形成、变更与消灭不是随意的，必须符合两个条件。第一个条件是教育法律规范的存在，这是教育法律关系形成、变更与消灭的前提和依据。第二个条件是教育法律事实的存在，它是教育法律规范中法定条件所规定的各种情况，一旦这种情况出现，教育法律规范中有关权利和义务的规定以及有关行为法律后果的规定就发挥作用，从而使一定的教育法律关系形成、变更或消灭。

教育法律事实是指能够引起教育法律关系形成、变更与消灭的各种事实的总称。按照教育法律事实是否与当事人的意志有关，可以分为事件和行为，这是一种最基本、最重要的分类。教育法律事件是指与当事人意志无关，能够引起教育法律关系形成、变更或消灭的事实。导致事件发生的原因，既可能来自社会，如战争等，也可能来自自然，如火山喷发、地震、海啸等，也可能来自时间的流逝，如各种时效的规定等。教育法律意义的行为是指与当事人意志有关，能够引起教育法律关系形成、变更或消灭的作为和不作为。行为一旦做出，也是一种事实，它与事件的不同之处在于当事人的主观因素成为引发此种事实的原因。因此，当事人既无故意又无过失，而是由于不可抗力或不可预见因素而引起的某种法律后果的活动，在法律上不被视为行为，而被归入意外事件。教育法上所说的行为，仅指与当事人意志有关且能够引起教育法律关系后果的那些行为。例如，教师体罚学生是一种违法行为，这种行为导致教师对学生受教育权、人身权等权利的侵犯，从而使教师与学生之间的法律关系发生变化。

第三节　教育法的运行

一、教育立法

教育立法是指有立法权的国家机关依据法定的权限和程序，创制、修改、补充和废止规范性教育法律文件的活动。

(一) 教育立法的原则

教育立法是我国立法活动中的重要组成部分，遵循我国立法活动的共同原则。

1. 民主化原则

教育立法遵循民主化原则，就是要坚持人民是立法的主体，以维护人民的利益为宗旨，在立法过程中通过合理的公众参与机制，使人民群众有效地参与立法，在立法过程中充分地表达自己的意愿。

2. 科学化原则

教育立法遵循科学化原则就是要尊重我国教育的客观实际，根据教育发展的客观需要来制定教育法律，也要重视专家作用，由立法机关聘请相关教育领域的专家学者对有关的立法问题予以论证。

3. 法治化原则

教育立法遵循法治化原则就是要做到立法权的存在和行使有法可依，立法内容合乎宪法，并与其他法律法规相统一，使立法程序依法而行。

(二) 教育立法程序

教育立法应依据相应的立法程序进行。立法程序是指由宪法和法律规定的享有立法权限的国家机关制定、修改、补充和废止规范性法律文件的步骤。一般来说，立法程序可分为4个步骤。

1. 法律议案的提出

法律议案的提出是指依法享有专门权限的国家机关或人员向立法机关提出制定、修改、补充和废止某项法律的有效建议，这是立法程序的第一阶段。法律议案形成后，经过审查、讨论，被通过的法律议案作为拟订法律草案的依据，依此形成可以提交法律制定机关审议的正式法律草案。

2. 法律草案的审议

法律草案的审议是指法律制定机关对列入议程的法律草案正式进行讨论和审议的活动。这是立法程序的关键阶段，其结果不仅直接关系到法律草案的命运，还直接关系到法律草案被通过后的社会效果。

3. 法律草案的通过

法律草案的通过是指立法机关对于经过审议的法律草案正式表示同意与否的活动。这是立法程序中具有决定性意义的阶段。《宪法》规定，宪法的修改由全国人民代表大会常务委员会或者五分之一以上的全国人民代表大会代表提议，并由全国人民代表大会全体代表的三分之二以上多数通过。法律和其他议案由全国人民代表大会或全国人民代表大会常务委员会法定人数的过半数通过。法律议案的通过一般采取无记名投票方式或举手表决方式。

4. 法律的公布

法律的公布是指立法机关将通过的法律以法定形式公布出去，这是立法的最后阶段。根据《宪法》规定，中华人民共和国主席根据全国人民代表大会的决定和全国人民代表大会常务委员会的决定，公布法律。法律签署公布后，将及时在全国人民代表大会常务委员会公报和在全国范围内发行的报纸上刊登。

二、教育执法

教育执法是指国家行政机关及其工作人员和法律法规授权的组织，按照法定职权和程序，针对教育领域内的特定事项和特定的人或组织，适用教育法律规范并产生法律效力的活动。

(一) 教育执法主体

教育执法主体主要有以下几种：一是教育行政机关，如教育部；二是其他国家行政机关，如乡政府；三是教育行政法律法规授权的组织，如高校虽不是行政机关，但经《中华人民共和国学位条例》授权，可以代表国家对某个公民学术水平所达到的等级进行确认，授予其学位，在特定情况下履行行政管理职责，也构成教育行政主体。

(二) 教育执法原则

1. 合法原则

合法原则是指教育执法主体在执法过程中要严格依法办事，具体表现在以下几个方面：一是教育执法主体必须合法，即必须是有权执法的行政机关或法律授权的组织；二是教育执法的权限必须合法，即必须在法定权限范围内实施执法行为；三是教育执法的内容必须合法，即教育执法主体的执法活动必须有法律依据；四是教育执法的程序必须合法，即教育执法应符合法定程序；五是教育执法的形式必须合法，即教育执法行为的做出必须具备法定形式。

2. 合理原则

合理原则是指教育行政主体不仅应当按照法律法规规定的条件、种类和幅度范围实施执法行为，而且这种执法行为必须符合法律意图或精神，符合公平正义等法律理性。这就是说教育执法活动不但要合法，而且要合理。

3. 公开原则

公开原则是指教育行政执法活动的全部内容和过程都应当公开。教育执法是涉及相对人权益的活动，如果教育行政执法活动不向社会公开，相对人一方不了解行政执法的规则、标准和理由，就无法有效行使权利。同时，公开还有利于社会监督，对保护当事人的合法权益有着十分重要的意义和作用。

(三) 教育行政措施

教育行政措施，是指教育行政主体针对特定的相对人，就特定事件对其权利义务所作的意思表示，教育行政措施是教育执法的主要形式之一，具体表现为命令(通知)、批评、许可、免除、征收、发放、行政确认等行为。

(四) 教育行政制裁

教育行政制裁包括教育行政处分和教育行政处罚。

教育行政处分是教育执法主体对依照行政隶属关系给予有违法失职行为的内部人员的一种惩罚措施。教育行政处分中对学校教职工的行政处分分为警告、记过、记大过、降级、降职、撤职、留用察看、开除。

教育行政处罚是教育行政主体对违反教育行政法律规范，但尚未构成犯罪的外部相对人进行惩戒的教育执法行为。教育行政处罚的种类有以下几个：警告；罚款；没收违法所得，没收违法颁发、印制的学历证书、学位证书及其他学业证书；撤销违法举办的学校和其他教育机构；取消颁发学历、学位和其他学业证书的资格；撤销教师资格；停考，停止申请认定资格；责令停止招生；吊销办学许可证；法律、法规规定的其他教育行政处罚。

三、教育司法

教育司法是指国家司法机关依照法定的权限和程序，运用教育法处理各种案件的专门活动。

司法是法律运行不可或缺的一种重要方式，是通过解决数量较少的、反常的、否定性的社会关系，来保障社会利益和社会秩序的活动。当教育法律关系主体的权利义务出现争执时，或在教育活动中发生违法行为甚至犯罪时，必然需要运用司法予以解决。

四、教育守法

教育守法是指教育法律关系主体严格按照教育法律规范行事，使教育法得以实施的活动。

从主体方面看，教育守法主体范围宽广，不仅包括教育部门、学校及其他教育机构、教师、学生等常规性教育法律关系主体，还包括其他涉教育法律关系的自然人、国家机关、政党和组织等。

从内容方面看，教育守法不仅要遵守宪法和教育法律，还要遵守其他各个层面和各种形式的教育法律规范，以及教育行政执法部门依法做出的一些非规范性文件，如教育行政处罚决定书、教育行政复议决定书等。教育守法主体应该自觉地做出教育法律法规所要求必须做的积极行为，履行相应的教育法定义务，不做教育法规所禁止的行为，将自身从事的与教育有关的活动纳入教育法律法规的有关规定。教育法律权利的正确行使，要求教育法律关系主体在法定授权范围内按照法定程序或条件行使权利，既不能侵犯他人权利，也不能超越权限。

第四节　教育法律责任与教育法律救济

一、教育法律责任

(一) 教育法律责任的含义和特征

教育法律责任，是指由行为人违反教育法律规范所引起的，应当由其依法承担的不利法律后果。教育违法是承担教育法律责任的前提。教育法律责任的特征主要表现在以下三个方面。

1. 教育法律责任具有法律规定性

教育活动中的法律责任的追究，必须有相关教育法律法规的明文规定，对教育活动中的哪些行为应当追究法律责任，由谁来追究，以及教育法律责任的种类、内容，都必须在有关的教育法律法规或其他法律法规中有明文规定，以避免处罚的任意性。

2. 教育法律责任具有国家强制性

对于违反教育法律法规的行为的追究，是以国家强制力来保证实施的，并且对于所有违法者和一切违法行为都具有普遍约束力。

3. 教育法律责任具有归责特定性

教育法律责任的承担者，必须是在教育法律关系中实施了教育违法行为的特定当事人。无论是自然人还是法人，如果他们并不处在教育法律关系中，其行为并不影响教育法上的权利义务，也就不会导致教育法律责任的产生。一般来说，教育法律责任的承担者只限于违反教育法律法规的行为人，但要注意我国教育法及相关法律法规规定，无民事行为能力人或限制民事行为能力人的监护人对被监护人的违法行为承担一定的责任。

(二) 教育法律责任的分类

教育违法者具体应当承担何种责任，应依据违法的性质和程度来定，实践中可分为行政法律责任、民事法律责任与刑事法律责任三种。

1. 行政法律责任

行政法律责任是指行为人因实施行政违法行为而应承担的法律责任，简称行政责任。

目前我国教育法律体系中有相当部分规定是以政府或教育行政部门为一方当事人的，因而在教育司法实践中，对于违反教育法律法规的行为追究行政法律责任是比较多见的。

行政机关违反有关法律，不按规定核拨教育经费，向学校乱摊派，不履行义务教育管理职责，滥用职权、徇私舞弊等都将被追究行政法律责任。

学校违反了有关法律法规，把班级分成重点班和非重点班，违法开除学生，违反国家有关收费范围、项目以及有关收费事宜的审批、核准、备案等方面的规定自立收费项目，或超过规定的收费标准向学生收取费用等违法行为的，学校及其直接负责的主管人员和其他直接责任人员将承担行政法律责任，接受行政处罚或行政处分。

教师也可能成为行政法律责任的承担者，如幼儿园教师如果存在体罚或变相体罚幼儿的情形，或者存在使用有毒、有害物质制作教具、玩具的情形等，根据《幼儿园管理条例》第二十八条规定，由教育行政部门对直接责任人员给予警告、罚款的行政处罚，或者由教育行政部门建议有关部门对责任人员给予行政处分。

受教育者是教育的对象，也是教育法调整的社会关系的重要主体之一。学生违反相关法律法规也要承担相应的行政法律责任，如《教育行政处罚暂行实施办法》第十四条规定："参加国家教育考试的考生，有下列情形之一的，由主管教育行政部门宣布考试无效；已经被录取或取得学籍的，由教育行政部门责令学校退回招收的学员；参加高等教育自学考试的应试者，有下列情形之一，情节严重的，由各省、自治区、直辖市高等教育自学考试委员会同时给予警告或停考一至三年的处罚：(一)以虚报或伪造、涂改有关材料及其他欺诈手段取得考试资格的；(二)在考试中有夹带、传递、抄袭、换卷、代考等考场舞弊行为的；(三)破坏报名点、考场、评卷地点秩序，使考试工作不能正常进行或以其他方法影响、妨碍考试工作人员使其不能正常履行责任以及其他严重违反考场规则的行为。"

2. 民事法律责任

民事法律责任是指违反民事法律规范，无正当理由不履行民事义务或因侵害他人合法权益所应承担的法律责任。

根据承担民事责任的原因，可将民事责任分为违约责任和侵权责任。违约责任也称为合同责任，当事人一方不履行合同义务或者履行合同义务不符合约定的，应当承担继续履行、采取补救措施或者赔偿损失等违约责任。承担违约责任的具体形式有继续履行、采取补救措施和赔偿损失等。侵权的民事责任，是指行为人因过错而实施侵权行为所应当承担的民事法律后果。侵权的民事责任包括两类：一类是一般侵权责任，另一类是特殊侵权责任。一般侵权责任包括侵犯财产所有权的民事责任、侵犯公民人身权的民事责任和侵犯知识产权的民事责任。一般侵权责任，由以下4个构成要件组成：有侵权行为、有损害事实、侵权行为与损害事实之间有因果关系、行为人主观有过错。过错责任原则是侵权责任的归责原则，即过错是归责的最终要件，有过错即有责任，无过错即无责任。特殊侵权责任包括下列类型：职务侵权行为造成损害的职务责任、产品缺陷致人损害的产品责任、高度危险作业致人损害的高度危险责任、地面施工致人损害和建筑物致人损害的物件损害责任、饲养的动物将人咬伤的饲养动物损害责任、无民事行为能力人和限制民事行为能力人致人损害的监护责任以及医疗事故造成的医疗损害责任。

教育民事法律责任的承担主要发生在学校，学校承担的民事责任涉及诸多方面，如《民法典》第一千二百条明确规定："限制民事行为能力人在学校或者其他教育机构学习、生活期间受到人身损害，学校或者其他教育机构未尽到教育、管理职责的，应当承担侵权责任。"由于无民事行为能力人的自我保护意识和自我保护能力非常弱，因此，法律加大了对幼儿园、小学的责任追究。《民法典》第一千一百九十九条规定："无民事行为能力人在幼儿园、学校或者其他教育机构学习、生活期间受到人身损害的，幼儿园、学校或者其他教育机构应当承担侵权责任；但是，能够证明尽到教育、管理职责的，不承担侵权责任。"同时，《民法典》第一千一百九十一条明确规定："用人单位的工作人员因执行工作任务造成他人损害的，由用人单位承担侵权责任。"但这并不意味着教师本人无须承担任何责任，学校承担赔偿责任后，可以向有故意或者重大过失的责任人进行追偿。

【案例分析】

张某,某幼儿园中四班幼儿。2012年12月20日上午11时,张某在教室自由活动时不慎摔倒在地,致使两颗门牙脱落。事故发生后,幼儿园领导、保健医生、教师及时带张某赶往县医院,并第一时间通知其家长。通过医生诊断、拍片等治疗,医生给予的诊断结果是张某磕掉的是乳牙,不会影响其恒牙的生长。家长仍然不放心,要求幼儿园派员陪同去北京治疗。北京专家的诊治结果和当地医生的意见一致。

在家长的要求下,幼儿园工作人员陪张某去北京前后检查了8次,幼儿园垫付医疗费用约1.5万元。幼儿从幼儿园毕业升入小学后,家长找到幼儿园,以张某乳牙受到伤害会导致恒牙发育不好为由,要求赔付治疗费、误工费、精神损失费等5万元。家长与幼儿园多次协商无果,遂将幼儿园起诉至法院。

法院经审理,认定张某的监护人提出的损害赔偿主张没有法律依据,裁定驳回起诉①。

在案例中,幼儿园对幼儿承担教育、管理和保护责任,发生幼儿伤害事故后,依法推定幼儿园存在过错。但幼儿园能够充分举证证明当班教师组织活动合理,幼儿在教师的视野之内,教师也对幼儿进行了安全教育活动,室内无危险物品,致伤原因是当班教师主观上不能预见、不能避免的,且事故发生后幼儿园工作人员及时陪张某就诊,行为并无不当,幼儿园尽到了管理和保护责任,不承担法律责任。

3. 刑事法律责任

刑事法律责任就是指刑法规定的,因实施犯罪行为而应承担的法律责任。刑事法律责任是所有法律责任中性质最严重的,将受到司法机关的强制制裁。依照刑法规定,刑事责任的承担方式即刑罚,分为主刑和附加刑。主刑分为管制、拘役、有期徒刑、无期徒刑和死刑,附加刑分为罚金、剥夺政治权利与没收财产。

在教育领域中,教育行政管理人员的刑事责任,如《教育法》第七十一条明确规定,违反国家财政制度、财务制度,挪用、克扣教育经费的,构成犯罪的,依法追究刑事责任;又如《刑法》第四百一十八条规定:"国家机关工作人员在招收公务员、学生工作中徇私舞弊,情节严重的,处三年以下有期徒刑或者拘役。"

与教师有关的刑事责任,如《教师法》第三十五条规定:"侮辱、殴打教师的,根据不同情况,分别给予行政处分或者行政处罚;造成损害的,责令赔偿损失;情节严重,构成犯罪的,依法追究刑事责任。"

---

① 张春炬,尚军,栗艺文.幼儿园常见法律问题案例及解析[M].北京:北京师范大学出版社,2018:17.

二、教育法律救济

(一) 教育法律救济的含义与特征

权利的赋予和权利的维护如同鸟之双翼,两者同等重要[①]。在社会活动中,由于人们之间总是存在着利益上的冲突,总会有侵权现象的发生,这就需要通过法律救济弥补人们的受损利益。

教育法律救济是指当教育法律关系主体的相关权益受到损害时,特定机关通过一定的程序和途径对其利益进行恢复和补救的一种法律制度。

教育法律救济是针对妥善解决教育法律纠纷而设立的一种法律保护制度。无纠纷便无救济。同时,教育法律救济是以损害事实的客观存在为前提的。如发生某种教育法律纠纷,但并未因此而造成实际上的损害,教育法律救济仍不能发生。

从本质上看,教育法律救济是一种权利补救,是对教育法律关系主体合法权益的法律保护。但在行政法律关系中,行政机关并不在救济的范畴之内,因为行政机关属于权力机关,有能力排除障碍,其利益一般不会受到行政相对人的侵害[②]。

(二) 教育法律救济的途径

教育法律救济的途径是指在教育活动中合法权益受到侵害的一方当事人请求法律救济的渠道和程序。

教育法律救济的途径主要包括教育诉讼渠道、教育行政渠道以及其他渠道。教育诉讼渠道是指通过诉讼程序获得教育法律救济的司法救济渠道,主要体现在行政诉讼制度中。教育行政渠道是指按照教育法律法规有关规定,受教育者与教师可以通过申诉制度来对抗侵权行为以获得法律救济,我国《教育法》和《教师法》都规定了教育申诉制度,我国《行政复议法》也规定了行政复议制度,用来补充受教育者与教师的申诉制度。其他渠道通常指诉讼渠道和行政渠道以外的教育调解制度和教育仲裁制度,目前我国的教育调解制度正在逐步建立和完善,教育仲裁制度尚在探索之中。

教育法律救济制度能够有效地保障教育法律关系主体,尤其是学校、教师及学生在教育活动中的合法权益,促进教育法律关系主体依法履行职责,对教育法制建设具有积极推动作用,是教育法治化建设的重要环节。在教育法律救济具体实践中,教育申诉制度、教育行政复议制度与教育行政诉讼制度是教育法律救济实现的最主要途径,我们将在下文中对三种制度进行进一步解读。

---

① 张俊浩.民法学原理[M].北京:中国政法大学出版社,1997:88.
② 杨颖秀.教育法学[M].北京:中国人民大学出版社,2019:98.

1. 教育申诉制度

申诉制度是指公民在其合法权益受到损害时,向国家机关申诉理由,请求处理或重新处理的制度,它是保障宪法赋予公民申诉权利的一项具体制度。教育申诉制度分为教师申诉制度与受教育者申诉制度。

1) 教师申诉制度

(1) 教师申诉制度的含义。所谓教师申诉制度,是指教师在其合法权益受到侵犯时,依照法律法规的规定,向主管的行政机关申诉理由,请求处理的制度。《教师法》第三十九条规定:"教师对学校或者其他教育机构侵犯其合法权益的,或者对学校或者其他教育机构做出的处理不服的,可以向教育行政部门提出申诉,教育行政部门应当在接到申诉的三十日内做出处理。教师认为当地人民政府有关行政部门侵犯其根据本法规定享有的权利的,可以向同级人民政府或上一级人民政府有关部门提出申诉,同级人民政府或者上一级人民政府有关部门应当做出处理。"

(2) 教师申诉的范围。《教师法》对可以提起申诉的范围规定得比较宽泛,具体内容包括以下三点:第一,教师认为学校或其他教育机构侵犯其《教师法》规定的合法权益的,可以提起申诉。这里的合法权益,包括教师在职务聘任、教学科研、工作条件、民主管理、考核奖惩、培训进修、工资福利待遇、退休等方面的各项权益。第二,教师对学校或其他教育行政机构做出的处理不服的,可以提出申诉。学校和其他教育机构本无教育执法的职权,但是有关教育法律法规授权其实施某些执法行为,其中与教师相关的包括评定教师职称、依法奖励或处分教师等行为,从而使得这些组织成为教育执法的主体。因此,教师对学校和其他教育机构做出的决定不服的,可以比照行政执法机关的执法行为提起申诉。第三,教师认为当地人民政府的有关行政部门侵犯其根据《教师法》享有的合法权益的,可以提出申诉。

受理教师申诉的机关因被申诉的对象不同而有所不同,教师如果是对学校和其他教育机构提出申诉,受理申诉的机关为主管的教育行政部门;如果是对当地人民政府有关行政部门提出申诉,受理申诉的机关可以是同级人民政府或者是上一级人民政府对应的教育行政主管部门。

(3) 教师申诉的程序。教师申诉的程序主要包括提出申诉、对申诉进行处理以及对申诉做出处理决定三步。

第一步,提出申诉。教师应当以书面形式提出申诉。申诉书应载明如下内容:①申诉人的姓名、性别、年龄、住址等信息。②被申诉人(指教师所在学校或其他教育机构以及当地人民政府的有关行政部门)的名称、地址、法定代表人的姓名、性别、职务等信息。③申诉要求。主要写明申诉人对被申诉人因侵犯其合法权益或不服对申诉人的处理决定而要求受理机关进行处理的具体要求。④申诉理由,主要写明被申诉人侵害其合法权益或不服被申诉人处理决定的事实依据,针对被申诉人的侵权行为或处理决定的错误,提出纠正的法律、政策依据,并就其陈述理由。⑤附项,写明并附交有关的物证、书证或复印件等文件。

第二步，对申诉的处理。主管的教育行政部门接到申诉书后，应对申诉人的资格和申诉的条件进行审查，根据不同情况，做出如下处理：①对于符合申诉条件的应予以受理。②对于不符合申诉条件的，答复申诉人不予受理。③对于申诉书未说明申诉理由和申诉要求的，要求其重新提交申诉书。

第三步，对申诉做出处理决定。行政机关对受理的申诉案件，应当进行全面核查，根据不同情况，做出如下处理决定：①学校或其他教育机构的管理行为符合法定权限和程序，适用法律法规正确，事实清楚的，可以维持原处理结果。②对于被申诉人不履行法律、法规和规章规定的职责的，可以责令其限期改正。③学校管理行为部分适用法律、法规和规章错误的，或处理决定事实不清的，可变更不适用部分或责令学校重新处理。④学校管理行为违反法律法规的，可撤销其原处理决定，其所依据的内部规章制度与法律、法规及其他规范性文件相抵触的，可责令学校进行修改或废止。⑤对学校和其他教育机构提起的申诉，主管教育行政部门应在收到申诉书的次日起30天内进行处理，在移送管辖的情况下，从有管辖权的主管教育部门接到移送的申诉案件的次日起计算期限。主管教育部门逾期未作处理的，或者久拖不决的，其申诉内容直接涉及人身权、财产权以及属于其他行政复议、行政诉讼受案范围的，申诉人可依法提起行政复议或行政诉讼。⑥行政机关做出申诉处理决定后，应当将申诉处理决定书发送申诉当事人。申诉处理决定书自送达之日起发生效力。申诉当事人对申诉处理决定书不服的，可向原处理机关隶属的人民政府申请复核。其申诉内容直接涉及人身权、财产权内容的，可依法提起行政诉讼。

2) 受教育者申诉制度

(1) 受教育者申诉制度的含义。受教育者申诉制度，是指受教育者在其合法权益受到侵害时，依照《教育法》及其他法律的规定，向主管的行政机关申诉理由，请求处理的制度。《教育法》第四十三条规定，受教育者对学校给予的处分不服向有关部门提出申诉，对学校、教师侵犯其人身权、财产权等合法权益，提出申诉或者依法提起诉讼。这为维护受教育者的合法权益确立了明确的法律救济制度，同时也是教育法赋予受教育者维护自身合法权益的一项民主权利。

根据学校教育的实际情况，如果受教育者对学校的处分不服或因学校侵犯其人身权、财产权等合法权益而提出的申诉，学校是被申诉人，受理申诉的机关应是与该校有隶属关系的教育行政主管部门；如果受教育者因教师侵犯其权益而提出申诉，那么，教师是被申诉人，此时，受理申诉的机关应是学校或教育行政部门。

(2) 受教育者申诉的范围。根据《教育法》的规定，学生申诉的范围包括以下几个方面：第一，受教育者对学校给予的处分不服的，包括学籍、考试、校规等方面，有权申诉。第二，受教育者对学校侵犯其合法财产权利的，可以提出申诉。例如，对学校违反《义务教育法》实施细则和地方性法规的规定乱收费的，学生有权申诉。第三，受教育者对学校侵犯其人身权利的，可以提出申诉。例如，受教育者对学校在校纪管理中处理不当而侵害其名誉权的，有权申诉。第四，受教育者对教师侵犯其合法财产权利的，可以提出申诉。例如，学生对教师强迫其购买与教学无关的东西，有权申诉。第五，受教育者对教师侵犯其人身权利的，可以提出申诉。例如，学生对教师私拆其信件而导致身心受害的，有权申诉。第六，受教育者对学校或教师侵害其知识产权的，可以提出申诉。

(3) 受教育者申诉的程序。受教育者申诉要遵循严格的法定程序，由受教育者提出申诉、等待主管机关受理审查、听取对申诉的处理结果三步构成。受教育者对申诉不服，还可以向人民法院提起诉讼。

第一步，提出申诉。受教育者可以以口头或书面形式提出申诉。以口头形式提出的申诉要讲明被申诉人的状况、申诉的理由和事件发生的基本事实经过，最后提出申诉的要求。书面形式的申诉要载明的内容有以下几项：①申诉人，包括申诉人的姓名、年龄、性别、住址及与被申诉者的关系等。由于学生法律地位的特殊性，这里的申诉人既包括合法权益受到损害的学生，也包括其监护人，监护人可依据法律规定产生。②被申诉人，包括被申诉人的名称、地址、法定代表人的姓名、性别、职务等。这里所指的被申诉人包括学校或其他教育机构，以及学校的教师和其他工作人员。③申诉要求，包括申诉人对被申诉人因侵犯其合法权益不服处理决定或对某个具体行为的实施，要求受理机关重新处理或撤销决定的具体要求。④申诉理由和事实经过，包括申诉人合法权益受到侵犯的事实经过和处理或行为决定的事实与法律政策依据，并陈述理由。只要认为合法权益受到损害，则可提出申诉。

第二步，对申诉的处理。主管机关在接到受教育者的口头或书面申诉后，可以依具体情况经审查后做出如下不同的处理：对于属于自己主管的，予以受理；对于不属于自己主管的，告知受教育者向其他部门申诉或驳回申诉；对于虽属本部门主管，但不符合申诉条件的，告知受教育者不能申诉；对于未说明申诉理由和要求的，可要求其再次说明或重新提交申诉书。主管机关对于口头申诉应在当时或规定时间内做出是否受理的答复；对于书面申诉则应在规定时间内给予是否受理的正式通知。

第三步，对申诉做出处理决定。主管机关受理申诉后，应该对事件进行调查核实，根据实际情况做出正确处理：如果学校、教师或其他教育机构的行为或决定符合法定权限或程序，适用法律规定正确，事实清楚，可以维持原来的处分或决定和结果；如果处分或决定违反相关的法律法规规定，侵害了申诉人合法权益，可以撤销原处理决定或责令被申诉人限期改正；具体处分决定或具体行为决定的一部分适用法律、法规或规章错误，或事实不清的，可责令退回原机关重新处理或部分撤销原决定；处理或决定所依据的规章制度或校纪校规与法律、法规及其他规范性文件相抵触时，可撤销原处理决定；如果是对侵犯人身权、财产权等进行的申诉，受教育者对申诉处理结果不服，可依法向人民法院起诉。

2. 教育行政复议制度

(1) 教育行政复议制度的含义。行政复议制度是我国行政法律制度的重要组成部分，是向公民、法人和其他组织提供行政法律救济的基本渠道之一。教育行政复议，是指教育行政管理相对人认为教育行政机关做出的具体行政行为侵犯其合法权益，向做出该行为机关的上一级教育行政机关或该机关所属的人民政府提出申请，受理申请的行政机关对发生争议的具体行政行为进行复查并做出决定的活动。

(2) 教育行政复议的范围。教育行政复议的范围，是指教育行政复议机关受理行政复议案件的权限和界域，即教育行政相对人对教育行政机关做出的具体行政行为不服，认为侵犯其合法权益而向有关机关申请救济的范围。教育行政复议的范围主要包括以下几种：对教育行政处罚不服的；对教育行政强制措施不服的；对教育行政机关做出的有关许可证、执照、资质证、资格证等证书变更、中止、撤销的决定不服的；对教育行政机关不作为或违法的行为不服的；认为教育行政机关违法集资、征收财物、摊派费用或者违法要求履行其他义务；认为教育行政机关侵犯自己合法的经营自主权的；认为教育行政机关的其他具体行政行为侵犯其合法权益的。

申请复议的人在申请复议时如果认为教育行政机关的具体行政行为所依据的规定不合法，可以一并向行政复议机关提出对该规定的审查申请，但是不能提出对国务院各部委规章和地方人民政府规章的审查，因为规章的审查须依照相关法律、行政法规办理；如果不服教育行政机关做出的行政处分或者其他人事处理规定的，不能申请复议，可以依照有关法律、行政法规的规定提出申诉；如果不服教育行政机关对民事纠纷做出的调解或者其他处理，可以依法申请仲裁或者向人民法院提起诉讼。

其中，行政复议机关是指受理行政复议申请，依法对具体行政行为进行合法性、适当性审查并做出裁决的行政机关。我国并未特设行政复议机关，一般是做出具体行政行为的行政机关的上一级行政机关即为行政复议机关，但是法律法规另有规定时，从其规定。

(3) 教育行政复议的程序。教育行政复议程序基本上分为申请、受理、审理、决定和执行5个步骤。

第一步，申请。申请是指公民、法人或其他组织认为行政机关的具体行政行为侵犯其受到教育法所保护的合法权益，依照法律规定的条件向有关机关提出复议的要求。申请人应以书面形式在60日内提出复议申请。复议申请书应载明下列内容：申请人的自然情况(姓名、性别、年龄、职业、住址等)；被申请人的名称、地址；申请复议的要求和理由；附交有关的物证、书证或复印件；提出申请的日期。

第二步，受理。受理是指教育行政复议机关基于相对人的申请，经审查认为符合法律规定的申请条件，决定立案并准备审理的行为。复议机关决定受理的标志是立案。一旦立案，复议机关必须依法对案件进行审理，复议申请人和被申请人法律地位平等，申请人不得重复申请复议。

第三步，审理。审理是教育行政复议的中心阶段。复议机关应当在受理之日起7日内将复议申请书副本发送被申请人。被申请人在收到复议申请书副本之日起10日内，应向复议机关提交做出该具体行政行为的有关材料或者证据以及答辩书。被申请人逾期不答辩，不影响复议。复议机关根据复议申请书和被申请人提供的材料、证据和答辩书，对原行政执法决定进行审查。通过审查，查明事实真相，确定原行政执法决定是否违法、失当、侵害了申请人的合法权益。行政复议应以书面形式进行，复议机关认为必要时，也可采取其他方式。

第四步，决定。决定是指对案件进行审理后，在判明具体行政行为的合法性、正当性的基础上，有关机关做出相应的裁决。复议机关应在复议期限内(自受理之日起60日内)做出决定。复议决定包括维持决定、补正程序决定、撤销和变更决定、履行职责决定以及赔偿决定。

第五步，执行。复议决定生效后便具有国家强制力，复议双方应自觉履行，否则，将被强制执行。在教育行政复议的过程中，如果行政机关拒绝履行复议决定的，复议机关可以直接或建议有关部门对该行政机关的法定代表人给予行政处分。复议参加人或其他人阻碍复议人员依法执行职务的，在未使用暴力和其他威胁手段的情况下，由公安机关给予行政处罚；在使用暴力或其他威胁手段的情况下，则依法追究其刑事责任。复议机关工作人员失职的，复议机关或有关部门应批评教育或给予行政处分，直至追究刑事责任。

3. 教育行政诉讼制度

(1) 教育行政诉讼制度的含义。行政诉讼是指公民、法人或者其他组织认为行政机关的具体行政行为侵犯其合法权益，依法向人民法院提起诉讼，由人民法院进行审理并做出判决的制度。教育行政诉讼，是指教育行政管理相对人认为教育行政机关或教育法律、法规授权的组织的具体行政行为侵犯其合法权益，依法向人民法院起诉，请求给予法律救济；人民法院对教育行政机关或教育法律、法规授权的组织的具体行政行为的合法性进行审查，维护和监督行政职权的依法行使，矫正或撤销违法侵权的具体行政行为，给予相对人合法权益以保护的法律救济活动。

(2) 教育行政诉讼的范围。在教育行政诉讼中，教育行政案件的涉案范围与教育行政复议的范围极为相似，主要集中在以下几个方面：对教育行政处罚不服；认为符合法定条件申请教育行政机关颁发许可证或执照，教育行政机关拒绝颁发或不予答复的；申请教育行政机关履行保护人身权、财产权的法定职责，教育行政机关拒绝履行或者不予答复的；认为教育行政机关违法要求履行义务的；认为教育行政机关侵犯其人身权、财产权的。

不可诉的行政行为主要包括以下几个方面：教育行政法规、规章或者教育行政机关制定、发布的具有普遍约束力的决定、命令；教育行政机关对行政机关工作人员的奖惩、任免等决定；法律规定由教育行政机关最终裁决的具体行政行为。

(3) 教育行政诉讼的程序。教育行政诉讼的程序包括起诉和受理、审理和判决以及执行三个步骤。

第一步，起诉和受理。起诉是公民、法人或其他组织依法向人民法院提出诉讼请求的诉讼行为，将产生一定的法律后果，因此，必须符合法定的起诉条件。起诉条件是有明确的原告；有明确的被告；有具体的诉讼请求和事实依据；属于人民法院受案范围和受诉人民法院管辖。人民法院在接到起诉状时对符合《行政诉讼法》规定的起诉条件的，应当登记立案。对当场不能判定是否符合本法规定的起诉条件的，人民法院应当接收起诉状，出具注明收到日期的书面凭证，并在7日内决定是否立案。不符合起诉条件的，做出不予立案的裁定。裁定书应当载明不予立案的理由。原告对裁定不服的，可以提起上诉。

第二步，审理和判决。行政诉讼实行两审终审制，二审做出的判决和裁定为终审的判决裁定。如果发现已生效判决确有错误，可以再经审判监督程序予以纠正。人民法院对行政案件做出审理后，根据不同情况做出维持、撤销、履行职责、变更、驳回诉讼请求、确认的不同判决。

第三步，执行。执行是诉讼活动的最后阶段，人民法院对发生法律效力的判决裁定，在义务人逾期不执行时，有权依法采取强制措施，迫使其履行义务。行政诉讼的执行有两种情况：一种情况是当公民、法人或其他组织拒不履行判决、裁定时，行政机关可以向人民法院申请强制执行；另一种情况是当行政机关不履行判决、裁定时，根据另一方当事人的申请，人民法院依法强制执行。

问题思考

1. 教育法的含义是什么？如何理解？
2. 如何理解教育法的作用？
3. 教育执法的三项原则是什么？如何理解？
4. 请结合实例谈一谈你对教育法律责任的理解。

第六章 依法治教

依法治教是依法治国的重要组成部分，已经成为教育发展的基本方略。依法治教就是要把教育管理和办学活动纳入法制轨道，接受法律的调控和处理，进而达到教育发展的理性秩序状态。我国社会日新月异的发展带来了教育环境与教育需求的新变化，对教育事业发展提出了更高的要求。依法治教能够为我国加快推进教育现代化保驾护航，为办好人民满意的教育提供支撑，对于深化教育领域综合改革具有重要而深刻的意义。

第一节　《中华人民共和国教育法》

一、《中华人民共和国教育法》的制定

《中华人民共和国教育法》于1995年3月18日第八届全国人民代表大会第三次会议通过，自1995年9月1日起施行；根据2009年8月27日第十一届全国人民代表大会常务委员会第十次会议《关于修改部分法律的决定》第一次修正；根据2015年12月27日第十二届全国人民代表大会常务委员会第十八次会议《关于修改〈中华人民共和国教育法〉的决定》第二次修正；根据2021年4月29日第十三届全国人民代表大会常务委员会第二十八次会议通过的《全国人民代表大会常务委员会关于修改〈中华人民共和国教育法〉的决定》第三次修正。

《中华人民共和国教育法》(以下简称《教育法》)全文十章共八十六条。《教育法》开篇明义，在第一条就明确"为了发展教育事业，提高全民族的素质，促进社会主义物质文明和精神文明建设，根据宪法，制定本法"。

《教育法》适用于在中华人民共和国境内的各级各类教育。这里首先明确了我国教

育法的地域效力原则适用属地主义，即外国人与无国籍人在我国地域内发生的教育法律关系适用于我国教育法的相关规定；其次，明确了《教育法》的适用范围包括我国境内的各级各类教育，即包括学前教育、义务教育、职业教育、民办教育以及高等教育等，但要注意的是在《教育法》附则部分对一些特殊教育给予特别规定，如军事学校教育由中央军事委员会根据本法的原则规定；宗教学校教育由国务院另行规定；境外的组织和个人在中国境内办学和合作办学的办法，由国务院规定。

《教育法》对我国教育的性质和方针、教育基本制度、各类教育关系主体的法律地位和权利义务、教育与社会的关系、教育投入、教育对外交流与合作、法律责任等做了全面的规定，是规范我国教育工作的基本法律，在我国教育法规体系中处于基本法的地位。

二、我国教育的性质、方针和原则

(一) 我国教育的性质

教育的性质是教育工作的首要问题，对我国教育事业具有决定性的作用。《教育法》第三条规定："国家坚持中国共产党的领导，坚持以马克思列宁主义、毛泽东思想、邓小平理论、'三个代表'重要思想、科学发展观、习近平新时代中国特色社会主义思想为指导，遵循宪法确定的基本原则，发展社会主义的教育事业。"这一规定确认和保障我国教育的社会主义性质，是对我国教育的本质性规定。

(二) 我国教育的方针

教育方针是国家政策的概括，是教育发展的总方向，《教育法》第五条明确规定了我国的教育方针："教育必须为社会主义现代化建设服务、为人民服务，必须与生产劳动和社会实践相结合，培养德智体美劳全面发展的社会主义建设者和接班人。"

(三) 我国教育的原则

为了全面贯彻教育方针，《教育法》还规定了教育活动应当遵循的原则，这些原则是我国全部教育活动都应遵循的最基本的最普遍适用的原则。

第一，教育应当坚持立德树人，对受教育者加强社会主义核心价值观教育，增强受教育者的社会责任感、创新精神和实践能力。国家在受教育者中进行爱国主义、集体主义、中国特色社会主义的教育，进行理想、道德、纪律、法治、国防和民族团结的教育。

第二，教育应当继承和弘扬中华优秀传统文化、革命文化、社会主义先进文化，吸收人类文明发展的一切优秀成果。

第三，教育活动必须符合国家和社会公共利益。

第四，国家实行教育与宗教相分离，任何组织和个人不得利用宗教进行妨碍国家教育制度的活动。

第五，中华人民共和国公民有受教育的权利和义务，公民不分民族、种族、性别、职业、财产状况、宗教信仰等，依法享有平等的受教育机会。

第六，国家根据各少数民族的特点和需要，帮助各少数民族地区发展教育事业，国家扶持边远贫困地区发展教育事业，国家扶持和发展残疾人教育事业。

第七，国家适应社会主义市场经济发展和社会进步的需要，推进教育改革，推动各级各类教育协调发展、衔接融通，完善现代国民教育体系，健全终身教育体系，提高教育现代化水平。

第八，国家采取措施促进教育公平，推动教育均衡发展。

第九，国家支持、鼓励和组织教育科学研究，推广教育科学研究成果，促进教育质量提高。

第十，国家通用语言文字为学校及其他教育机构的基本教育教学语言文字，学校及其他教育机构应当使用国家通用语言文字进行教育教学。民族自治地方以少数民族学生为主的学校及其他教育机构，从实际出发，使用国家通用语言文字和本民族或者当地民族通用的语言文字实施双语教育。国家采取措施，为少数民族学生为主的学校及其他教育机构实施双语教育提供条件和支持。

第十一，国家对发展教育事业做出突出贡献的组织和个人，给予奖励。

三、教育管理体制

(一) 教育行政体制

《教育法》第十四条规定："国务院和地方各级人民政府根据分级管理、分工负责的原则，领导和管理教育工作。"

中等及中等以下教育在国务院领导下，由地方人民政府管理。高等教育由国务院和省、自治区、直辖市人民政府管理。

国务院教育行政部门主管全国教育工作，统筹规划、协调管理全国的教育事业。县级以上地方各级人民政府教育行政部门主管本行政区域内的教育工作。县级以上各级人民政府其他有关部门在各自的职责范围内，负责有关的教育工作。

国务院和县级以上地方各级人民政府应当向本级人民代表大会或者其常务委员会报告教育工作和教育经费预算、决算情况，接受监督。

(二) 学校内部管理体制

《教育法》第三十一条规定："学校及其他教育机构的举办者按照国家有关规定，确定其所举办的学校或者其他教育机构的管理体制。学校及其他教育机构的校长或者主要行政负责人必须由具有中华人民共和国国籍、在中国境内定居并具备国家规定任职条件的公民担任，其任免按照国家有关规定办理。学校的教学及其他行政管理，由校长负责。学校及其他教育机构应当按照国家有关规定，通过以教师为主体的教职工代表大会等组织形式，保障教职工参与民主管理和监督。"

四、教育基本制度

(一) 学校教育制度

学校教育制度简称学制，它规定各级学校的性质、任务、入学条件、修业年限以及它们之间的关系。

《教育法》第十七条规定："国家实行学前教育、初等教育、中等教育、高等教育的学校教育制度。国家建立科学的学制系统。学制系统内的学校和其他教育机构的设置、教育形式、修业年限、招生对象、培养目标等，由国务院或者由国务院授权教育行政部门规定。"《教育法》第十八条规定："国家制定学前教育标准，加快普及学前教育，构建覆盖城乡，特别是农村的学前教育公共服务体系。各级人民政府应当采取措施，为适龄儿童接受学前教育提供条件和支持。"

(二) 义务教育制度

《教育法》第十九条规定："国家实行九年制义务教育制度。各级人民政府采取各种措施保障适龄儿童、少年就学。适龄儿童、少年的父母或者其他监护人以及有关社会组织和个人有义务使适龄儿童、少年接受并完成规定年限的义务教育。"

(三) 职业教育与成人教育制度

职业教育是培养学生从事某种职业或生产劳动所需要的知识和技能的教育，包括职业学校教育、职业培训和职业预备教育。成人教育是通过业余、脱产或半脱产的途径对成年人进行的教育，它是学校教育的延伸与补充，是终身教育的重要部分，其形式多样，如广播电视大学、函授教育等。

《教育法》第二十条规定："国家实行职业教育制度和继续教育制度。各级人民政府、有关行政部门和行业组织以及企业事业组织应当采取措施，发展并保障公民接受职业学校教育或者各种形式的职业培训。国家鼓励发展多种形式的继续教育，使公民接受适当形式的政治、经济、文化、科学、技术、业务等方面的教育,促进不同类型学习成果的互认和衔接,推动全民终身学习。"

(四) 国家教育考试制度

《教育法》第二十一条规定:"国家实行国家教育考试制度。国家教育考试由国务院教育行政部门确定种类,并由国家批准的实施教育考试的机构承办。"

(五) 学业证书制度和学位制度

1. 国家实行学业证书制度

经国家批准设立或者认可的学校及其他教育机构按照国家有关规定,颁发学历证书或者其他学业证书。学业证书是证明学生完成学业情况的凭证,是用人单位衡量持有者知识水平和能力的依据。学业证书有毕业证书、结业证书、肄业证书等。

2. 国家实行学位制度

《教育法》第二十三条规定:"学位授予单位依法对达到一定学术水平或者专业技术水平的人员授予相应的学位,颁发学位证书。"我国的学位分为学士、硕士和博士三个等级。国务院设立学位委员会,负责领导全国的学位授予工作。

除以上制度以外,《教育法》第二十四条与第二十五条还规定了扫除文盲制度、教育督导和教育评估制度。

五、教育法律关系主体的权利义务

《教育法》对各类教育法律关系主体的权利与义务都做了明确的规范,将教育法律关系主体的行为纳入规范化的轨道。《教育法》涉及的教育法律关系主体有学校及其他教育机构、教师与受教育者。教师的权利义务将在《教师法》部分讲解,此处主要阐述学校及其他教育机构和受教育者的权利义务。

(一) 学校及其他教育机构的权利义务

《教育法》规定,国家鼓励企业事业组织、社会团体、其他社会组织及公民个人依法举办学校及其他教育机构。设立学校及其他教育机构,必须具备下列基本条件:有组织机构和章程;有合格的教师;有符合规定标准的教学场所及设施、设备等;有必备的办学资金和稳定的经费来源。学校及其他教育机构具备法人条件的,自批准设立或者登记注册之日起取得法人资格。学校及其他教育机构在民事活动中依法享有民事权利,承担民事责任。

1. 学校及其他教育机构的权利

(1) 按照章程自主管理。章程是指为保证学校正常运行，就办学宗旨、主要任务、内部管理体制及财务活动等重大问题做出自律性的基本文件①。在不违背国家法律的前提下，学校及其他教育机构可以根据章程自主组织实施管理活动，制定具体的管理规章和发展规划，做出管理决策，建立和完善自身的管理系统，全面实施自主管理、自主办学、自我约束，根据社会需要依法办好教育，而不受其他机构的干扰。

(2) 组织实施教育教学活动。学校及其他教育机构按照教育教学活动的统一标准，根据自己的办学宗旨和任务，依据国家主管部门有关教育计划、课程、专业设置等方面的规定，实施教育教学活动，有权决定和实施自己的教学计划，决定具体课程专业发展，决定选用何种教材，决定具体的课时和教学进度，组织教学评比、教学研究、对学生进行考试考核等。

(3) 招收学生或者其他受教育者。招生权是学校的一项基本权利，学校及其他教育机构有权根据自己的办学宗旨、培养目标、规格、发展规划任务及实际办学条件和能力，依据国家有关招生的法律法规的规定，制定本机构的具体招生办法，发布招生广告，决定招生的具体数量和人员，确定招生范围和来源，决定录取与不录取，任何组织和个人都不得非法干涉。

(4) 对受教育者进行学籍管理，实施奖励或者处分。学校及其他教育机构有权根据主管部门的学籍管理规定，针对受教育者的不同层次和类别，制定有关入学与报名注册、考试与成绩、纪律与考勤、休学与复学、转学和退学等管理办法，实施学籍管理活动，同时还有权根据国家有关学生奖励和处分的规定，结合本校的实际，制定具体的奖励与处分办法，并对受教育者实施奖励与处分的管理活动。这里要注意的是，学校对受教育者只有行政处分的权利，但不能进行行政处罚。

(5) 对受教育者颁发相应的学业证书。学校向受教育者颁发学业证书，要遵循公正、公开的原则，并接受主管部门和受教育者的监督。

(6) 聘任教师及其他职工，实施奖励或者处分。学校及其他教育机构根据国家有关教师和其他教职工管理的法律法规、规章和主管部门的规定，从本校的办学条件、办学能力和实际编制情况出发，有权制定教师和其他人员的聘任办法，自主决定聘任、解聘教师和其他职工，签订和依法解除聘任，并有权对教师及其他职工实施奖励和处分等具体管理活动。

(7) 管理、使用本单位的设施和经费。学校及其他教育机构中的国有资产属于国家所有，但学校及其他教育机构对其占有的场地、教师、宿舍、教学设备、设施等和办学经费以及其他有关财产享有管理权和使用权。

(8) 拒绝任何组织和个人对教育教学活动的非法干涉。学校及其他教育机构对来自

---

① 教育部人事司. 教育法制基础[M]. 北京：北京师范大学出版社，2002：79.

行政机关、企事业组织、社会团体及公民个人等任何方面的非法干涉教育教学活动的行为，如抢占校舍场地，侵犯师生的人身安全，随意要求停课加课，各种名目的乱摊派等，有权拒绝和抵制。

(9) 法律、法规规定的其他权利。《教育法》在列举了以上权利后，同时规定"国家保护学校及其他教育机构的合法权益不受侵犯"，这就表明，如果学校及其他教育机构的上述合法权益受到侵犯，国家将通过行政保护、司法保护等手段，保障学校及其他教育机构的正当权益。

【案例分析】

某中学高二学生张某、徐某晚自习后到校门口的小吃店吃点心，这时从外面进来三个满嘴酒气的青年，他们无故寻衅，辱骂殴打这两名学生，将学生从店里赶到店外，追打不放。该中学的副教导主任李老师得知这一情况后，立即与包老师等几位教师前去了解情况。当老师走到学校门前时，两名歹徒纠集了十余人，手持铁棒、木棍冲了过来，将李老师等人打得血流满面，扑倒在地。接着歹徒又闯入学校，闯进宿舍楼，砸毁房门，殴打学生和教师，直到派出所民警闻讯赶来进行干预，才将其控制住。

在案例中，歹徒酗酒闹事，殴打中学师生，打砸学校校舍，不仅触犯了《教育法》，也触犯了刑法，依法应承担刑事责任。学校有权维护正常的教育教学秩序，对扰乱学校教育教学秩序的行为予以坚决制止。

2. 学校及其他教育机构的义务

(1) 遵守法律、法规。学校及其他教育机构作为实施教育教学活动，培养各类人才的社会公益性组织，理当履行遵守法律法规规定的义务。学校及其他教育机构不仅应履行教育法律法规中为学校及其他教育机构设立的特定义务，还应履行一般社会组织所应承担的法律义务。

(2) 贯彻国家的教育方针，执行国家教育教学标准，保证教育教学质量。学校在组织实施教育教学活动的过程中，要保证贯彻国家教育方针和教育标准，走教育与社会实践相结合的道路，全面推行素质教育，努力为社会主义现代化建设培养德智体美劳全面发展的各类人才。学校及其他教育机构如不履行此项义务，做出如片面追求升学率、弃学从商等违背国家方针和国家教育教学标准的违法行为，将会依法承担法律责任。

(3) 维护受教育者、教师及其他职工的合法权益。此项义务一方面要求学校自身不得侵犯受教育者、教师及其他职工的合法权益；另一方面要求学校在其他社会组织和个人侵犯本校受教育者、教师及其他职工合法权益时以合法方式积极协助有关单位进行查处。

(4) 以适当方式为受教育者及其监护人了解受教育者的学业成绩及其他有关情况提供便利。学校不得拒绝受教育者及其监护人行使这一知情权，而应以适当方式，如通过家长会、教师家访、找个别学生谈心等方式提供便利条件，帮助受教育者及其监护人行使这一知情权，但要注意不得侵犯受教育者的隐私权、名誉权等合法权益，不得损害受教育者的身心健康。

(5) 遵照国家有关规定收取费用并公开收费项目。学校及其他教育机构应当按照中央和地方各级政府有关部门的收费规定，确定收取学杂费的具体标准，不得巧立名目乱收费用，更不能以此牟利。

(6) 依法接受监督。学校及其他教育机构应依法接受来自国家权力机关、国家行政机关、国家司法机关的监督，以及来自社会、本校师生员工的监督。只要是依法进行的监督，学校及其他教育机构都应当积极予以配合，不得妨碍监督工作的正常进行。

《教育法》所规定的以上6个方面的义务，对于规范学校及其他教育机构办学行为，促进教育教学活动的实施，提高教育质量有着十分重要的作用。

【案例分析】

某初中2020—2021学年第二学期期末考试结束后，学校做出决定，凡是考试不及格的学生，下学期开始按试读生对待，每人需缴纳试读费80元，否则不让其继续上学。2021—2022学年第二学期，学校又做出决定，各年级组教师可利用节假日为学生补课，并收取补课费，期末考试及格的学生每人需交5元，而不及格的学生每人需交10元，并且对补考学生收取补考费，每科10元。所收费用除学校留存一部分外，其余都作为教师和工作人员劳务费和津贴发放。

在案例中，学生考试不及格属于正常教育教学过程中出现的问题，学校对不及格学生可按规定采取留级或补考措施，但不能收取其他费用。学校向学生收取试读费和补考费以及强制所有学生都参加补课并收取补课费的行为违反了《教育法》以及其他教育法律法规的规定，应退还所收费用，并承担相应的行政法律责任。

(二) 受教育者的权利义务

受教育权是我国公民的一项基本权利，切实保护受教育者的合法权益，是教育法的立法宗旨之一。我国《教育法》保障受教育者在入学、升学、就业等方面平等地享有权利和承担义务。

1. 受教育者的权利

(1) 参加教育教学计划安排的各种活动，使用教育教学设施、设备、图书资料。

(2) 按照国家有关规定获得奖学金、贷学金、助学金。

(3) 在学业成绩和品行上获得公正评价，完成规定的学业后获得相应的学业证书、学位证书。

(4) 对学校给予的处分不服向有关部门提出申诉，对学校、教师侵犯其人身权、财产权等合法权益，提出申诉或者依法提起诉讼。

(5) 法律、法规规定的其他权利。

2. 受教育者应当履行的义务

(1) 遵守法律、法规。

(2) 遵守学生行为规范，尊敬师长，养成良好的思想品德和行为习惯。

(3) 努力学习，完成规定的学习任务。

(4) 遵守所在学校或者其他教育机构的管理制度。

【案例分析】

学生王某上语文课时不注意听讲，发出怪叫声，扰乱课堂秩序。经语文老师多次提醒后，仍不改正其错误行为，还顶撞老师。语文老师于是让其停止上课，离开教室到教导处接受批评教育。

在案例中，王某自己未能履行学生的义务，反而干扰课堂教学秩序，侵犯了其他同学上课的权利。教师让其停止上课，离开教室到教导处接受批评教育，是为了维持正常的课堂教学秩序，是为了保护其他学生上课的权利，是完全合理合法的。

六、违反《中华人民共和国教育法》的法律责任

(一) 违反教育投入及条件保障的法律责任

1. 不按照预算核拨教育经费的

《教育法》规定，违反国家有关规定，不按照预算核拨教育经费的，由同级人民政府限期核拨；情节严重的，对直接负责的主管人员和其他直接责任人员，依法给予处分。

2. 挪用、克扣教育经费的

《教育法》规定，违反国家财政制度、财务制度，挪用、克扣教育经费的，由上级机关责令限期归还被挪用、克扣的经费，并对直接负责的主管人员和其他直接责任人员，依法给予处分；构成犯罪的，依法追究刑事责任。

3. 违反国家有关规定，向学校或者其他教育机构收取费用的

《教育法》规定，违反国家有关规定，向学校或者其他教育机构收取费用的，由政府责令退还所收费用；对直接负责的主管人员和其他直接责任人员，依法给予处分。

4. 学校及其他教育机构违反国家有关规定向受教育者收取费用的

《教育法》规定，学校及其他教育机构违反国家有关规定向受教育者收取费用的，

由教育行政部门或者其他有关行政部门责令退还所收费用;对直接负责的主管人员和其他直接责任人员,依法给予处分。

(二) 违反有关教育教学活动的法律责任

1. 扰乱学校及其他教育机构教育教学秩序,破坏或侵占学校财产的

《教育法》规定,结伙斗殴、寻衅滋事,扰乱学校及其他教育机构教育教学秩序或者破坏校舍、场地及其他财产的,由公安机关给予治安管理处罚;构成犯罪的,依法追究刑事责任。侵占学校及其他教育机构的校舍、场地及其他财产的,依法承担民事责任。

2. 明知校舍或者教育教学设施有危险,而不采取措施,造成人员伤亡或者重大财产损失的

《教育法》规定,明知校舍或者教育教学设施有危险,而不采取措施,造成人员伤亡或者重大财产损失的,对直接负责的主管人员和其他直接责任人员,依法追究刑事责任。

【案例分析】

某地一所山村小学,由于经费短缺,学校的校舍年久失修,损坏严重,已成危房。上级主管部门为了解决这一问题,为其专门拨出经费2万元,用于该校完善整修校舍,给孩子们一个安全的学习环境。而校长李某却动了私心,把整修危房的专用款项为自己修建了房屋。在一个阴雨天,校舍倒塌,造成严重后果,致使3名学生和当时上课的1名教师死亡,10人受伤。案发后,引起了上级有关部门的高度重视,并对其立案审判。

在案例中,李校长的行为兼有侵占教育经费与玩忽职守的性质,且情节严重,同时李校长明知校舍或者教育教学设施有危险,而不采取措施,造成校舍倒塌,3名学生和1名教师死亡,10人受伤的严重后果。根据《教育法》第七十一条第二款与第七十三条规定以及《刑法》相关规定,数罪并罚从重判处他有期徒刑20年,没收一切非法所得。同时死亡及受伤的师生可以一并提起刑事附带民事诉讼,获得相应的经济赔偿。

(三) 违反有关教育基本制度的法律责任

1. 违反国家有关规定,举办学校或者其他教育机构的

《教育法》规定,违反国家有关规定,举办学校或者其他教育机构的,由教育行政部门或者其他有关行政部门予以撤销;有违法所得的,没收违法所得;对直接负责的主管人员和其他直接责任人员,依法给予处分。

2. 在招生工作中徇私舞弊的

《教育法》规定,学校或者其他教育机构违反国家有关规定招收学生的,由教育行政部门或者其他有关行政部门责令退回招收的学生，退还所收费用；对学校、其他教育机构给予警告，可以处违法所得5倍以下罚款；情节严重的，责令停止相关招生资格1年以上3年以下，直至撤销招生资格、吊销办学许可证；对直接负责的主管人员和其他直接责任人员，依法给予处分；构成犯罪的，依法追究刑事责任。在招收学生工作中滥用职权、玩忽职守、徇私舞弊的，由教育行政部门或者其他有关行政部门责令退回招收的不符合入学条件的人员；对直接负责的主管人员和其他直接责任人员，依法给予处分；构成犯罪的，依法追究刑事责任。

在2021年的《教育法》修正案中对于在招生工作过程中盗用、冒用他人身份，顶替他人取得入学资格的法律责任做出进一步的明确规定。根据规定，盗用、冒用他人身份，顶替他人取得的入学资格的，由教育行政部门或者其他有关行政部门责令撤销入学资格，并责令停止参加相关国家教育考试2年以上5年以下；已经取得学位证书、学历证书或者其他学业证书的，由颁发机构撤销相关证书；已经成为公职人员的，依法给予开除处分；构成违反治安管理行为的，由公安机关依法给予治安管理处罚；构成犯罪的，依法追究刑事责任。与他人串通，允许他人冒用本人身份，顶替本人取得的入学资格的，由教育行政部门或者其他有关行政部门责令停止参加相关国家教育考试1年以上3年以下；有违法所得的，没收违法所得；已经成为公职人员的，依法给予处分；构成违反治安管理行为的，由公安机关依法给予治安管理处罚；构成犯罪的，依法追究刑事责任。组织、指使盗用或者冒用他人身份，顶替他人取得的入学资格的，有违法所得的，没收违法所得；属于公职人员的，依法给予处分；构成违反治安管理行为的，由公安机关依法给予治安管理处罚；构成犯罪的，依法追究刑事责任。入学资格被顶替权利受到侵害的，可以请求恢复其入学资格。

3. 在考试工作中徇私舞弊的

考生在国家教育考试中有非法获取考试试题或者答案的，携带或者使用考试作弊器材、资料的，抄袭他人答案的，让他人代替自己参加考试的以及其他以不正当手段获得考试成绩的作弊行为的，由组织考试的教育考试机构工作人员在考试现场采取必要措施予以制止并终止其继续参加考试；组织考试的教育考试机构可以取消其相关考试资格或者考试成绩；情节严重的，由教育行政部门责令停止参加相关国家教育考试1年以上3年以下；构成违反治安管理行为的，由公安机关依法给予治安管理处罚；构成犯罪的，依法追究刑事责任。

任何组织或者个人在国家教育考试中有组织作弊的，通过提供考试作弊器材等方式为作弊提供帮助或者便利的，代替他人参加考试的，在考试结束前泄露、传播考试试题或者答案的以及其他扰乱考试秩序的行为，有违法所得的，由公安机关没收违法所得，并处违法所得1倍以上5倍以下罚款；情节严重的，处5日以上15日以下拘留；构成犯罪的，依法追究刑事责任；属于国家机关工作人员的，还应当依法给予处分。

《教育法》规定,举办国家教育考试,教育行政部门、教育考试机构疏于管理,造成考场秩序混乱、作弊情况严重的,对直接负责的主管人员和其他直接责任人员,依法给予处分;构成犯罪的,依法追究刑事责任。

4. 违法制造、销售、颁发或获得学位证书、学历证书或者其他学业证书的

《教育法》规定,学校或者其他教育机构违反本法规定,颁发学位证书、学历证书或者其他学业证书的,由教育行政部门或者其他有关行政部门宣布证书无效,责令收回或者予以没收;有违法所得的,没收违法所得;情节严重的,责令停止相关招生资格1年以上3年以下,直至撤销招生资格、颁发证书资格;对直接负责的主管人员和其他直接责任人员,依法给予处分。前款规定以外的任何组织或者个人制造、销售、颁发假冒学位证书、学历证书或者其他学业证书,构成违反治安管理行为的,由公安机关依法给予治安管理处罚;构成犯罪的,依法追究刑事责任。以作弊、剽窃、抄袭等欺诈行为或者其他不正当手段获得学位证书、学历证书或者其他学业证书的,由颁发机构撤销相关证书。购买、使用假冒学位证书、学历证书或者其他学业证书,构成违反治安管理行为的,由公安机关依法给予治安管理处罚。

【案例分析】

村民李某从2019年9月开始,在无组织机构和章程、无合格教师、无标准教学场所、无必备办学资金和稳定经济来源的情况下,未经县教育行政部门批准,以营利为目的,在其住所办起了家庭辅导学习室,后改名为"蒲江书院"。据初步调查,从2019年下学期至2021年上学期四个学期,李某共向学生收取75 380元,除去4个学期支出部分,李某私人办学违法所得达25 000元。对李某以营利为目的的非法办学行为,县教育局于2020年4月和2021年4月两次发文责成李某停办,但李某置若罔闻,拒不执行。因此,县教育局于2021年4月中旬申请县人民法院强制执行,人民法院于5月4日依照法律程序对李某私人办学实行强制执行。

在此案例中,李某的学校是在"四无"的情况下举办的,以营利为目的,并且没有履行法定程序获得教育行政管理部门的批准,违反了《教育法》第二十五条和第七十五条的规定,应由教育行政部门撤销其所办的教学机构并没收违法所得。

(四) 侵犯教育法律关系主体合法权益的法律责任

违反《教育法》规定,侵犯教师、受教育者、学校或者其他教育机构的合法权益,造成损失、损害的,应当依法承担民事责任。

【案例分析】

某校校长发现学校东边围墙被扒开一个豁口,学校有一块面积约20m²的空地被周围住户丁某占为房基地,且打下了地基。校长领人前去查看,丁某毫不掩饰,并称此地原为其祖宅。校长组织了几个人去丁某家再次交涉，希望他能够停止侵占学校土地，并出示当年建校图纸，足以证明该地为学校所有。但丁某妻子当即又哭又闹，并操起凳子向校长打去。校长在扭打之中头部受伤。校长回到学校后向当地派出所报了案，要求对丁某非法侵占、破坏学校场地、围墙的行为予以处罚，并责令其赔偿学校损失，对丁某和丁某妻子故意伤害他人的行为予以治安管理处罚，并应赔偿被害人医疗费用。公安机关通过取证、调查，依法对学校提出的要求进行了及时处理。

在案例中，学校对其占有的场地依法享有使用权，并受国家保护，任何个人和组织都不得非法侵占。该校校长依据事实和法律，通过当地公安机关使丁某夫妇侵占学校用地，毁坏学校财产，打伤校长的种种违法行为受到法律制裁，学校和教师的合法权益得到保障，其做法是适当的。

第二节　《中华人民共和国义务教育法》

一、《中华人民共和国义务教育法》的制定

《中华人民共和国义务教育法》(以下简称《义务教育法》)是为了保障适龄儿童、少年接受义务教育的权利，保证义务教育的实施，提高全民族素质，根据宪法和教育法而制定的。

《义务教育法》于1986年4月12日由第六届全国人民代表大会第四次会议通过，1986年7月1日起施行。2006年6月29日，第十届全国人民代表大会常务委员会第二十二次会议修订，自2006年9月1日起施行新的《义务教育法》。之后根据2015年4月24日第十二届全国人民代表大会常务委员会第十四次会议《关于修改〈中华人民共和国义务教育法〉等五部法律的决定》第一次修正，根据2018年12月29日第十三届全国人民代表大会常务委员会第七次会议《关于修改〈中华人民共和国产品质量法〉等五部法律的决定》第二次修正。《义务教育法》共八章六十三条，对学龄儿童就学、教育、教学、保障、管理与监督等方面做出了明确的规定，同时也对国家、社会、学校、家长的权利义务及法律责任做出了明确的规定。

《义务教育法》是促进和保障我国基础教育健康发展的基本法，它的颁布标志着我国基础教育进入了一个新的历史阶段，对于落实教育优先发展的战略地位，提高全民族的基本素质，具有十分重要的意义。

二、义务教育的基本制度

义务教育是国家统一实施的所有适龄儿童、少年必须接受的教育,是国家必须予以保障的公益性事业。

我国《义务教育法》规定,国家实行九年义务教育制度。实施义务教育,不收学费、杂费。国家建立义务教育经费保障机制,保证义务教育制度实施。

《义务教育法》规定,凡具有中华人民共和国国籍的适龄儿童、少年,不分性别、民族、种族、家庭财产状况、宗教信仰等,依法享有平等接受义务教育的权利,并履行接受义务教育的义务。各级人民政府及其有关部门应当履行本法规定的各项职责,保障适龄儿童、少年接受义务教育的权利。适龄儿童、少年的父母或者其他法定监护人应当依法保证其按时入学接受并完成义务教育。依法实施义务教育的学校应当按照规定标准完成教育教学任务,保证教育教学质量。社会组织和个人应当为适龄儿童、少年接受义务教育创造良好的环境。国务院和县级以上地方人民政府应当合理配置教育资源,促进义务教育均衡发展,改善薄弱学校的办学条件,并采取措施,保障农村地区、民族地区实施义务教育,保障家庭经济困难的和残疾的适龄儿童、少年接受义务教育。国家组织和鼓励经济发达地区支援经济欠发达地区实施义务教育。

《义务教育法》对义务教育管理体制所涉及的领导、执行、管理等问题进行了规定。义务教育实行国务院领导,省、自治区、直辖市人民政府统筹规划实施,县级人民政府为主管理的体制。县级以上人民政府教育行政部门具体负责义务教育实施工作;县级以上人民政府其他有关部门在各自的职责范围内负责义务教育实施工作。

《义务教育法》对于我国义务教育执行情况的保障制度进行了详细的规定。人民政府教育督导机构对义务教育工作执行法律法规情况、教育教学质量以及义务教育均衡发展状况等进行督导,督导报告向社会公布。任何社会组织或者个人有权对违反本法的行为向有关国家机关提出检举或者控告。发生违反本法的重大事件,妨碍义务教育实施,造成重大社会影响的,负有领导责任的人民政府或者人民政府教育行政部门负责人应当引咎辞职。同时,为激励义务教育的实际执行者,对在义务教育实施工作中做出突出贡献的社会组织和个人,各级人民政府及其有关部门按照有关规定给予表彰、奖励。

三、义务教育的就学制度

(一)入学年龄与入学条件

《义务教育法》规定了义务教育阶段儿童的入学年龄:"凡年满六周岁的儿童,其父母或者其他法定监护人应当送其入学接受并完成义务教育;条件不具备的地区的儿童,可以推迟到七周岁。"同时规定:"适龄儿童、少年因身体状况需要延缓入学或者休学的，其父母或者其他法定监护人应当提出申请，由当地乡镇人民政府或者县级人民政府教育行政部门批准。"

《义务教育法》规定了义务教育的入学条件："适龄儿童、少年免试入学。地方各级人民政府应当保障适龄儿童、少年在户籍所在地学校就近入学。"

(二) 入学保障机构

《义务教育法》规定了儿童入学接受义务教育的入学保障机构。县级人民政府教育行政部门和乡镇人民政府组织和督促适龄儿童、少年入学，帮助解决适龄儿童、少年接受义务教育的困难，采取措施防止适龄儿童、少年辍学。居民委员会和村民委员会协助政府做好工作，督促适龄儿童、少年入学。

《义务教育法》对于儿童、少年义务教育入学的几种特殊情况的保障机构也做出了具体规定。对于父母或者其他法定监护人在非户籍所在地工作或者居住的适龄儿童、少年，在其父母或者其他法定监护人工作或者居住地接受义务教育的，当地人民政府应当为其提供平等接受义务教育的条件，具体办法由省、自治区、直辖市规定；对于军人子女接受义务教育的，县级人民政府教育行政部门对本行政区域内的军人子女予以保障；对于根据国家有关规定经批准招收进行文艺、体育等专业训练的适龄儿童、少年接受义务教育的，由招收进行文艺、体育等专业训练的适龄儿童、少年的社会组织，应当保证所招收的适龄儿童、少年接受义务教育；自行实施义务教育的，应当经县级人民政府教育行政部门批准。

【案例分析】

在北京通州区里二泗村里有一个特殊的小院。小院门口并没有悬挂任何牌匾，院内有一栋三层小楼，从外表看就是普通民宅，事实上这是一家"读经"书院。在这个"读经"书院，有4岁至18岁年龄不等的近20名孩子在此处"读经"。自称负责人的老师介绍说："都是全日制，吃住都在书院，每天要读经8~9个小时。孩子在书院读经，按年收费，一年一次性交齐4.2万元，包括孩子在书院的吃住费用。"

从教学安排、制度设计等方面看，这类全日制"读经班"，有4点明显违反了现行法律法规。首先，这些全日制"读经班"，招收义务教育适龄儿童，排斥数理化等学科类课程，违反了《义务教育法》中"凡具有中华人民共和国国籍的适龄儿童、少年，不分性别、民族、种族、家庭财产状况、宗教信仰等，依法享有平等接受义务教育的权利，并履行接受义务教育的义务"的规定。其次，"学费按照年付"违反了《北京市民办非学历教育培训机构设置管理规定》中"不得一次收取时间跨度超过3个月的费用"的要求。第三，"读经班"的教学场地违反了《北京市民办非学历教育培训机构设置管理规定》对场所条件的要求，即必须具有符合安全条件的固定场所，场所的房屋产权清楚，如系租赁，应签署3年及以上的有效协议(或合同)；如举办者自有场所，应提供办学场所的房屋产权证明材料，不得使用居民住宅、地下室作为办学场所。第四，"读经班"的教师资格问题，违反了《北京市民办教育培训机构办学标准(暂行)》中对民办教育培训机构教师从业情况的明确规定，即专兼职教师必须具有教师资格或相关职业资格证书或职业技能等级证书，而"读经班"的教师却没有任何资质。这种社会培训机构以"国学班""读经班""私塾"等形式替代义务教育属于非法办学行为，将被依法追究法律责任。

四、实施义务教育的条件保障

(一) 制度保障

在学校设置规划方面，《义务教育法》规定，县级以上地方人民政府根据本行政区域内居住的适龄儿童、少年的数量和分布状况等因素，按照国家有关规定，制定、调整学校设置规划。新建居民区需要设置学校的，应当与居民区的建设同步进行。县级人民政府根据需要设置寄宿制学校，保障居住分散的适龄儿童、少年入学接受义务教育。县级以上人民政府及其教育行政部门应当促进学校均衡发展，缩小学校之间办学条件的差距，不得将学校分为重点学校和非重点学校。学校不得分设重点班和非重点班。县级以上人民政府及其教育行政部门不得以任何名义改变或者变相改变公办学校的性质。

对于少数民族儿童、少年义务教育问题，《义务教育法》规定，国务院教育行政部门和省、自治区、直辖市人民政府根据需要，在经济发达地区设置接收少数民族适龄儿童、少年的学校(班)。

对于特殊儿童、少年的义务教育问题，《义务教育法》第十九条、第二十条、第二十一条针对不同情况做出具体规定，县级以上地方人民政府根据需要设置相应的实施特殊教育的学校(班)，对视力残疾、听力语言残疾和智力残疾的适龄儿童、少年实施义务教育。特殊教育学校(班)应当具备适应残疾儿童、少年学习、康复、生活特点的场所和设施。普通学校应当接收具有接受普通教育能力的残疾适龄儿童、少年随班就读，并为其学习、康复提供帮助。

【资料卡片】

为贯彻落实《教育部 国家发展改革委 财政部关于深入推进义务教育薄弱环节改善与能力提升工作的意见》教育部、国家发展改革委、财政部决定组织开展2021—2025年"能力提升"项目规划编制工作，其主要工作包括以下三方面内容。

(1) 优先补齐农村义务教育办学条件短板。按照统一城乡义务教育学校建设标准和基本装备配置标准的要求，全面梳理农村义务教育学校办学条件缺口，补齐影响学校教学、生活和安全的基本办学条件；着力改善高寒高海拔地区取暖条件，大力改善学校寄宿条件，重点满足偏远地区学生和留守儿童的寄宿需求，根据需要建设心理咨询室、图书室等功能教室，建设乡村温馨校园；继续改善规划保留的乡村小规模学校办学条件，多种方式保障学校开齐开足国家规定课程；统筹考虑规划易地扶贫搬迁教育配套设施建设，保障义务教育就近入学需求。

(2) 切实扩大城镇学位供给。充分考虑地区经济社会发展水平、城镇化进程和人口流动变化趋势，结合义务教育发展需求，科学规划义务教育学校布局，加大人口聚集的城市、县城学校规划建设力度，切实增加城镇学位供给，巩固化解大班额成果；合理确定学校办学规模，原则上不得新建超大规模学校。

(3) 稳步提升育人保障能力。建设必要的体育、美育场地和劳动教育场(所)，配齐设施设备，加强校园文化建设，发挥校园环境育人功能；稳妥推进教育信息化发展，支持专递课堂、名师课堂和名校网络课堂建设，提高信息化设备使用效率，促进信息技术与教育教学融合应用，加快缩小城乡、区域、校际差距。

资料来源：节选自《教育部办公厅 国家发展改革委办公厅 财政部办公厅关于编制义务教育薄弱环节改善与能力提升项目规划(2021—2025年)的通知》

(二) 安全保障

《义务教育法》规定，学校建设应当符合国家规定的办学标准，适应教育教学需要；应当符合国家规定的选址要求和建设标准，确保学生和教职工安全。各级人民政府及其有关部门依法维护学校周边秩序，保护学生、教师、学校的合法权益，为学校提供安全保障。学校应当建立、健全安全制度和应急机制，对学生进行安全教育，加强管理，及时消除隐患，预防发生事故。县级以上地方人民政府定期对学校校舍安全进行检查；对需要维修、改造的，及时予以维修、改造。学校不得聘用曾经因故意犯罪被依法剥夺政治权利或者其他不适合从事义务教育工作的人担任工作人员。

(三) 经费保障

1. 经费来源

《义务教育法》规定，国家将义务教育全面纳入财政保障范围，义务教育经费由国务院和地方各级人民政府依照本法规定予以保障。国务院和地方各级人民政府将义务教育经费纳入财政预算，按照教职工编制标准、工资标准和学校建设标准、学生人均公用经费标准等，及时足额拨付义务教育经费，确保学校的正常运转和校舍安全，确保教职工工资按照规定发放。义务教育经费保障的具体办法由国务院规定。

《义务教育法》第四十四条规定："义务教育经费投入实行国务院和地方各级人

民政府根据职责共同负担,省、自治区、直辖市人民政府负责统筹落实的体制。农村义务教育所需经费,由各级人民政府根据国务院的规定分项目、按比例分担。各级人民政府对家庭经济困难的适龄儿童、少年免费提供教科书并补助寄宿生生活费。"《义务教育法》第四十五条规定:"地方各级人民政府在财政预算中将义务教育经费单列。县级人民政府编制预算,除向农村地区学校和薄弱学校倾斜外,应当均衡安排义务教育经费。"《义务教育法》第四十六条规定:"国务院和省、自治区、直辖市人民政府规范财政转移支付制度,加大一般性转移支付规模和规范义务教育专项转移支付,支持和引导地方各级人民政府增加对义务教育的投入。地方各级人民政府确保将上级人民政府的义务教育转移支付资金按照规定用于义务教育。"

除此之外,《义务教育法》还规定,国务院和县级以上地方人民政府根据实际需要,设立专项资金,扶持农村地区、民族地区实施义务教育。并且国家鼓励社会组织和个人向义务教育捐赠,鼓励按照国家有关基金会管理的规定设立义务教育基金。

义务教育投入是义务教育实施的经济基础与重要保障,没有相应经费的保障就无法实现义务教育的顺利执行。因此,《义务教育法》规定,义务教育经费严格按照预算规定用于义务教育;任何组织和个人不得侵占、挪用义务教育经费,不得向学校非法收取或者摊派费用;要严肃义务教育经费的监管制度,规定县级以上人民政府建立健全义务教育经费的审计监督和统计公告制度。

2. 财政拨款

对于义务教育财政拨款的比例问题,《义务教育法》也做了明确规定:"国务院和地方各级人民政府用于实施义务教育财政拨款的增长比例应当高于财政经常性收入的增长比例,保证按照在校学生人数平均的义务教育费用逐步增长,保证教职工工资和学生人均公用经费逐步增长。"这就是我们平常所说的"三个增长"原则,保证了教育拨款的增长速度适度超前于经济发展速度,在于经济发展相协调的同时,实现教育对经济社会发展的促进作用。

《义务教育法》对于财政拨款的人均公用费用的基本标准也做出了规定:"学校的学生人均公用经费基本标准由国务院财政部门会同教育行政部门制定,并根据经济和社会发展状况适时调整。制定、调整学生人均公用经费基本标准,应当满足教育教学基本需要。省、自治区、直辖市人民政府可以根据本行政区域的实际情况,制定不低于国家标准的学校学生人均公用经费标准。特殊教育学校(班)学生人均公用经费标准应当高于普通学校学生人均公用经费标准。"

(四) 职责保障

在学校管理职责方面,《义务教育法》规定,学校实行校长负责制。校长应当符合国家规定的任职条件,由县级人民政府教育行政部门依法聘任。《义务教育法》还规定,学校不得违反国家规定收取费用;不得以向学生推销或者变相推销商品、服务等方式谋取利益；对违反学校管理制度的学生，学校应当予以批评教育，不得开除。

在教师教育职责方面，《义务教育法》规定，教师在教育教学中应当平等对待学生，关注学生的个体差异，因材施教，促进学生的充分发展。教师应当尊重学生的人格，不得歧视学生，不得对学生实施体罚、变相体罚或者其他侮辱人格尊严的行为，不得侵犯学生合法权益。

(五) 师资保障

建设高质量的稳定的师资队伍是实施义务教育的根本保证。《义务教育法》规定，教师应当取得国家规定的教师资格。国家建立统一的义务教育教师职务制度，并对义务教育阶段的师资培养与建设进行了具体的规定。

在教师的培养与管理方面，《义务教育法》规定，县级以上人民政府应当加强教师培养工作，采取措施发展教师教育。县级人民政府教育行政部门应当均衡配置本行政区域内学校师资力量，组织校长、教师的培训和流动，加强对薄弱学校的建设。国务院和地方各级人民政府鼓励和支持城市学校教师和高等学校毕业生到农村地区、民族地区从事义务教育工作。国家鼓励高等学校毕业生以志愿者的方式到农村地区、民族地区缺乏教师的学校任教。县级人民政府教育行政部门依法认定其教师资格，其任教时间计入工龄。

在教师的相关待遇方面，《义务教育法》规定，各级人民政府保障教师工资福利和社会保险待遇，改善教师工作和生活条件；完善农村教师工资经费保障机制。教师的平均工资水平应当不低于当地公务员的平均工资水平。特殊教育教师享有特殊岗位补助津贴。在民族地区和边远贫困地区工作的教师享有艰苦贫困地区补助津贴。

【资料卡片】

2020年，全国2846个区县均承诺实现"义务教育教师平均工资收入水平不低于当地公务员平均工资收入水平"目标。各地落实了这一承诺，正式建立教师工资经费保障的长效机制和义务教育教师工资收入随当地公务员待遇调整的联动机制。

资料来源：王鹏. 教育部：乡村教师生活补助政策深入实施[EB/OL]. (2021-09-08)[2022-02-20]. https://m.gmw.cn/baijia/2021/09/1302562226.html.

五、义务教育的教育教学

(一) 义务教育教学的总体要求

《义务教育法》第三条对义务教育阶段的教育教学做出了总体规定："义务教育必

须贯彻国家的教育方针,实施素质教育,提高教育质量,使适龄儿童、少年在品德、智力、体质等方面全面发展,为培养有理想、有道德、有文化、有纪律的社会主义建设者和接班人奠定基础。"《义务教育法》第三十四条进一步规定:"教育教学工作应当符合教育规律和学生身心发展特点,面向全体学生,教书育人,将德育、智育、体育、美育等有机统一在教育教学活动中,注重培养学生独立思考能力、创新能力和实践能力,促进学生全面发展。"

(二) 义务教育教学的具体要求

《义务教育法》第三十五条规定:"国务院教育行政部门根据适龄儿童、少年身心发展的状况和实际情况,确定教学制度、教育教学内容和课程设置,改革考试制度,并改进高级中等学校招生办法,推进实施素质教育。学校和教师按照确定的教育教学内容和课程设置开展教育教学活动,保证达到国家规定的基本质量要求。国家鼓励学校和教师采用启发式教育等教育教学方法,提高教育教学质量。"

【资料卡片】

义务教育质量评价包括县域、学校、学生三个层面,三者紧紧围绕贯彻党的教育方针,以促进学生全面发展为目标,各有侧重、相互衔接、内在统一,构成完整的义务教育质量评价体系。

(1) 县域义务教育质量评价,主要包括价值导向、组织领导、教学条件、教师队伍、均衡发展等五个方面重点内容,旨在促进地方党委政府坚持社会主义办学方向,加强对义务教育工作的领导,履行举办义务教育职责,促进县域义务教育优质均衡发展。

(2) 学校办学质量评价,主要包括办学方向、课程教学、教师发展、学校管理、学生发展等五个方面重点内容,旨在促进学校落实德智体美劳全面培养要求,深入实施素质教育,充分激发办学活力,不断提高办学水平和育人质量。

(3) 学生发展质量评价,主要包括学生品德发展、学业发展、身心发展、审美素养、劳动与社会实践等五个方面重点内容,旨在促进学生德智体美劳全面发展,培养适应终身发展和社会发展需要的正确价值观、必备品格和关键能力。

资料来源:中华人民共和国教育部.义务教育质量评价指南[Z]. 2021-03-01.

《义务教育法》在第三十六条规定了德育在学校教育教学中的重要地位,明确学校应当把德育放在首位,寓德育于教育教学之中,开展与学生年龄相适应的社会实践活动,形成学校、家庭、社会相互配合的思想道德教育体系,促进学生养成良好的思想品德和行为习惯。

《义务教育法》还规定:"学校应当保证学生的课外活动时间,组织开展文化娱乐等课外活动。社会公共文化体育设施应当为学校开展课外活动提供便利。"

(三) 义务教育教科书要求

《义务教育法》第三十八条规定:"教科书根据国家教育方针和课程标准编写,内容力求精简,精选必备的基础知识、基本技能,经济实用,保证质量。国家机关工作人员和教科书审查人员,不得参与或者变相参与教科书的编写工作。"同时第三十九条规定:"国家实行教科书审定制度。教科书的审定办法由国务院教育行政部门规定。未经审定的教科书,不得出版、选用。"

六、违反《中华人民共和国义务教育法》的法律责任

我国《义务教育法》第五十一条至第六十条对违反《义务教育法》的行为进行了法律约制,并根据违法的性质和情节严重程度,规定了相应行政、民事和刑事法律责任。

(一) 国务院有关部门和地方各级人民政府违反《义务教育法》的法律责任

《义务教育法》第五十一条规定:"国务院有关部门和地方各级人民政府违反本法第六章的规定,未履行对义务教育经费保障职责的,由国务院或者上级地方人民政府责令限期改正;情节严重的,对直接负责的主管人员和其他直接责任人员依法给予行政处分。"第五十四条规定:"有下列情形之一的,由上级人民政府或者上级人民政府教育行政部门、财政部门、价格行政部门和审计机关根据职责分工责令限期改正;情节严重的,对直接负责的主管人员和其他直接责任人员依法给予处分:(一)侵占、挪用义务教育经费的;(二)向学校非法收取或者摊派费用的。"

《义务教育法》第五十二条规定:"县级以上地方人民政府有下列情形之一的,由上级人民政府责令限期改正;情节严重的,对直接负责的主管人员和其他直接责任人员依法给予行政处分:(一)未按照国家有关规定制定、调整学校的设置规划的;(二)学校建设不符合国家规定的办学标准、选址要求和建设标准的;(三)未定期对学校校舍安全进行检查,并及时维修、改造的;(四)未依照本法规定均衡安排义务教育经费的。"

《义务教育法》第五十三条规定:"县级以上人民政府或者其教育行政部门有下列情形之一的,由上级人民政府或者其教育行政部门责令限期改正、通报批评;情节严重的,对直接负责的主管人员和其他直接责任人员依法给予行政处分:(一)将学校分为重点学校和非重点学校的;(二)改变或者变相改变公办学校性质的。县级人民政府教育行政部门或者乡镇人民政府未采取措施组织适龄儿童、少年入学或者防止辍学的,依照前款规定追究法律责任。"

(二) 学校或者教师违反《义务教育法》的法律责任

《义务教育法》第五十五条规定:"学校或者教师在义务教育工作中违反教育法、

教师法规定的，依照教育法、教师法的有关规定处罚。"

《义务教育法》第五十六条对于学校及其他人员在义务教育教学过程中违法牟利行为的法律责任进行规定："学校违反国家规定收取费用的，由县级人民政府教育行政部门责令退还所收费用；对直接负责的主管人员和其他直接责任人员依法给予处分。学校以向学生推销或者变相推销商品、服务等方式谋取利益的，由县级人民政府教育行政部门给予通报批评；有违法所得的，没收违法所得；对直接负责的主管人员和其他直接责任人员依法给予处分。国家机关工作人员和教科书审查人员参与或者变相参与教科书编写的，由县级以上人民政府或者其教育行政部门根据职责权限责令限期改正，依法给予行政处分；有违法所得的，没收违法所得。"

《义务教育法》第五十七条规定："学校有下列情形之一的，由县级人民政府教育行政部门责令限期改正；情节严重的，对直接负责的主管人员和其他直接责任人员依法给予处分：(一)拒绝接收具有接受普通教育能力的残疾适龄儿童、少年随班就读的；(二)分设重点班和非重点班的；(三)违反本法规定开除学生的；(四)选用未经审定的教科书的。"

(三) 其他人员违反《义务教育法》的法律责任

对于违反适龄儿童、少年就学条款的，《义务教育法》第五十八条规定："适龄儿童、少年的父母或者其他法定监护人无正当理由未依照本法规定送适龄儿童、少年入学接受义务教育的，由当地乡镇人民政府或者县级人民政府教育行政部门给予批评教育，责令限期改正。"

【案例分析】

村民李某家有一子一女，都达到了法定入学年龄。但李某有非常严重的重男轻女思想，只让9岁的儿子上学，他的女儿则被留在家里帮助干农活。村委会干部多次劝说李某将女儿送到学校去读书，都被李某以自家事不用他人来管为由而拒绝。他的女儿非常渴望上学读书，为上学的事儿跟李某哭闹过多次，并经常偷偷溜到村办小学的教室外听课。小学校长张某发现此事后，亲自到李某家里做工作，劝告李某，国家法律规定子女有受教育的权利，不让孩子上学是犯法的，必须送孩子到学校读书，否则会受到法律的制裁。李某对张校长的劝告不予理睬，反怪他多管闲事，坚决不送女儿到学校读书。

在案例中，李某之女已达到法定入学年龄，李某不让其上学的做法是违反宪法、义务教育法、义务教育法实施细则的规定的。本案中，李某在小学校长张某劝说之下仍不送其女儿到学校读书，态度恶劣，他的行为侵犯了其女儿的受教育权，按照我国法律的规定应当追究他的法律责任。

同时,《义务教育法》第五十九条规定:"有下列情形之一的,依照有关法律、行政法规的规定予以处罚:(一)胁迫或者诱骗应当接受义务教育的适龄儿童、少年失学、辍学的;(二)非法招用应当接受义务教育的适龄儿童、少年的;(三)出版未经依法审定的教科书的。"

【拓展阅读】

关于进一步减轻义务教育阶段学生作业负担和校外培训负担的意见

一、总体要求

1. 指导思想

坚持以习近平新时代中国特色社会主义思想为指导,全面贯彻党的教育方针,落实立德树人根本任务,着眼建设高质量教育体系,强化学校教育主阵地作用,深化校外培训机构治理,坚决防止侵害群众利益行为,构建教育良好生态,有效缓解家长焦虑情绪,促进学生全面发展、健康成长。

2. 工作原则

坚持学生为本、回应关切,遵循教育规律,着眼学生身心健康成长,保障学生休息权利,整体提升学校教育教学质量,积极回应社会关切与期盼,减轻家长负担;坚持依法治理、标本兼治,严格执行义务教育法、未成年人保护法等法律规定,加强源头治理、系统治理、综合治理;坚持政府主导、多方联动,强化政府统筹,落实部门职责,发挥学校主体作用,健全保障政策,明确家校社协同责任;坚持统筹推进、稳步实施,全面落实国家关于减轻学生过重学业负担有关规定,对重点难点问题先行试点,积极推广典型经验,确保"双减"工作平稳有序。

3. 工作目标

学校教育教学质量和服务水平进一步提升,作业布置更加科学合理,学校课后服务基本满足学生需要,学生学习更好回归校园,校外培训机构培训行为全面规范。学生过重作业负担和校外培训负担、家庭教育支出和家长相应精力负担1年内有效减轻、3年内成效显著,人民群众教育满意度明显提升。

二、全面压减作业总量和时长,减轻学生过重作业负担

1. 健全作业管理机制

学校要完善作业管理办法,加强学科组、年级组作业统筹,合理调控作业结构,确保难度不超国家课标。建立作业校内公示制度,加强质量监督。严禁给家长布置或变相布置作业,严禁要求家长检查、批改作业。

2. 分类明确作业总量

学校要确保小学一、二年级不布置家庭书面作业,可在校内适当安排巩固练习;小学三至六年级书面作业平均完成时间不超过60分钟,初中书面作业平均完成时间不超过90分钟。

3. 提高作业设计质量

发挥作业诊断、巩固、学情分析等功能，将作业设计纳入教研体系，系统设计符合年龄特点和学习规律、体现素质教育导向的基础性作业。鼓励布置分层、弹性和个性化作业，坚决克服机械、无效作业，杜绝重复性、惩罚性作业。

4. 加强作业完成指导

教师要指导小学生在校内基本完成书面作业，初中生在校内完成大部分书面作业。教师要认真批改作业，及时做好反馈，加强面批讲解，认真分析学情，做好答疑辅导。不得要求学生自批自改作业。

5. 科学利用课余时间

学校和家长要引导学生放学回家后完成剩余书面作业，进行必要的课业学习，从事力所能及的家务劳动，开展适宜的体育锻炼，开展阅读和文艺活动。个别学生经努力仍完不成书面作业的，也应按时就寝。引导学生合理使用电子产品，控制使用时长，保护视力健康，防止网络沉迷。家长要积极与孩子沟通，关注孩子心理情绪，帮助其养成良好学习生活习惯。寄宿制学校要统筹安排好课余学习生活。

三、提升学校课后服务水平，满足学生多样化需求

1. 保证课后服务时间

学校要充分利用资源优势，有效实施各种课后育人活动，在校内满足学生多样化学习需求。引导学生自愿参加课后服务。课后服务结束时间原则上不早于当地正常下班时间；对有特殊需要的学生，学校应提供延时托管服务；初中学校工作日晚上可开设自习班。学校可统筹安排教师实行"弹性上下班制"。

2. 提高课后服务质量

学校要制定课后服务实施方案，增强课后服务的吸引力。充分用好课后服务时间，指导学生认真完成作业，对学习有困难的学生进行补习辅导与答疑，为学有余力的学生拓展学习空间，开展丰富多彩的科普、文体、艺术、劳动、阅读、兴趣小组及社团活动。不得利用课后服务时间讲新课。

3. 拓展课后服务渠道

课后服务一般由本校教师承担，也可聘请退休教师、具备资质的社会专业人员或志愿者提供。教育部门可组织区域内优秀教师到师资力量薄弱的学校开展课后服务。依法依规严肃查处教师校外有偿补课行为，直至撤销教师资格。充分利用社会资源，发挥好少年宫、青少年活动中心等校外活动场所在课后服务中的作用。

4. 做强做优免费线上学习服务

教育部门要征集、开发丰富优质的线上教育教学资源，利用国家和各地教育教学资源平台以及优质学校网络平台，免费向学生提供高质量专题教育资源和覆盖各年级各学科的学习资源，推动教育资源均衡发展，促进教育公平。各地要积极创造条件，组织优

秀教师开展免费在线互动交流答疑。各地各校要加大宣传推广使用力度，引导学生用好免费线上优质教育资源。

四、坚持从严治理，全面规范校外培训行为

1. 坚持从严审批机构

各地不再审批新的面向义务教育阶段学生的学科类校外培训机构，现有学科类培训机构统一登记为非营利性机构。对原备案的线上学科类培训机构，改为审批制。各省(自治区、直辖市)要对已备案的线上学科类培训机构全面排查，并按标准重新办理审批手续。未通过审批的，取消原有备案登记和互联网信息服务业务经营许可证(ICP)。对非学科类培训机构，各地要区分体育、文化艺术、科技等类别，明确相应主管部门，分类制定标准、严格审批。依法依规严肃查处不具备相应资质条件、未经审批多址开展培训的校外培训机构。学科类培训机构一律不得上市融资，严禁资本化运作；上市公司不得通过股票市场融资投资学科类培训机构，不得通过发行股份或支付现金等方式购买学科类培训机构资产；外资不得通过兼并收购、受托经营、加盟连锁、利用可变利益实体等方式控股或参股学科类培训机构。已违规的，要进行清理整治。

2. 规范培训服务行为

建立培训内容备案与监督制度，制定出台校外培训机构培训材料管理办法。严禁超标超前培训，严禁非学科类培训机构从事学科类培训，严禁提供境外教育课程。依法依规坚决查处超范围培训、培训质量良莠不齐、内容低俗违法、盗版侵权等突出问题。严格执行未成年人保护法有关规定，校外培训机构不得占用国家法定节假日、休息日及寒暑假期组织学科类培训。培训机构不得高薪挖抢学校教师；从事学科类培训的人员必须具备相应教师资格，并将教师资格信息在培训机构场所及网站显著位置公布；不得泄露家长和学生个人信息。根据市场需求、培训成本等因素确定培训机构收费项目和标准，向社会公示、接受监督。全面使用《中小学生校外培训服务合同(示范文本)》。进一步健全常态化排查机制，及时掌握校外培训机构情况及信息，完善"黑白名单"制度。

3. 强化常态运营监管

严格控制资本过度涌入培训机构，培训机构融资及收费应主要用于培训业务经营，坚决禁止为推销业务以虚构原价、虚假折扣、虚假宣传等方式进行不正当竞争，依法依规坚决查处行业垄断行为。线上培训要注重保护学生视力，每课时不超过30分钟，课程间隔不少于10分钟，培训结束时间不晚于21点。积极探索利用人工智能技术合理控制学生连续线上培训时间。线上培训机构不得提供和传播"拍照搜题"等惰化学生思维能力、影响学生独立思考、违背教育教学规律的不良学习方法。聘请在境内的外籍人员要符合国家有关规定，严禁聘请在境外的外籍人员开展培训活动。

五、大力提升教育教学质量，确保学生在校内学足学好

1. 促进义务教育优质均衡发展

各地要巩固义务教育基本均衡成果，积极开展义务教育优质均衡创建工作，促进新

优质学校成长，扩大优质教育资源。积极推进集团化办学、学区化治理和城乡学校共同体建设，充分激发办学活力，整体提升学校办学水平，加快缩小城乡、区域、学校间教育水平差距。

2. 提升课堂教学质量

教育部门要指导学校健全教学管理规程，优化教学方式，强化教学管理，提升学生在校学习效率。学校要开齐开足开好国家规定课程，积极推进幼小科学衔接，帮助学生做好入学准备，严格按课程标准零起点教学，做到应教尽教，确保学生达到国家规定的学业质量标准。学校不得随意增减课时、提高难度、加快进度；降低考试压力，改进考试方法，不得有提前结课备考、违规统考、考题超标、考试排名等行为；考试成绩呈现实行等级制，坚决克服唯分数的倾向。

3. 深化高中招生改革

各地要积极完善基于初中学业水平考试成绩、结合综合素质评价的高中阶段学校招生录取模式，依据不同科目特点，完善考试方式和成绩呈现方式。坚持以学定考，进一步提升中考命题质量，防止偏题、怪题、超过课程标准的难题。逐步提高优质普通高中招生指标分配到区域内初中的比例，规范普通高中招生秩序，杜绝违规招生、恶性竞争。

4. 纳入质量评价体系

地方各级党委和政府要树立正确政绩观，严禁下达升学指标或片面以升学率评价学校和教师。认真落实义务教育质量评价指南，将"双减"工作成效纳入县域和学校义务教育质量评价，把学生参加课后服务、校外培训及培训费用支出减少等情况作为重要评价内容。

资料来源：中共中央办公厅, 国务院. 关于进一步减轻义务教育阶段学生作业负担和校外培训负担的意见[Z]. 2021-07-24.

问题思考

1. 简述我国教育的性质、方针和原则。
2. 简述《教育法》规定的学校及其他教育机构的权利义务。
3. 简述《教育法》规定的受教育者的权利义务。
4. 请结合实例谈一谈《义务教育法》对师资保障部分是如何规定的。

第七章 依法执教

依法执教要求教师确立教育法治思想与观念，严格遵照宪法以及教育法律法规实施教育教学活动，并善于运用法律法规维护自身的合法权益。依法执教是依法治国、依法治教的内在要求，不仅对于教师自身职业修养与发展具有重要意义，还对学生知法、守法、用法有很好的启示和教育作用。

第一节　《中华人民共和国教师法》

一、《中华人民共和国教师法》的制定

振兴民族的希望在教育，振兴教育的希望在教师。《中华人民共和国教师法》于1993年10月31日第八届全国人民代表大会常务委员会第四次会议通过，1994年1月1日起施行，根据2009年8月27日第十一届全国人民代表大会常务委员会第十次会议《关于修改部分法律的决定》修正。

《中华人民共和国教师法》包括总则、权利和义务、资格和任用、培养和培训、考核、待遇、奖励、法律责任与附则共九章四十三条。

《中华人民共和国教师法》(以下简称《教师法》)的颁布，对教师的地位和权利进行了详细的规定。该法的颁布和实施对建设一支师德高尚、业务精湛、结构合理、充满活力的高素质专业化老师队伍，促进社会主义教育事业的发展，产生了积极、深远的影响。

2021年11月，教育部在深入调研基础上，研究形成了《中华人民共和国教师法(修订草案)(征求意见稿)》，面向社会公开征求意见，适应新时代新要求的新《教师法》颁布已经进入法治发展日程中。

二、教师的法律界定与法律地位

(一) 教师的法律界定

《教师法》第三条明确规定:"教师是履行教育教学职责的专业人员,承担教书育人,培养社会主义事业建设者和接班人,提高民族素质的使命。"这就是教师这一法律概念的界定,它包括以下三层含义。

首先,教师是专业人员。1966年10月,联合国教科文组织发表的《关于教师地位的建议》明确指出:"教育工作应被视为专门职业。这种职业是一种要求教师具备经过严格并持续不断的研究才能获得并维持专业知识及专门技能的公共业务。"教师作为专业人员,必须具备特定的资格,符合特定的要求:一是教师要达到符合规定的学历;二是教师要具备相应的专业知识;三是教师要符合与其职业相称的其他有关规定,如语言表达能力、身体状况等。

其次,教师的职责是教育教学。只有直接承担教育教学工作职责的人,才具备教师的最基本条件;否则,就不能认为是教师。比如,学校中不直接从事教育教学工作,未履行教育教学职责的行政管理人员、后勤服务人员、校办产业公司人员、教学辅助人员等,就不能认为是教师,而分属教育职员或其他专业技术职务系列。需要指出的是,在学校及其他教育机构中承担其他职责的同时,也承担教育教学职责,并达到教师基本要求的人员,可以认为是教师。

最后,教师的使命是为党育人、为国育才,立德树人,培养德智体美劳全面发展的社会主义建设者和接班人、提高民族素质。教师所有教育教学工作必须服务于这个使命,并认真履行自己的职责。

(二) 教师的法律地位

教师的法律地位是指法律规定的教师在社会关系中的位置,具体表现在经济待遇、政治待遇以及社会评价等方面。

我国《教师法》第四条规定:"各级人民政府应当采取措施,加强教师的思想政治教育和业务培训,改善教师的工作条件和生活条件,保障教师的合法权益,提高教师的社会地位。全社会都应当尊重教师。"《教师法》第六条规定:"每年九月十日为教师节。"我国的《教师法》还专门就教师的权益、待遇做了具体规定。这为提高教师地位提供了重要法律保障。

教师的法律地位还可以放在教育法律关系中进行考察。

在面对教育行政机关时,教师处于行政管理相对人的法律地位上。作为法律关系主体一方的教育行政部门是代表着国家并以国家的名义来行使管理职权的,居于主导地位，通过依法管理、依法行政来规范教师的教育教学行为，维护教师合法权益。作为行政管理相对人，教师应认真执行教育行政机关的决定、命令和指示，并对教育行政机关的工作予以监督。当然，教师也有权依法提出申诉或依法提起行政复议与行政诉讼。

教师在面对学校时，教师与学校的关系主要表现为平等的聘任关系。对于教师依照法律规定以及聘任合同的约定认真履行自己的职责，学校对教师也要加以合理利用，要给予教师一定的自主权，充分发挥其工作主动性和创造性。教师认为学校侵犯其合法权益的，或者对于学校或其他教育机构做出的处理不服的，可以依法提出申诉。

三、教师的权利和义务

(一) 教师的权利

教师首先作为普通公民享有《中华人民共和国宪法》所规定的公民的基本权利，如公民的政治权利、宗教信仰自由、社会经济权利、文化教育权利等。同时教师作为专业人员，在从事教育教学活动中有其特殊的权利。这是一种职业特定的法律权利。我们这里所谈的教师权利是针对教师的职业权利而言的。

依据《教师法》规定，我国教师享有以下基本权利。

1. 进行教育教学活动，开展教育教学改革和实验

作为教师，有权依据其所在学校的教学计划，教育工作量等具体要求，结合自身教学特点自主地组织课堂教学；有权依照教学大纲的要求确定其教学内容、进度，不断完善教学内容；有权针对不同的教育教学对象，在教育教学的形式、方法、具体内容等方面进行改革和实验。任何人不得非法剥夺在聘教师行使这一基本权利，而不具备教师资格的人不得享有这项权利。虽取得教师资格，但尚未受聘或已被解聘的人员，此项权利的行使处于停顿状态，待任用时方能行使这一权利。

2. 从事科学研究、学术交流，参加专业的学术团体，在学术活动中充分发表意见

作为教师，在完成规定的教育教学任务的前提下，有权进行科学研究、技术开发、撰写学术论文、著书立说；有权参加有关的学术交流活动，参加依法成立的学术团体并在其中兼任工作；有权在学术研究中发表自己的学术观点，开展学术争鸣。教师在行使此项权利时，要注意处理好教学与科研的关系，使之相辅相成，更好地提高教育教学质量。

3. 指导学生的学习和发展，评定学生的品行和学业成绩

作为教师，有权根据教育规律和学生的身心发展特点，因材施教，有针对性地指导学生的学习，并在学生的升学、就业等方面给予指导；有权对学生的思想品德、学习、文体活动、劳动等方面给予客观公正的评价；有权运用正确的指导思想和科学的方式方法，使学生的个性和能力得到充分发展。教师在行使管理学生权时，要注意加强对学生的各方面管理，将关心爱护学生与严格要求相结合，促进学生德智体美劳全面发展。

4. 按时获取工资报酬，享受国家规定的福利待遇以及寒暑假期的带薪休假

教师的工资报酬，一般包括基础工资、职务工资、课时报酬、奖金、教龄津贴、班主任津贴及其他各种津贴在内的工资性收入。福利待遇主要包括教师的医疗、住房、退休等方面的各项待遇和优惠，以及寒暑假期的带薪休假。作为教师，有权要求所在学校及其主管部门根据国家教育法律、教师聘任合同的规定按时足额地支付工资报酬；有权享受国家规定的福利待遇。要动员全社会力量，采取有效措施，依据法律的规定，切实保障教师这一基本权利的行使。

5. 对学校教育教学、管理工作和教育行政部门的工作提出意见和建议，通过教职工代表大会或者其他形式，参与学校的民主管理

作为教师，有权通过教职工代表大会、工会等组织形式以及其他适当方式，参与学校民主管理，讨论学校改革、发展等方面的重大事项，保障自身的民主权利和切身利益，推进学校的民主建设。教师在行使民主管理权时，应注意遵循民主集中制的原则，并充分发挥自己对学校、教育行政部门工作的监督作用。

6. 参加进修或者其他方式的培训

现代社会和科技的飞速发展，要求教师及时更新知识，不断提高自身素质。作为教师，有权参加进修或其他多种形式的培训，以提高思想政治觉悟和业务水平。教育行政部门、学校及其他教育机构，应采取多种形式，开辟多种渠道，努力为教师的进修培训创造有利条件，切实保障教师权利的实现。当然，教师培训权的行使，要在完成本职工作的前提下有组织有计划地进行，不得影响正常的教育教学工作。

《教师法》在法律责任一章做出专门的规定，对教师权利的实现进行法律保障。我国《教师法》第三十五条规定："侮辱、殴打教师的，根据不同情况，分别给予行政处分或者行政处罚；造成损害的，责令赔偿损失；情节严重，构成犯罪的，依法追究刑事责任。"第三十六条规定："对依法提出申诉、控告、检举的教师进行打击报复的，由其所在单位或者上级机关责令改正；情节严重的，可以根据具体情况给予行政处分。国家工作人员对教师打击报复构成犯罪的，依照刑法有关规定追究刑事责任。"第三十八条规定："地方人民政府对违反本法规定，拖欠教师工资或者侵犯教师其他合法权益的，应当责令其限期改正。违反国家财政制度、财务制度，挪用国家财政用于教育的经费，严重妨碍教育教学工作，拖欠教师工资，损害教师合法权益的，由上级机关责令限期归还被挪用的经费，并对直接责任人员给予行政处分；情节严重，构成犯罪的，依法追究刑事责任。"

【案例分析】

2020年年末,某县教委根据上级有关文件精神,给本县教师晋级并相应提升了工资,然而县财政部门借口县财政困难,迟迟不给教师兑现工资。7个月后,国家教委和省市教委组织验收,当地政府才急忙按晋升后工资标准兑现了教师当月工资,并许诺近期一并补发拖欠的7个月工资差额。但验收检查过后,此事就不了了之了。非但如此,政府竟将教师几个月的结构工资挪用,扩建一个工业项目。这激起了教师们的强烈不满,他们上访省、市有关部门,并投书新闻媒体,引起了社会的关注。在社会舆论的压力下,当地政府补发了拖欠的结构工资,并许诺短期内即补发7个月的晋级工资差额及各种政策性补贴。然而过了一段时间,事态平息后,相关部门所做的承诺依然没有兑现。

在案例中,该县政府违反我国《义务教育法》及《教师法》的相关规定,拖欠和挪用教师工资,造成了恶劣影响,严重侵害了广大教师的利益,挫伤广大教师的工作积极性,影响教师队伍稳定。根据《教师法》第三十八条规定,该县政府必须按期限归还被挪用的教师工资,并依法追究相关责任人员的法律责任。

(二) 教师的义务

如同教师的权利一样,教师的义务也分教师作为公民应承担的义务与教师作为教育者应承担的义务两部分。这里所说的教师义务专指依照法律规定教师从事教育教学工作必须履行的责任。我国《教师法》第二章第八条专门对教师义务做了具体规定。

1. 遵守宪法、法律和职业道德,为人师表

从教师的职业要求来看,教师不仅要教书,还要育人,教师必须要为人师表,要率先自觉地遵守宪法和法律。不仅如此,教师还要在教育教学工作中,自觉培养学生的法治观念和民主精神。

2. 贯彻国家的教育方针,遵守规章制度,执行学校的教学计划,履行教师聘约,完成教育教学工作任务

教师在教育教学活动中,应当坚持和加强党的全面领导,坚持以人民为中心的发展思想,全面贯彻党的教育方针,坚持社会主义办学方向,落实立德树人根本任务;自觉遵守教育行政部门和学校及其他教育机构制定的教育教学管理的各项规章制度;认真执行学校依据国家规定的教学大纲、教学计划或教学基本要求制定的具体教学计划;严格履行教师聘任合同中约定的教育教学职责,完成规定的教育教学任务,保证教育教学质量。

3. 对学生进行宪法所确定的基本原则的教育和爱国主义、民族团结的教育,法制教育以及思想品德、文化、科学技术教育,组织、带领学生开展有益的社会活动

德育是教师教育教学工作的首要内容。作为教师,应结合自身的教育教学业务特点，将思想政治教育贯穿于教育教学全过程之中。这不仅是思想政治理论课教师的职责，也是每一位教师的基本义务。教师应当有意识地对学生进行爱国主义教育、民族团结教育、法制教育、文化科学技术教育，弘扬中华民族优良传统，引导学生逐步树立科学的人生观和世界观，教育学生热爱祖国，爱人民、爱劳动、爱科学、爱社会主义，把学生培养成为有理想、有道德、有文化、有纪律的社会主义时代新人。

4. 关心、爱护全体学生，尊重学生人格，促进学生在品德、智力、体质等方面全面发展

爱护和尊重学生，是出于学生本身作为人所拥有的基本的人格和权利的要求。作为教师，要关心爱护全体学生，对学生应一视同仁，不因民族、性别、身体状况、学习成绩等因素歧视学生，尤其是对那些有缺点的学生，教师应给予特别关怀，要满腔热情地教育指导，绝不能采取简单粗暴的办法，不能侮辱、歧视学生，不能体罚或变相体罚学生，不能泄露学生隐私。因侮辱学生影响恶劣或体罚学生经教育不改的，应依法承担相应的法律责任。

5. 制止有害于学生的行为或者其他侵犯学生合法权益的行为，批评和抵制有害于学生健康成长的现象

保护学生的合法权益和身心健康成长，是全社会的共同责任。作为教师自然更负有此项义务。教师主要是制止在学校工作和与教育教学工作相关的活动中，对侵犯其所负责教育管理的学生合法权益的违法行为；批评和抵制社会上出现的有害于学生身心健康成长的不良现象。

6. 不断提高思想政治觉悟和教育教学业务水平

教育教学工作是一项专业性较强的工作，担负着提高民族素质的使命，这就要求教师具有较高的思想觉悟和业务水平。同时，提高思想觉悟和业务水平也是社会进步和科学技术发展对教师提出的要求。为此，教师应加强学习，调整知识结构，不断提高思想政治觉悟和教育教学业务水平，以适应教育教学的实际需要。

【资料卡片】

教育惩戒，是指学校、教师基于教育目的，对违规违纪学生进行管理、训导或者以规定方式予以矫治，促使学生引以为戒、认识和改正错误的教育行为。

学生有下列情形之一，学校及其教师应当予以制止并进行批评教育，确有必要的，可以实施教育惩戒：(一)故意不完成教学任务要求或者不服从教育、管理的；(二)扰乱课堂秩序、学校教育教学秩序的；(三)吸烟、饮酒，或者言行失范违反学生守则的；(四)实施有害自己或者他人身心健康的危险行为的；(五)打骂同学、老师，欺凌同学或者侵害他人合法权益的；(六)其他违反校规校纪的行为。学生实施属于预防未成年人犯罪法规定的不良行为或者严重不良行为的，学校、教师应当予以制止并实施教育惩戒，加强管教；构成违法犯罪的，依法移送公安机关处理。

教师在课堂教学、日常管理中，对违规违纪情节较为轻微的学生，可以当场实施以下教育惩戒：(一)点名批评；(二)责令赔礼道歉、做口头或者书面检讨；(三)适当增加额外的教学或者班级公益服务任务；(四)一节课堂教学时间内的教室内站立；(五)课后教导；(六)学校校规校纪或者班规、班级公约规定的其他适当措施。教师对学生实施前款措施后，可以以适当方式告知学生家长。

学生违反校规校纪，情节较重或者经当场教育惩戒拒不改正的，学校可以实施以下教育惩戒，并应当及时告知家长：(一)由学校德育工作负责人予以训导；(二)承担校内公益服务任务；(三)安排接受专门的校规校纪、行为规则教育；(四)暂停或者限制学生参加游览、校外集体活动以及其他外出集体活动；(五)学校校规校纪规定的其他适当措施。

小学高年级、初中和高中阶段的学生违规违纪情节严重或者影响恶劣的，学校可以实施以下教育惩戒，并应当事先告知家长：(一)给予不超过一周的停课或者停学，要求家长在家进行教育、管教；(二)由法治副校长或者法治辅导员予以训诫；(三)安排专门的课程或者教育场所，由社会工作者或者其他专业人员进行心理辅导、行为干预。对违规违纪情节严重，或者经多次教育惩戒仍不改正的学生，学校可以给予警告、严重警告、记过或者留校察看的纪律处分。对高中阶段学生，还可以给予开除学籍的纪律处分。对有严重不良行为的学生，学校可以按照法定程序，配合家长、有关部门将其转入专门学校教育矫治。

学生扰乱课堂或者教育教学秩序，影响他人或者可能对自己及他人造成伤害的，教师可以采取必要措施，将学生带离教室或者教学现场，并予以教育管理。教师、学校发现学生携带、使用违规物品或者行为具有危险性的，应当采取必要措施予以制止；发现学生藏匿违法、危险物品的，应当责令学生交出并可以对可能藏匿物品的课桌、储物柜等进行检查。教师、学校对学生的违规物品可以予以暂扣并妥善保管，在适当时候交还学生家长；属于违法、危险物品的，应当及时报告公安机关、应急管理部门等有关部门依法处理。

教师在教育教学管理、实施教育惩戒过程中，不得有下列行为：(一)以击打、刺扎等方式直接造成身体痛苦的体罚；(二)超过正常限度的罚站、反复抄写，强制做不适的动作或者姿势，以及刻意孤立等间接伤害身体、心理的变相体罚；(三)辱骂或者以歧视性、侮辱性的言行侵犯学生人格尊严；(四)因个人或者少数人违规违纪行为而惩罚全体学生；(五)因学业成绩而教育惩戒学生；(六)因个人情绪、好恶实施或者选择性实施教育惩戒；(七)指派学生对其他学生实施教育惩戒；(八)其他侵害学生权利的。

教师对学生实施教育惩戒后，应当注重与学生的沟通和帮扶，对改正错误的学生及时予以表扬、鼓励。

资料来源：中华人民共和国教育部.中小学教育惩戒规则(试行)[Z].2020-12-23.

《教师法》对于积极主动履行教育教学义务的教师进行鼓励，特别规定："教师在教育教学、培养人才、科学研究、教学改革、学校建设、社会服务、勤工俭学等方面成

绩优异的，由所在学校予以表彰、奖励。国务院和地方各级人民政府及其有关部门对有突出贡献的教师，应当予以表彰、奖励。对有重大贡献的教师，依照国家有关规定授予荣誉称号。""国家支持和鼓励社会组织或者个人向依法成立的奖励教师的基金组织捐助资金，对教师进行奖励。"

《教师法》第三十七条对教师不履行法定义务的法律责任也做出了明确规定："教师有下列情形之一的，由所在学校、其他教育机构或者教育行政部门给予行政处分或者解聘：(一)故意不完成教育教学任务给教育教学工作造成损失的；(二)体罚学生，经教育不改的；(三)品行不良、侮辱学生，影响恶劣的。教师有前款第(二)项、第(三)项所列情形之一，情节严重，构成犯罪的，依法追究刑事责任。"

【案例分析】

某小学四年级班主任蔡某，发现一个食品袋扔在教室，里面放着塑料，便问班里学生："是谁放的？"无人回答。蔡某认为学生对老师不尊敬，竟一气之下找来剪刀，将塑料剪成碎片，然后令买了零食的22名学生逐个取一份吞下。由于塑料片嚼不烂，有的学生停下不肯吃。蔡某强调："都要吞下去！"有个学生被卡住喉咙，很吃力地求救。蔡某说："那就喝点水咽下去！"那个学生只得喝水艰难地将塑料片吞下。之后蔡某嘱咐学生不准对家长说。事发后，孩子们头痛、喉咙痛、呕吐等种种不适现象接连发生。当日，17名因吞食塑料片出现不适反应的学生被送往人民医院检查治疗。市教育局对此做出处理：给予蔡某行政处分，降工资一级，并调离城区，取消教师资格，改作后勤人员[①]。

在案例中，市教育局依法行使管理教师的行政权力，对体罚学生的教师蔡某处理恰当。蔡某体罚学生，情节恶劣，符合《教师法》第三十七条规定以及《教师资格条例》第十九条"有下列情形之一的，由县级以上人民政府教育行政部门撤销其教师资格：(一)弄虚作假、骗取教师资格的；(二)品行不良、侮辱学生，影响恶劣的"的规定。假如案例中某一学生因吞咽塑料窒息而死亡，根据《教师法》第三十七条规定，蔡某将要承担刑事责任。

四、教师的聘任、培养培训、考核与待遇

(一) 教师的聘任

《教师法》规定："学校和其他教育机构应当逐步实行教师聘任制。教师的聘任应当遵循双方地位平等的原则，由学校和教师签订聘任合同，明确规定双方的权利、义务

[①] 褚宏启，江雪梅，等.学校法律问题分析[M].北京：教育科学出版社，2018：180.

和责任。实施教师聘任制的步骤、办法由国务院教育行政部门规定。"

教师聘任作为教师任用的一种基本制度，具有以下几个特征。

第一，教师聘任是教师与学校或教育行政部门之间的法律行为。通过聘任确定了聘任人和受聘人双方的法律关系。

第二，教师聘任以平等自愿、双向选择为依据。作为聘任人，学校或教育行政部门可根据国家有关规定和学校教学科研需要，自主确定教师结构比例；作为受聘人，教师有权根据本人的知识水平、业务能力选择适合于自己的工作岗位。

第三，聘任双方依法签订的聘任合同具有法律效力。学校与教师之间在平等地位上签订的聘任合同，对于双方均有约束力。它以聘书的形式明确规定了双方的权利、义务和责任。对于学校而言，学校有权对受聘教师的政治思想、业务水平、工作态度、工作成绩进行考核，并作为提职、实施奖惩的重要依据，同时有义务按合同为教师提供教育教学、科研、进修等工作条件，并支付报酬。对于教师来讲，教师按照合同，享有权利，承担义务，要遵守学校规章制度，执行学校的教学计划，履行教师聘约，完成教育教学任务。聘任期满后，校方可根据教师的实际表现及岗位需要等决定是否续聘；教师可根据单位工作情况、专业要求等决定去留。

第四，教师聘任有着严格的程序。一般说来，第一个程序是根据工作需要设置专业技术岗位；第二个程序是在定编定岗的基础上确定职务结构；第三个程序是聘任。关于中小学教师职务聘任权限：中学高级、一级教师职务由地市一级教育局聘任，二、三级教师职务由县级教育局聘任；小学高级教师由地市级教育局聘任，小学一、二、三级教师由县级教育局聘任。

教师在聘期间，无特殊理由，一般不能辞聘或解聘。解聘是指用人单位因某种原因不适宜继续聘任教师，双方解除合同关系。这里的原因可能是用人单位发现聘任后受聘者不符合原定聘用条件，也可能是受聘者不称职或违反有关规定，已不适合继续聘任。聘任合同具有法律效力，用人单位在解聘教师时，须有正当理由，否则应承担相应的法律责任。辞聘是指受聘教师主动请求用人单位解除聘任合同的行为。对辞聘原因要正确区分。教师因某种原因，不能继续履行聘任合同，给用人单位造成损失的，应依合同规定承担相应的法律责任。

【案例分析】

中学计算机教师谢某在工作中多次被其他教师发现利用学校的计算机设备为校外人员制作与教学无关的东西，学校领导曾对其进行批评教育。2021年2月开学初，谢某交来一张病假条以"神经性头痛"为由请假一周后，一直未见其来校上班。原由他承担的高一、高二及初二年级的计算机课因此而停课，尤其是高一年级的计算机会考因此延误。学校通过其母亲与其联系，说明其做法的严重性及恶劣影响，并根据市教委有关文件精神再次对其进行教育，而谢某态度强硬，不仅不承认错误，反而强调自己有权利休病假，在身体未康复前不能到校上班。除了一张病假条之外，谢某未提交任何证明。2021年9月，又一个学年开学后，仍不见谢某回校。学校根据谢某的表现，按市教委关于"自动离职，劝告无效，超过三个月期限者以自动离职除名处理"的规定对谢某予以除名处理，并将书面通知书寄送给谢某本人。

随后学校将谢某的人事档案依据有关规定转往其户口所在街道，谢某委托其母亲找到学校，认为学校违反《中华人民共和国教育法》《中华人民共和国教师法》的有关规定，侵害了谢某休病假的权利，学校不应对其做除名处理，应将其干部身份保留，档案转往人才交流中心管理，谢某向区教委提出申诉。

区教委在调查事实后，做出维护学校处理意见的决定。谢某仍不服，到当地法院起诉，法院一审裁定驳回其诉讼请求[1]。

在案例中，谢某生病休病假确为其权利，但谢某只交了一张病假条就以此为理由不到校上班，未能履行其作为教师应履行的教育教学义务，致使他承担的高一、高二及初二年级的计算机课停课，高一年级的计算机会考也因此延误，给教育教学工作造成了重大损失。根据《教师法》第三十七条规定，学校对谢某的自动离职按除名处理的做法是合法的。

(二) 教师的培养培训

教师培养是指专门教育机构为各级各类学校教师的补充更新而进行的一种专业性学历教育，属教师职前教育。教师培训是指专门教育机构为提高教师的素质、能力对在职教师进行的一种继续教育。

《教师法》第十八条对师范生培养做出规定："各级人民政府和有关部门应当办好师范教育，并采取措施，鼓励优秀青年进入各级师范学校学习。各级教师进修学校承担培训中小学教师的任务。非师范学校应当承担培养和培训中小学教师的任务。各级师范学校学生享受专业奖学金。"第十九条对教师培训做出规定："各级人民政府教育行政部门、学校主管部门和学校应当制定教师培训规划，对教师进行多种形式的思想政治、业务培训。"同时第二十一条规定："各级人民政府应当采取措施，为少数民族地区和边远贫困地区培养、培训教师。"

(三) 教师的考核

所谓教师的考核，是指各级各类学校及其他教育机构依法对教师进行的考察和评价。教师考核制度是教师规范化管理制度的重要组成部分。

《教师法》第二十二条对教师考核的主体和内容进行了规定："学校或者其他教育

---

[1] 褚宏启，江雪梅，等.学校法律问题分析[M].北京：教育科学出版社，2018：149.

机构应当对教师的政治思想、业务水平、工作态度和工作成绩进行考核。教育行政部门对教师的考核工作进行指导、监督。"

《教师法》第二十三条规定教师考核的原则："考核应当客观、公正、准确，充分听取教师本人、其他教师以及学生的意见。"

《教师法》第二十四条对教师考核的结果进行了规定："教师考核结果是受聘任教、晋升工资、实施奖惩的依据。"这是对教师考核结果效力的规定。一般说来，教师考核结果分为优秀、称职、不称职等层次。经考核优秀者，可优先晋级、晋职，予以奖励；经考核称职者，可以续聘和正常晋升；不称职者，可以低聘或者解聘。

(四) 教师的待遇

教师的工资报酬是指教师的基础工资、职务工资、课时报酬、津贴、奖金等在内的工资性收入。《教师法》第二十五条规定："教师的平均工资水平应当不低于或者高于国家公务员的平均工资水平，并逐步提高。建立正常的晋级增薪制度，具体办法由国务院规定。"第二十六条规定："中小学教师和职业学校教师享受教龄津贴和其他津贴，具体办法由国务院教育行政部门会同有关部门制定。"

教师补贴是一种地区性补贴，其目的在于鼓励高学历人才到边远贫困地区从事教育工作，以促进当地教育事业的发展。《教师法》规定："地方各级人民政府对教师以及具有中专以上学历的毕业生到少数民族地区和边远贫困地区从事教育教学工作的，应当予以补贴。"

教师住房是教师待遇的重要方面。对此《教师法》规定："地方各级人民政府和国务院有关部门，对城市教师住房的建设、租赁、出售实行优先、优惠。县、乡两级人民政府应当为农村中小学教师解决住房提供方便。"

《教师法》对教师的医疗待遇也做出规定："教师的医疗同当地国家公务员享受同等的待遇；定期对教师进行身体健康检查，并因地制宜安排教师进行休养。医疗机构应当对当地教师的医疗提供方便。"

《教师法》也对教师退休以及退职后的待遇做出规定："教师退休或者退职后，享受国家规定的退休或者退职待遇。县级以上地方人民政府可以适当提高长期从事教育教学工作的中小学退休教师的退休金比例。"这些规定，对稳定教师队伍，合理解决教师退休后的生活待遇提供了重要的法律保障。

【拓展阅读】

教师法修订草案征求意见，这些变化值得期待[①]

新华社北京11月30日电 教育部日前在其网站公布《中华人民共和国教师法(修订

---

① 胡浩. 教师法修订草案征求意见，这些变化值得期待[EB/OL]. (2021-12-01)[2022-02-20]. http://www.news.cn/2021-11/30/c_1128116964.htm.

草案)(征求意见稿)》,面向社会公开征求意见。修订草案征求意见稿将"四有"要求纳入教师职责使命,进一步明确教师权利义务、提高教师准入门槛、突出师德师风评价标准,并在教师待遇和保障方面做出规定。

据了解,《中华人民共和国教师法》于1993年颁布。多年来,我国教师队伍规模不断扩大,专任教师总数由1993年的1097.89万人提高到2020年的1792.97万人。现行教师法的多项规定已经不能适应新时代教育改革发展要求。

征求意见稿共九章五十七条,包括总则、权利和义务、资格和准入、聘任和考核、培养和培训、保障和待遇、奖惩和申诉、法律责任、附则等。

征求意见稿明确,教师承担着为党育人、为国育才,立德树人,培养德智体美劳全面发展的社会主义建设者和接班人、提高民族素质的崇高使命。教师应当为人师表,有理想信念、有道德情操、有扎实学识、有仁爱之心,忠诚于党和人民的教育事业。

征求意见稿提出,坚持中国共产党对教师队伍建设的全面领导,坚持把教师队伍建设作为基础工作,坚持提高教师的政治地位、社会地位和职业地位。

在"权利和义务"一章中,征求意见稿明确了教师自主开展教育教学活动、对学生进行教育惩戒等权利,强化教师对未成年学生的保护救助义务。征求意见稿提出,幼儿园、中小学教师在履行职责时,应当注重保护未成年学生的人身安全和合法权益,制止学生欺凌和其他有害于学生的行为;发生自然灾害、事故灾难、公共卫生事件等突发事件或者学生伤害事故,应当积极保护、救助学生;应当与学生父母或者其他监护人相互配合,加强对家庭教育的指导,促进家校协同育人。

征求意见稿对教师资格和准入做出进一步规范,提高各级各类教师学历要求,同时提出了"从业禁止"的情形。

根据这一文件,取得幼儿园教师资格,应当具备高等学校学前教育专业专科或者其他相关专业专科毕业及其以上学历;取得中小学教师资格,应当具备高等学校师范专业本科或者其他相关专业本科毕业及其以上学历,并获得相应学位;取得普通高等学校教师资格,应当具备硕士研究生毕业及其以上学历,并获得相应学位。

征求意见稿提出,国家实行教师职务制度。幼儿园、中小学教师职务分为初级职务、中级职务、副高级职务和正高级职务。教师初级职务和中级职务不受岗位比例限制,根据教师履行职务的年限和要求,依照规定晋升;副高级以上职务应当与岗位设置相结合,考察教师履职的表现,设定相应比例,通过评审等方式竞争性获得。

在考核评价方面,征求意见稿突出师德师风标准,要求教师年度考核和聘期考核应当对教师的师德师风进行重点考评,存在严重问题的,应当认定为考核不合格。

提高待遇保障,是提高教师获得感,让好老师"留得住""教得好"的重要举措。

征求意见稿提出,国家分类建立教师工资待遇保障机制。中小学、幼儿园教师的平均工资收入水平应当不低于或者高于当地公务员的平均工资收入水平,并逐步提高。绩效工资分配应当坚持多劳多得、优绩优酬,并体现对优秀教师、班主任等特定岗位教师的激励。高等学校根据国家有关规定，自主确定内部分配办法，健全以增加知识价值为导向、符合高等学校行业特点的工资收入分配制度。征求意见稿还提出了津贴补贴、地区补贴、住房优惠、医疗待遇、退休待遇、民办待遇等方面的规定。

第二节 《教师资格条例》

一、《教师资格条例》的制定

教师资格是国家对专门从事教育教学工作人员的基本要求，它规定着从事教师工作必须具备的条件。教师资格制度是国家对教师实行的一种特定的职业许可制度。世界上许多国家对教师的资格标准都有严格的规定，不少国家建立了教师许可证制度或教师资格证书制度。我国的《教师法》对教师资格的分类等一系列问题做了规定，以法律的形式确立了我国的教师资格制度，《教师资格条例》是对《教师法》这部分内容的进一步细化。《教师资格条例》以提高教师素质，加强教师队伍建设为立法目的，以《中华人民共和国教师法》为依据制定，1995年12月12日国务院令188号发布，自发布之日起施行，全文包括总则、教师资格分类与适用、教师资格条例、教师资格考试、教师资格认定、罚则、附则共七章二十三条。

二、《教师资格条例》的主要内容

(一) 教师资格的分类与适用

《教师资格条例》第二条规定："中国公民在各级各类学校和其他教育机构中专门从事教育教学工作，应当依法取得教师资格。"

关于教师资格分类，《教师资格条例》明确规定，教师资格分为幼儿园教师资格；小学教师资格；初级中学教师和初级职业学校文化课、专业课教师资格；高级中学教师资格；中等专业学校、技工学校、职业高级中学文化课、专业课教师资格；中等专业学校、技工学校、职业高级中学实习指导教师资格；高等学校教师资格。成人教育的教师资格，按照成人教育的层次，依照上述规定确定类别。

对于取得教师资格的公民而言，可以在本级及其以下等级的各类学校和其他教育机构担任教师；但取得中等职业学校实习指导教师资格的公民只能在中等专业学校、技工学校、职业高级中学或者初级职业学校担任实习指导教师。高级中学教师资格与中等职业学校教师资格相互通用。

(二) 教师资格条件

我国《教师法》第十条规定:"中国公民凡遵守宪法和法律,热爱教育事业,具有良好的思想品德,具备本法规定的学历或者经国家教师资格考试合格,有教育教学能力,经认定合格的,可以取得教师资格。"《教师资格条例》第六条规定:"教师资格条件依照教师法第十条第二款的规定执行,其中'有教育教学能力'应当包括符合国家规定的从事教育教学工作的身体条件。"

需要指出的是,虽然外国公民符合规定的条件,也可以进入中国学校及其他教育机构任教,但并不等于他们取得了中国教师的资格,他们在中国学校任教须经过一定的审批手续。

结合我国实际,我国《教师法》对各类教师应具备的相应学历做了明确规定:取得幼儿园教师资格,应当具备幼儿师范学校毕业及其以上学历;取得小学教师资格,应当具备中等师范学校毕业及其以上学历;取得初级中学教师、初级职业学校文化、专业课教师资格,应当具备高等师范专科学校或其他大学专科毕业及其以上学历;取得高级中学教师资格和中等专业学校、技工学校、职业高中文化课、专业课教师资格,应当具备高等师范院校本科或者其他大学本科毕业及其以上学历;取得中等专业学校、技工学校和职业高中学生实习指导教师资格应当具备的学历,由国务院教育行政部门规定;取得高等学校教师资格,应当具备研究生或者大学本科毕业学历;取得成人教育教师资格,应当按照成人教育的层次、类别,分别具备高等、中等学校毕业及其以上学历。《教师资格条例》第七条规定:"取得教师资格应当具备的相应学历,依照教师法第十一条的规定执行。取得中等职业学校实习指导教师资格,应当具备国务院教育行政部门规定的学历,并应当具有相当助理工程师以上专业技术职务或者中级以上工人技术等级。"

(三) 教师资格考试

《教师资格条例》第四章专门对教师资格考试进行规范。《教师资格条例》规定,不具备教师法规定的教师资格学历的公民,申请获得教师资格,应当通过国家举办的或者认可的教师资格考试。教师资格考试科目、标准和考试大纲由国务院教育行政部门审定。《教师资格条例》还规定,教师资格考试试卷的编制、考务工作和考试成绩证明的发放,属于幼儿园、小学、初级中学、高级中学、中等职业学校教师资格考试和中等职业学校实习指导教师资格考试的,由县级以上人民政府教育行政部门组织实施;属于高等学校教师资格考试的,由国务院教育行政部门或者省、自治区、直辖市人民政府教育行政部门委托的高等学校组织实施。幼儿园、小学、初级中学、高级中学、中等职业学校的教师资格考试和中等职业学校实习指导教师资格考试,每年进行一次。参加以上所列教师资格考试，考试科目全部及格的，发给教师资格考试合格证明；当年考试不及格的科目，可以在下一年度补考；经补考仍有一门或者一门以上科目不及格的，应当重新参加全部考试科目的考试。高等学校教师资格考试根据需要举行。申请参加高等学校教师资格考试的，应当学有专长，并有两名相关专业的教授或者副教授推荐。

2013年8月15日，为建立国家教师资格考试制度，严格教师职业准入，保障教师队伍质量，依据《教师法》《教师资格条例》和《国家中长期教育改革和发展规划纲要(2010－2020年)》，制定《中小学教师资格考试暂行办法》。《中小学教师资格考试暂行办法》规定，参加教师资格考试合格是教师职业准入的前提条件。申请幼儿园、小学、初级中学、普通高级中学、中等职业学校教师和中等职业学校实习指导教师资格的人员须分别参加相应类别的教师资格考试。教师资格考试实行全国统一考试。试点省份试点工作启动前已入学的全日制普通高校师范类专业学生，可以持毕业证书申请直接认定相应的教师资格。试点工作启动后入学的师范类专业学生，申请中小学教师资格应参加教师资格考试。

在报考条件上，在《教师法》与《教师资格条例》规定的基础上，《中小学教师资格考试暂行办法》规定，普通高等学校在校三年级以上学生，可凭学校出具的在籍学习证明报考。申请人应在户籍或人事关系所在地报名参加教师资格考试。普通高等学校在校生可在就读学校所在地报名参加教师资格考试。

教师资格考试包括笔试和面试两部分。

笔试主要考查申请人从事教师职业所应具备的教育理念、职业道德、法律法规知识、科学文化素养、阅读理解、语言表达、逻辑推理和信息处理等基本能力；教育教学、学生指导和班级管理的基本知识；拟任教学科领域的基本知识，教学设计实施评价的知识和方法，运用所学知识分析和解决教育教学实际问题的能力。笔试主要采用计算机考试和纸笔考试两种方式进行。采用计算机考试和纸笔考试的范围和规模，根据各省(区、市)实际情况和条件确定。

幼儿园教师资格考试笔试科目为《综合素质》《保教知识与能力》两科；小学教师资格考试笔试科目为《综合素质》《教育教学知识与能力》两科；初级中学、普通高级中学教师和中等职业学校文化课教师资格考试笔试科目为《综合素质》《教育知识与能力》《学科知识与教学能力》三科；中等职业学校专业课教师和实习指导教师资格考试笔试科目为《综合素质》《教育知识与能力》《专业知识与教学能力》三科。中等职业学校教师的《专业知识与教学能力》科目测试，暂由各省(区、市)自行命题和组织实施。

面试主要考查申请人的职业认知、心理素质、仪表仪态、言语表达、思维品质等教师基本素养和教学设计、教学实施、教学评价等教学基本技能。面试采取结构化面试、情景模拟等方式，通过抽题、备课(活动设计)、回答规定问题、试讲(演示)、答辩(陈述)、评分等环节进行。

国家确定笔试成绩合格线,省级教育行政部门确定面试成绩合格线。考生在笔试和面试成绩公布后,可通过教师资格考试网站查询本人的考试成绩。考生如对本人的考试成绩有异议,可在考试成绩公布后10个工作日内向本省(区、市)教师资格考试机构提出复核申请。笔试单科成绩有效期为两年。笔试和面试均合格者由教育部考试中心(教育部教师资格考试中心)颁发教师资格考试合格证明。教师资格考试合格证明有效期为三年。教师资格考试合格证明是考生申请认定教师资格的必备条件。

(四) 教师资格认定

1. 教师资格的认定机构

教师资格的认定机构,是指依法负责认定教师资格的行政机构或依法委托的教育机构。依照《教师法》《教师资格条例》有关规定,幼儿园、小学和初级中学教师资格,由申请人户籍所在地或者申请人任教学校所在地的县级人民政府教育行政部门认定;高级中学教师资格,由申请人户籍所在地或者申请人任教学校所在地的县级人民政府教育行政部门审查后,报上一级教育行政部门认定;中等职业学校教师资格和中等职业学校实习指导教师资格,由申请人户籍所在地或者申请人任教学校所在地的县级人民政府教育行政部门审查后,报上一级教育行政部门认定或者组织有关部门认定;受国务院教育行政部门或者省、自治区、直辖市人民政府教育行政部门委托的高等学校,负责认定在本校任职的人员和拟聘人员的高等学校教师资格;在未受国务院教育行政部门或者省、自治区、直辖市人民政府教育行政部门委托的高等学校任职的人员和拟聘人员的高等学校教师资格,按照学校行政隶属关系,由国务院教育行政部门认定或者由学校所在地的省、自治区、直辖市人民政府教育行政部门认定。

2. 教师资格认定程序

(1) 提出申请。认定教师资格,应当由本人提出申请。申请人应当在受理期限内提出申请,并提交教师资格认定申请表和有关证明材料:①身份证明;②学历证书或者教师资格考试合格证明;③教育行政部门或者受委托的高等学校指定的医院出具的体格检查证明;④户籍所在地的街道办事处、乡人民政府或者工作单位、所毕业的学校对其思想品德、有无犯罪记录等方面情况的鉴定及证明材料。

(2) 受理。教育行政部门或者受委托的高等学校在接到公民的教师资格认定申请后,应当对申请人的条件进行审查。对符合认定条件的,应当在受理期限终止之日起30日颁发相应的教师资格证书;对不符合认定条件的,应当在受理期限终止之日起30日内将认定结论通知本人。

(3) 颁发证书。申请人提出的教师资格认定申请经认定合格后,由教育行政部门或受委托的高等学校颁发国务院教育行政部门统一印制的教师资格证书。教师资格证书终身有效,且全国通用。

(五) 教师资格丧失

我国《教师法》第十四条明确规定:"受到剥夺政治权利或者故意犯罪受到有期徒刑以上刑事处罚的,不能取得教师资格;已经取得教师资格的,丧失教师资格。"《教师资格条例》进一步规定,依照教师法第十四条丧失教师资格的,不能重新取得教师资格,其教师资格证书由县级以上人民政府教育行政部门收缴。对于弄虚作假、骗取教师资格的或者品行不良、侮辱学生、影响恶劣的,由县级以上人民政府教育行政部门撤销其教师资格。被撤销教师资格的,自撤销之日起5年内不得重新申请认定教师资格,其教师资格证书由县级以上人民政府教育行政部门收缴。

【拓展阅读】

教育部明确教育类研究生和公费师范生免试认定教师资格范围

新华网北京2020年9月8日电　近日,教育部印发《教育类研究生和公费师范生免试认定中小学教师资格改革实施方案》(以下简称《方案》),明确教育类研究生和公费师范生免试认定中小学教师资格范围。

1. 相关高校从2021年起可参加免试认定改革

《方案》指出,招收教育类研究生、公费师范生的高等学校从2021年起,可参加免试认定改革。实施免试认定改革的高等学校应根据培养目标分类对本校教育类研究生、公费师范生开展教育教学能力考核,考核合格的2021届及以后年份毕业生可凭教育教学能力考核结果,免考国家中小学教师资格考试部分或全部科目。

本方案所指教育类研究生是指教育学学术学位研究生(专业代码0401)、教育专业学位研究生(专业代码0451)和汉语国际教育专业学位研究生(专业代码0453)。

本方案所指公费师范生是指入学前与培养学校以及教育行政部门签订《师范生公费教育协议》,享受国家或地方师范生公费教育政策的师范生。

2. 在校期间将统一组织师范生教师职业能力测试

《方案》指出,实施免试认定改革的高等学校,根据师范生教师职业能力标准(另行印发),建立师范生教育教学能力考核制度,考核制度包含培养过程性考核和师范生教师职业能力测试。

在过程性考核方面,将根据师范生教师职业能力标准,重点考核师范生思想品德情况及师德素养、教师教育课程学业成绩、累计不少于一学期的教育实习实践完成情况、专业能力及技能培训情况(含教育部推荐的线上教师教育专题培训免费课程完成情况)等。

《方案》指出,实施免试认定改革的高等学校应根据所开设专业的人才培养目标、师范生教师职业能力标准要求、国家中小学教师资格考试标准和大纲,参照国家中小学教师资格考试科目,确定师范生教师职业能力测试的任教学段和任教学科,统一命题,统一对本校教育类研究生、公费师范生开展师范生教师职业能力测试,合理控制考核合格率。师范生教师职业能力测试命题组应包含校内外教师教育专家、一线中小学教师和校长等。

对教育教学能力考核合格的教育类研究生和公费师范生，由校长签发《师范生教师职业能力证书》，并加盖学校公章。《师范生教师职业能力证书》有效期3年，内容包含思想品德及师德情况、任教学段和任教科目、有效期起止时间等，由教育部统一制定样式。

《方案》强调，《师范生教师职业能力证书》是教育类研究生和公费师范生免试认定教师资格的依据，免试认定的教师资格种类和任教学科应与《师范生教师职业能力证书》上的任教学段和任教学科相同。教育类研究生和公费师范生在同一高等学校、同一学历层次学习期间，仅可获取一本《师范生教师职业能力证书》。《师范生教师职业能力证书》在有效期内只可使用一次，如申请认定其他学段和学科教师资格，不予免试，须参加国家中小学教师资格考试。

3. 分类确定任教学段和任教学科

《方案》明确，要分类确定任教学段和任教学科。对以幼儿园、小学教师为培养目标的教育类研究生和公费师范生，参加学校自行组织的教育教学能力考核。考核合格的，根据学校师范生教师职业能力测试的科目，申请认定相应的幼儿园、小学教师资格。

对以初级中学学科教师、高级中学学科教师、中职文化课学科教师、中职专业课教师为培养目标的教育类研究生和公费师范生，参加学校自行组织的教育教学能力考核。考核合格的，根据学校师范生教师职业能力测试的科目和培养目标，申请认定相应任教学科的初级中学、高级中学和中等职业学校教师资格。

对以初级中学教师、高级中学教师、中等职业学校教师为培养目标但所学专业没有明确教学学科和教学专业的教育类研究生和公费师范生，应在学校自行组织的教育教学能力考核中加试"学科知识与教学能力"笔试。其中，国家中小学教师资格考试中已开考的科目，应参加国家中小学教师资格考试笔试"学科知识与教学能力"；国家中小学教师资格考试中未统一开考的，由学校在师范生教师职业能力测试中统一命题组织实施。学校教育教学能力考核合格的，申请认定与"学科知识与教学能力"一致的初级中学、高级中学和中等职业学校教师资格。

资料来源：新华网. http://education.news.cn/2020-09/08/c_1210790487.htm.

问题思考

1. 简述教师的法律界定与法律地位。
2. 简述我国《教师法》对教师权利与义务的规定。
3. 结合《教师法》的规定，谈一谈你对教师聘任制度的理解。
4. 《教师法》与《教师资格条例》对于教师资格丧失是如何规定的？

第八章 未成年人保护

未成年人代表着祖国的未来、民族的希望,肩负着实现中华民族伟大复兴的历史重任。为未成年人创造一个良好的外部环境,不仅关系到每一个孩子、每一个家庭、每一所学校,还关系到整个民族的明天。同时,未成年人也是一个极其特殊的群体,他们在社会中处于弱势地位,他们从心理上正处于从无知到有知、从不成熟到成熟的转变时期,尚未形成全面的人生观与价值观。因此,如何更好地保护未成年人,引导未成年人健康成长,是我们需要共同面对的重要课题。

第一节 《中华人民共和国未成年人保护法》

一、《中华人民共和国未成年人保护法》的制定

《中华人民共和国未成年人保护法》于1991年9月4日第七届全国人民代表大会常务委员会第二十一次会议通过,2006年12月29日第十届全国人民代表大会常务委员会第二十五次会议第一次修订,根据2012年10月26日第十一届全国人民代表大会常务委员会第二十九次会议《关于修改〈中华人民共和国未成年人保护法〉的决定》修正,2020年10月17日第十三届全国人民代表大会常务委员会第二十二次会议第二次修订,2021年6月1日执行。修订后的《中华人民共和国未成年人保护法》分为总则、家庭保护、学校保护、社会保护、网络保护、政府保护、司法保护、法律责任和附则共九章一百三十二条。

《中华人民共和国未成年人保护法》(以下简称《未成年人保护法》)是为保护未成年人身心健康,保障未成年人合法权益,促进未成年人德智体美劳全面发展,培养有理

想、有道德、有文化、有纪律的社会主义建设者和接班人，培养担当民族复兴大任的时代新人，根据宪法而制定的。《未成年人保护法》坚持最有利于未成年人的原则，按照给予未成年人特殊、优先保护；尊重未成年人人格尊严；保护未成年人隐私权和个人信息；适应未成年人身心健康发展的规律和特点；听取未成年人的意见；保护与教育相结合六项要求处理涉及未成年人事项。

【资料卡片】

《未成年人保护法》中所称未成年人是指未满十八周岁的公民。未成年人依法平等地享有各项权利，不因本人及其父母或者其他监护人的民族、种族、性别、户籍、职业、宗教信仰、教育程度、家庭状况、身心健康状况等受到歧视。国家保障未成年人的生存权、发展权、受保护权、参与权等权利。

未成年人的生理、心理相较于成年人尚不成熟，还处于不断的发展转化过程中，具有高度的可塑性，但也容易受到不法伤害与不良影响。因此，保护未成年人，是国家机关、武装力量、政党、人民团体、企业事业单位、社会组织、城乡基层群众性自治组织、未成年人的监护人以及其他成年人的共同责任。

二、《中华人民共和国未成年人保护法》的主要内容

(一) 家庭保护

家庭是孩子成长过程中最重要的因素，父母或其他监护人对未成年人心理、性格和人格的影响是决定性的，创造良好、和睦的家庭环境，对未成年人的成长是一种积极的助力和催化剂，有助于帮助未成年人形成完整、健康的人格。

对未成年人的家庭保护，从法律上来说，是作为义务主体的(未成年人的)父母或者其他监护人基于血缘关系而产生的一种法定职责，本质上是父母或者其他监护人依法对无民事行为能力、限制民事行为能力的未成年人的人身、财产及其他一切合法权益依法实行的监督和保护。

《未成年人保护法》第十五条规定："未成年人的父母或者其他监护人应当学习家庭教育知识，接受家庭教育指导，创造良好、和睦、文明的家庭环境。共同生活的其他成年家庭成员应当协助未成年人的父母或者其他监护人抚养、教育和保护未成年人。"

【资料卡片】

我国《中华人民共和国民法典》第二十七条规定："父母是未成年子女的监护人。未成年人的父母已经死亡或者没有监护能力的，由下列有监护能力的人按顺序担任监护人：(一)祖父母、外祖父母；(二)兄、姐；(三)其他愿意担任监护人的个人或者组织，但

是须经未成年人住所地的居民委员会、村民委员会或者民政部门同意。"对于一些特殊的未成年人，没有法定监护人，也没有其他主体担任监护人的，或者在指定监护人前，被监护人的人身权利、财产权利以及其他合法权益处于无人保护状态的，由被监护人住所地的居民委员会、村民委员会、法律规定的有关组织或者民政部门担任临时监护人。上述组织担任未成年人的监护人不分顺序，遵循监护方便和对被监护人有利的原则予以确定。

资料来源：中华人民共和国第十三届全国人民代表大会.中华人民共和国民法典[Z].2020-05-28.

《未成年人保护法》第十六条对家庭保护中未成年人的父母或者其他监护人的监护职责做出了详细的规定："未成年人的父母或者其他监护人应当履行下列监护职责：(一)为未成年人提供生活、健康、安全等方面的保障；(二)关注未成年人的生理、心理状况和情感需求；(三)教育和引导未成年人遵纪守法、勤俭节约，养成良好的思想品德和行为习惯；(四)对未成年人进行安全教育，提高未成年人的自我保护意识和能力；(五)尊重未成年人受教育的权利，保障适龄未成年人依法接受并完成义务教育；(六)保障未成年人休息、娱乐和体育锻炼的时间，引导未成年人进行有益身心健康的活动；(七)妥善管理和保护未成年人的财产；(八)依法代理未成年人实施民事法律行为；(九)预防和制止未成年人的不良行为和违法犯罪行为，并进行合理管教；(十)其他应当履行的监护职责。"

《未成年人保护法》第十七条对未成年人的父母或者其他监护人在家庭中行为也做出了禁止性规定："未成年人的父母或者其他监护人不得实施下列行为：(一)虐待、遗弃、非法送养未成年人或者对未成年人实施家庭暴力；(二)放任、教唆或者利用未成年人实施违法犯罪行为；(三)放任、唆使未成年人参与邪教、迷信活动或者接受恐怖主义、分裂主义、极端主义等侵害；(四)放任、唆使未成年人吸烟(含电子烟，下同)、饮酒、赌博、流浪乞讨或者欺凌他人；(五)放任或者迫使应当接受义务教育的未成年人失学、辍学；(六)放任未成年人沉迷网络，接触危害或者可能影响其身心健康的图书、报刊、电影、广播电视节目、音像制品、电子出版物和网络信息等；(七)放任未成年人进入营业性娱乐场所、酒吧、互联网上网服务营业场所等不适宜未成年人活动的场所；(八)允许或者迫使未成年人从事国家规定以外的劳动；(九)允许、迫使未成年人结婚或者为未成年人订立婚约；(十)违法处分、侵吞未成年人的财产或者利用未成年人牟取不正当利益；(十一)其他侵犯未成年人身心健康、财产权益或者不依法履行未成年人保护义务的行为。"

依照《未成年人保护法》的规定，未成年人的父母或者其他监护人有保护未成年人安全的义务，包括为未成年人提供安全的家庭生活环境，及时排除引发触电、烫伤、跌落等伤害的安全隐患；采取配备儿童安全座椅、教育未成年人遵守交通规则等措施，防止未成年人受到交通事故的伤害；提高户外安全保护意识，避免未成年人发生溺水、动物伤害等事故；发现未成年人身心健康受到侵害、疑似受到侵害或者其他合法权益受到侵犯的，应当及时了解情况并采取保护措施；情况严重的，应当立即向公安、民政、教育等部门报告。

未成年人的父母或者其他监护人在保护和监管未成年人的具体过程中应尊重未成年人，根据未成年人的年龄和智力发展状况，在做出与未成年人权益有关的决定前，听取未成年人的意见，充分考虑其真实意愿。

未成年人的父母或者其他监护人是未成年人保护的第一责任人，如果不能积极履行法定义务，将使未成年人处于各种未知的危险之中，也有可能使未成年人受到严重的伤害。因此，《未成年人保护法》规定，未成年人的父母或者其他监护人不得使未满8周岁或者由于身体、心理原因需要特别照顾的未成年人处于无人看护状态，或者将其交由无民事行为能力、限制民事行为能力、患有严重传染性疾病或者其他不适宜的人员临时照护；也不得使未满16周岁的未成年人脱离监护单独生活。

如果未成年人的父母或者其他监护人确有正当理由在一定期限内不能完全履行监护职责的，应当委托具有照护能力的完全民事行为能力人代为照护，不过依照法律规定，具有下列情形之一的，不得作为被委托人：曾实施性侵害、虐待、遗弃、拐卖、暴力伤害等违法犯罪行为；有吸毒、酗酒、赌博等恶习；曾拒不履行或者长期怠于履行监护、照护职责；其他不适宜担任被委托人的情形。

未成年人的父母或者其他监护人不依法履行监护职责或者侵犯未成年人合法权益的，由其居住地的居民委员会、村民委员会予以劝诫、制止；情节严重的，居民委员会、村民委员会应当及时向公安机关报告。公安机关接到报告或者公安机关、人民检察院、人民法院在办理案件过程中发现未成年人的父母或者其他监护人存在上述情形的，应当予以训诫，并可以责令其接受家庭教育指导。未成年人的父母或者其他监护人也将依法承担行政责任、民事责任甚至是刑事责任。

(二) 学校保护

学校保护的主体是各类教育机构，包括中小学校、招收未成年人的专门学校、招收未成年人的职业技术学校、幼儿园以及托儿所等教育机构。

《未成年人保护法》第二十五条规定："学校应当全面贯彻国家教育方针，坚持立德树人，实施素质教育，提高教育质量，注重培养未成年学生认知能力、合作能力、创新能力和实践能力，促进未成年学生全面发展。学校应当建立未成年学生保护工作制度，健全学生行为规范，培养未成年学生遵纪守法的良好行为习惯。"第二十六条规定："幼儿园应当做好保育、教育工作，遵循幼儿身心发展规律，实施启蒙教育，促进幼儿在体质、智力、品德等方面和谐发展。"

学校、幼儿园等招收未成年人的教育机构在教育教学活动中负有保护未成年人身心健康的职责，具体体现在以下几方面。

1. 保护未成年人受教育权

《未成年人保护法》第二十八条规定:"学校应当保障未成年学生受教育的权利,不得违反国家规定开除、变相开除未成年学生。学校应当对尚未完成义务教育的辍学未成年学生进行登记并劝返复学;劝返无效的,应当及时向教育行政部门书面报告。"

2. 保护未成年人人格尊严

《未成年人保护法》第二十七条规定:"学校、幼儿园的教职员工应当尊重未成年人人格尊严,不得对未成年人实施体罚、变相体罚或者其他侮辱人格尊严的行为。"这一规定包含两个方面的含义:第一,尊重学生的人格。人格尊严是宪法赋予每一个公民的一项基本权利,未成年人也是公民的一部分,因此,他们的人格尊严也应当受到保护。教师应当体现"以人为本"的精神,充分尊重学生的人格尊严,在师生之间建立起一种相互尊重、平等、亲密的关系,对于有缺点的未成年人耐心细致、循循善诱,帮助其改正缺点。第二,不得对未成年人实施体罚、变相体罚或者其他侮辱人格尊严的行为。教育者通过体罚学生这一简单、粗暴的方式来处理问题,不仅违背了教育民主制的基本原则,违背了为人师表的精神,有损教育工作者的形象,还严重伤害了未成年人的身心健康。

3. 关注未成年人心理健康

《未成年人保护法》第二十九条规定:"学校应当关心、爱护未成年学生,不得因家庭、身体、心理、学习能力等情况歧视学生。对家庭困难、身心有障碍的学生,应当提供关爱;对行为异常、学习有困难的学生,应当耐心帮助。学校应当配合政府有关部门建立留守未成年学生、困境未成年学生的信息档案,开展关爱帮扶工作。"第三十条规定:"学校应当根据未成年学生身心发展特点,进行社会生活指导、心理健康辅导、青春期教育和生命教育。"

4. 帮助未成年人养成良好习惯

《未成年人保护法》规定,学校应当组织未成年学生参加与其年龄相适应的日常生活劳动、生产劳动和服务性劳动,帮助未成年学生掌握必要的劳动知识和技能,养成良好的劳动习惯;应当开展勤俭节约、反对浪费、珍惜粮食、文明饮食等宣传教育活动,帮助未成年人树立浪费可耻、节约为荣的意识,养成文明健康、绿色环保的生活习惯;应当与未成年学生的父母或者其他监护人互相配合,合理安排未成年学生的学习时间,保障其休息、娱乐和体育锻炼的时间。

《未成年人保护法》特别规定:"学校不得占用国家法定节假日、休息日及寒暑假期,组织义务教育阶段的未成年学生集体补课,加重其学习负担。幼儿园、校外培训机构不得对学龄前未成年人进行小学课程教育。"

5. 保护未成年人人身安全和财产安全

在校园环境方面,《未成年人保护法》规定,学校、幼儿园应当提供必要的卫生保健条件,协助卫生健康部门做好在校、在园未成年人的卫生保健工作;应当建立安全管理制度，对未成年人进行安全教育，完善安保设施、配备安保人员，保障未成年人在校、在园期间的人身和财产安全；不得在危及未成年人人身安全、身心健康的校舍和其他设施、场所中进行教育教学活动；应当根据需要，制定应对自然灾害、事故灾难、公共卫生事件等突发事件和意外伤害的预案，配备相应设施并定期进行必要的演练。

在学校、幼儿园组织的校外、院外活动中，《未成年人保护法》也对安全事项进行了规定，如学校、幼儿园安排未成年人参加文化娱乐、社会实践等集体活动，应当保护未成年人的身心健康，防止发生人身伤害事故；使用校车的学校、幼儿园应当建立健全校车安全管理制度，配备安全管理人员，定期对校车进行安全检查，对校车驾驶人进行安全教育，并向未成年人讲解校车安全乘坐知识，培养未成年人校车安全事故应急处理技能。

未成年人在校内、园内或者本校、本园组织的校外、园外活动中发生人身伤害事故的，学校、幼儿园应当立即救护，妥善处理，及时通知未成年人的父母或者其他监护人，并向有关部门报告。

另外，《未成年人保护法》规定："学校、幼儿园不得安排未成年人参加商业性活动，不得向未成年人及其父母或者其他监护人推销或者要求其购买指定的商品和服务。学校、幼儿园不得与校外培训机构合作为未成年人提供有偿课程辅导。"

【案例分析】

2021年11月6日，某中学学生鲁某在上体育课时，被一起玩耍的同学王某推倒在学校操场正在施工的管道沟内，导致左臂多发性骨折，法医鉴定为十级伤残。鲁某家长将王某和学校起诉到法院，要求学校承担部分赔偿责任。

在案例中，学校是否承担责任，应当依据过错归责原则。该校如对已挖开的坑道没有设置充分的防护设施，则学校违背了《未成年人保护法》及其他法律的规定，未能尽到保证学校环境、设施安全的义务，对于鲁某的伤害，学校有过错，应当承担赔偿责任。如果学校已经设置了充分的防护设施，并且对学生进行了充分的安全教育，则学校无过错，对于学生鲁某的伤害不承担赔偿责任。

6. 防控校园欺凌

《未成年人保护法》规定，学校应当建立学生欺凌防控工作制度，对教职员工、学生等开展防治学生欺凌的教育和培训。学校对学生欺凌行为应当立即制止，通知实施欺凌和被欺凌未成年学生的父母或者其他监护人参与欺凌行为的认定和处理；对相关未成年学生及时给予心理辅导、教育和引导；对相关未成年学生的父母或者其他监护人给予必要的家庭教育指导。对实施欺凌的未成年学生，学校应当根据欺凌行为的性质和程度，依法加强管教。对严重的欺凌行为，学校不得隐瞒，应当及时向公安机关、教育行政部门报告，并配合相关部门依法处理。

【资料卡片】

学生欺凌，是指发生在学生之间，一方蓄意或者恶意通过肢体、语言及网络等手段实施欺压、侮辱，造成另一方人身伤害、财产损失或者精神损害的行为。学校与教师在实际工作中要严格区分学生欺凌与学生间打闹嬉戏的界定，正确合理处理。根据欺凌行为严重程度，学校、公安机关可以采取相应的管理教育措施或者矫治教育措施。

7. 预防性侵害及开展性教育

《未成年人保护法》规定，学校、幼儿园应当建立预防性侵害、性骚扰未成年人工作制度。对性侵害、性骚扰未成年人等违法犯罪行为，学校、幼儿园不得隐瞒，应当及时向公安机关、教育行政部门报告，并配合相关部门依法处理。学校、幼儿园应当对未成年人开展适合其年龄的性教育，提高未成年人防范性侵害、性骚扰的自我保护意识和能力。对遭受性侵害、性骚扰的未成年人，学校、幼儿园应当及时采取相关的保护措施。

(三) 社会保护

《未成年人保护法》规定："全社会应当树立关心、爱护未成年人的良好风尚。"国家鼓励、支持和引导人民团体、企业事业单位、社会组织以及其他组织和个人，开展有利于未成年人健康成长的社会活动和服务。《未成年人保护法》从第四十三条到六十三条对此进行了规定，涉及社会生活的各个方面。例如居民委员会、村民委员会不仅应当设置专人专岗负责未成年人保护工作，还负有协助政府有关部门监督未成年人委托照护情况，发现被委托人缺乏照护能力、怠于履行照护职责等情况等职责；爱国主义教育基地、图书馆、青少年宫、儿童活动中心、儿童之家应当对未成年人免费开放；博物馆、纪念馆、科技馆、展览馆、美术馆、文化馆、社区公益性互联网上网服务场所，以及影剧院、体育场馆、动物园、植物园、公园等场所，应当按照有关规定对未成年人免费或者优惠开放；城市公共交通以及公路、铁路、水路、航空客运等应当按照有关规定对未成年人实施免费或者优惠票价等。

《未成年人保护法》在社会保护领域也做出了很多禁止性规范，以避免对未成年人的权益侵犯或造成对未成年人成长的不良影响。如禁止制作、复制、出版、发布、传播含有宣扬淫秽、色情、暴力、邪教、迷信、赌博、引诱自杀、恐怖主义、分裂主义、极端主义等危害未成年人身心健康内容的图书、报刊、电影、广播电视节目、舞台艺术作品、音像制品、电子出版物和网络信息等；禁止制作、复制、发布、传播或者持有有关未成年人的淫秽色情物品和网络信息；禁止拐卖、绑架、虐待、非法收养未成年人，禁止对未成年人实施性侵害、性骚扰；禁止胁迫、引诱、教唆未成年人参加黑社会性质组织或者从事违法犯罪活动；禁止胁迫、诱骗、利用未成年人乞讨；学校、幼儿园周边不得设置营业性娱乐场所、酒吧、互联网上网服务营业场所等不适宜未成年人活动的场所等。

(四) 网络保护

随着互联网技术的发展以及网络的普及，未成年人与互联网的连接越来越紧密，网络平台与网络信息对未成年人的影响也日益明显。《未成年人保护法》新设"网络保护"一章，对网络环境管理、相关企业责任、个人网络信息保护、网络沉迷防治等做出全面规范。对于未成年人接触网络需要辩证来看，一方面国家鼓励和支持有利于未成年人健康成长的网络内容的创作与传播，鼓励和支持专门以未成年人为服务对象、适合未成年人身心健康特点的网络技术、产品、服务的研发、生产和使用；另一方面网信部门及其他有关部门应当加强对未成年人网络保护工作的监督检查，依法惩处利用网络从事危害未成年人身心健康的活动，为未成年人提供安全、健康的网络环境。

《未成年人保护法》第六十八条规定："新闻出版、教育、卫生健康、文化和旅游、网信等部门应当定期开展预防未成年人沉迷网络的宣传教育，监督网络产品和服务提供者履行预防未成年人沉迷网络的义务，指导家庭、学校、社会组织互相配合，采取科学、合理的方式对未成年人沉迷网络进行预防和干预。任何组织或者个人不得以侵害未成年人身心健康的方式对未成年人沉迷网络进行干预。"

为防止未成年人沉迷网络，《未成年人保护法》针对不同主体设定了各自的职责。如学校、社区、图书馆、文化馆、青少年宫等场所为未成年人提供的互联网上网服务设施，应当安装未成年人网络保护软件或者采取其他安全保护技术措施；智能终端产品的制造者、销售者应当在产品上安装未成年人网络保护软件，或者以显著方式告知用户未成年人网络保护软件的安装渠道和方法；学校应当合理使用网络开展教学活动，未经学校允许，未成年学生不得将手机等智能终端产品带入课堂，带入学校的应当统一管理，并且学校发现未成年学生沉迷网络的，应当及时告知其父母或者其他监护人，共同对未成年学生进行教育和引导，帮助其恢复正常的学习生活；未成年人的父母或者其他监护人应当提高网络素养，规范自身使用网络的行为，加强对未成年人使用网络行为的引导和监督，应当通过在智能终端产品上安装未成年人网络保护软件、选择适合未成年人的服务模式和管理功能等方式，避免未成年人接触危害或者可能影响其身心健康的网络信息，合理安排未成年人使用网络的时间，有效预防未成年人沉迷网络。

【案例分析】

据有关数据显示，近年来，余杭区某公司开发运营的App在运营过程中，未以显著、清晰的方式告知并征得儿童监护人有效、明示同意，便允许注册儿童账户，擅自收集、存储儿童个人信息，且向具有相关浏览喜好的用户直接推送含有儿童个人信息的短视频。此外，该App也没有采取技术手段对儿童信息进行专门保护。余杭检察院于2020

年12月2日向杭州互联网法院提起民事公益诉讼，请求判令该公司立即停止实施利用该公司App侵害儿童个人信息的侵权行为，赔礼道歉、消除影响，赔偿损失并将款项交至相关儿童保护公益组织，专门用于儿童个人信息保护公益事项。在诉讼期间，检察机关积极推动某公司对相关问题进行整改。某公司对该款App中的儿童用户注册环节，儿童个人信息收集环节，儿童个人信息储存、使用和共享环节及儿童网络安全主动性保护领域等四大方面进行查漏补缺，细化出34项整改措施，并明确了落实整改措施的具体时间表。双方依法达成和解协议。2021年2月7日，杭州互联网法院公开开庭审理该案。庭审中，某公司对检察机关依法履行公益诉讼职责、积极推动儿童个人信息网络保护、促进和帮助企业合法合规经营表示感谢。在法庭组织下，余杭检察院与某公司就前期达成的和解协议进一步确认，形成了调解协议。2021年2月9日，杭州互联网法院依照公益诉讼的法定程序，对协议内容进行公告。2021年3月11日，公告期届满，杭州互联网法院出具调解书，该案审理终结[①]。

在案例中，人民检察院为维护公共利益提起民事公益诉讼。该公司的行为违反了《民法典》第一千零三十五条第一款"处理个人信息的，应当征得该自然人或者其监护人同意"规定，以及《未成年人保护法》第七十二条"信息处理者通过网络处理未成年人个人信息的，应当遵循合法、正当和必要原则。处理不满十四周岁未成年人个人信息的，应当征得未成年人的父母或者其他监护人同意"的规定。依据《未成年人保护法》第一百二十七条规定，由公安、网信、电信、新闻出版、广播电视、文化和旅游等有关部门按照职责分工责令改正，给予警告，没收违法所得，违法所得一百万元以上的，并处违法所得一倍以上十倍以下罚款，没有违法所得或者违法所得不足一百万元的，并处十万元以上一百万元以下罚款，对直接负责的主管人员和其他责任人员处一万元以上十万元以下罚款；拒不改正或者情节严重的，并可以责令暂停相关业务、停业整顿、关闭网站、吊销营业执照或者吊销相关许可证。

(五) 政府保护

《未成年人教育法》专门增设"政府保护"专章，进一步明确和强化了政府在未成年保护工作中的职责，为开展未成年人保护工作提供了有力的法律支持和保障条件。

1. 各级政府的职责

《未成年人保护法》在规定中细化了各级政府的职责。例如，乡镇人民政府和街道办事处应当设立未成年人保护工作站或者指定专门人员，及时办理未成年人相关事务；各级人民政府应当发展托育、学前教育事业，办好婴幼儿照护服务机构、幼儿园，支持社会力量依法兴办母婴室、婴幼儿照护服务机构、幼儿园；各级人民政府应当发展职业

[①] 朱雅萌.2021年度十大典型案例之七：全国首例未成年人网络保护民事公益诉讼案[J]. 中国审判，2022，(1)：6-7.

教育，保障未成年人接受职业教育或者职业技能培训，鼓励和支持人民团体、企业事业单位、社会组织为未成年人提供职业技能培训服务；各级人民政府应当保障具有接受普通教育能力、能适应校园生活的残疾未成年人就近在普通学校、幼儿园接受教育；保障不具有接受普通教育能力的残疾未成年人在特殊教育学校、幼儿园接受学前教育、义务教育和职业教育；地方人民政府应当建立和改善适合未成年人的活动场所和设施，支持公益性未成年人活动场所和设施的建设和运行，鼓励社会力量兴办适合未成年人的活动场所和设施，并加强管理。

2. 有关部门的职责

《未成年人保护法》对公安机关、卫生健康部门以及教育行政部门等有关部门的职责做出了专门的规定。例如，公安机关和其他有关部门应当依法维护校园周边的治安和交通秩序，设置监控设备和交通安全设施，预防和制止侵害未成年人的违法犯罪行为；卫生健康部门应当依法对未成年人的疫苗预防接种进行规范，防治未成年人常见病、多发病，加强传染病防治和监督管理，做好伤害预防和干预，指导和监督学校、幼儿园、婴幼儿照护服务机构开展卫生保健工作；教育行政部门应当加强未成年人的心理健康教育，建立未成年人心理问题的早期发现和及时干预机制等。

3. 民政部门对未成年人的临时监护与长期监护

《未成年人保护法》规定了政府民政部门负有对特殊儿童的临时监护与长期监护的职责。《未成年人保护法》第九十二条规定："具有下列情形之一的，民政部门应当依法对未成年人进行临时监护：（一）未成年人流浪乞讨或者身份不明，暂时查找不到父母或者其他监护人；（二）监护人下落不明且无其他人可以担任监护人；（三）监护人因自身客观原因或者因发生自然灾害、事故灾难、公共卫生事件等突发事件不能履行监护职责，导致未成年人监护缺失；（四）监护人拒绝或者怠于履行监护职责，导致未成年人处于无人照料的状态；（五）监护人教唆、利用未成年人实施违法犯罪行为，未成年人需要被带离安置；（六）未成年人遭受监护人严重伤害或者面临人身安全威胁，需要被紧急安置；（七）法律规定的其他情形。"第九十四条规定："具有下列情形之一的，民政部门应当依法对未成年人进行长期监护：（一）查找不到未成年人的父母或者其他监护人；（二）监护人死亡或者被宣告死亡且无其他人可以担任监护人；（三）监护人丧失监护能力且无其他人可以担任监护人；（四）人民法院判决撤销监护人资格并指定由民政部门担任监护人；（五）法律规定的其他情形。"

（六）司法保护

《未成年人保护法》第一百条规定："公安机关、人民检察院、人民法院和司法行政部门应当依法履行职责，保障未成年人合法权益。"公安机关、人民检察院、人民法院和司法行政部门应当确定专门机构或者指定专门人员，负责办理涉及未成年人案件。公安机关、人民检察院、人民法院和司法行政部门办理涉及未成年人案件，应当考虑未成年人身心特点和健康成长的需要，使用未成年人能够理解的语言和表达方式，听取未成年人的意见。公安机关、人民检察院、人民法院、司法行政部门以及其他组织和个人不得披露有关案件中未成年人的姓名、影像、住所、就读学校以及其他可能识别出其身份的信息，但查找失踪、被拐卖未成年人等情形除外。对需要法律援助或者司法救助的未成年人，法律援助机构或者公安机关、人民检察院、人民法院和司法行政部门应当给予帮助，依法为其提供法律援助或者司法救助。公安机关、人民检察院、人民法院讯问未成年犯罪嫌疑人、被告人，询问未成年被害人、证人，应当依法通知其法定代理人或者其成年亲属、所在学校的代表等合适成年人到场，并采取适当方式，在适当场所进行，保障未成年人的名誉权、隐私权和其他合法权益。公安机关、人民检察院、人民法院和司法行政部门应当结合实际，根据涉及未成年人案件的特点，开展未成年人法治宣传教育工作。

(七) 法律责任

《未成年人保护法》第一百一十七条至第一百二十九条对于违反本法的行为应承担的法律责任做出了详细的规定。如第一百一十九条规定："学校、幼儿园、婴幼儿照护服务等机构及其教职员工违反本法第二十七条、第二十八条、第三十九条规定的，由公安、教育、卫生健康、市场监督管理等部门按照职责分工责令改正；拒不改正或者情节严重的，对直接负责的主管人员和其他直接责任人员依法给予处分。"第一百二十九条规定："违反本法规定，侵犯未成年人合法权益，造成人身、财产或者其他损害的，依法承担民事责任。违反本法规定，构成违反治安管理行为的，依法给予治安管理处罚；构成犯罪的，依法追究刑事责任。"

【拓展阅读】

学生伤害事故处理办法(节选)

第一条　为积极预防、妥善处理在校学生伤害事故，保护学生、学校的合法权益，根据《中华人民共和国教育法》《中华人民共和国未成年人保护法》和其他相关法律、行政法规及有关规定，制定本办法。

第二条　在学校实施的教育教学活动或者学校组织的校外活动中，以及在学校负有管理责任的校舍、场地、其他教育教学设施、生活设施内发生的，造成在校学生人身损害后果的事故的处理，适用本办法。

第八条　发生学生伤害事故，造成学生人身损害的，学校应当按照《中华人民共和国侵权责任法》及相关法律、法规的规定，承担相应的事故责任。

第九条　因下列情形之一造成的学生伤害事故，学校应当依法承担相应的责任。

(一) 学校的校舍、场地、其他公共设施，以及学校提供给学生使用的学具、教育教学和生活设施、设备不符合国家规定的标准，或者有明显不安全因素的；

(二)学校的安全保卫、消防、设施设备管理等安全管理制度有明显疏漏,或者管理混乱,存在重大安全隐患,而未及时采取措施的;

(三)学校向学生提供的药品、食品、饮用水等不符合国家或者行业的有关标准、要求的;

(四)学校组织学生参加教育教学活动或者校外活动,未对学生进行相应的安全教育,并未在可预见的范围内采取必要的安全措施的;

(五)学校知道教师或者其他工作人员患有不适宜担任教育教学工作的疾病,但未采取必要措施的;

(六)学校违反有关规定,组织或者安排未成年学生从事不宜未成年人参加的劳动、体育运动或者其他活动的;

(七)学生有特异体质或者特定疾病,不宜参加某种教育教学活动,学校知道或者应当知道,但未予以必要的注意的;

(八)学生在校期间突发疾病或者受到伤害,学校发现,但未根据实际情况及时采取相应措施,导致不良后果加重的;

(九)学校教师或者其他工作人员体罚或者变相体罚学生,或者在履行职责过程中违反工作要求、操作规程、职业道德或者其他有关规定的;

(十)学校教师或者其他工作人员在负有组织、管理未成年学生的职责期间,发现学生行为具有危险性,但未进行必要的管理、告诫或者制止的;

(十一)对未成年学生擅自离校等与学生人身安全直接相关的信息,学校发现或者知道,但未及时告知未成年学生的监护人,导致未成年学生因脱离监护人的保护而发生伤害的;

(十二)学校有未依法履行职责的其他情形的。

第十条 学生或者未成年学生监护人由于过错,有下列情形之一,造成学生伤害事故,应当依法承担相应的责任。

(一)学生违反法律法规的规定,违反社会公共行为准则、学校的规章制度或者纪律,实施按其年龄和认知能力应当知道具有危险或者可能危及他人的行为的;

(二)学生行为具有危险性,学校、教师已经告诫、纠正,但学生不听劝阻、拒不改正的;

(三)学生或者其监护人知道学生有特异体质,或者患有特定疾病,但未告知学校的;

(四)未成年学生的身体状况、行为、情绪等有异常情况,监护人知道或者已被学校告知,但未履行相应监护职责的;

(五)学生或者未成年学生监护人有其他过错的。

第十一条 学校安排学生参加活动,因提供场地、设备、交通工具、食品及其他消费与服务的经营者,或者学校以外的活动组织者的过错造成的学生伤害事故,有过错的当事人应当依法承担相应的责任。

第十二条　因下列情形之一造成的学生伤害事故，学校已履行了相应职责，行为并无不当的，无法律责任。

(一) 地震、雷击、台风、洪水等不可抗的自然因素造成的；

(二) 来自学校外部的突发性、偶发性侵害造成的；

(三) 学生有特异体质、特定疾病或者异常心理状态，学校不知道或者难于知道的；

(四) 学生自杀、自伤的；

(五) 在对抗性或者具有风险性的体育竞赛活动中发生意外伤害的；

(六) 其他意外因素造成的。

第十三条　下列情形下发生的造成学生人身损害后果的事故，学校行为并无不当的，不承担事故责任；事故责任应当按有关法律法规或者其他有关规定认定。

(一) 在学生自行上学、放学、返校、离校途中发生的；

(二) 在学生自行外出或者擅自离校期间发生的；

(三) 在放学后、节假日或者假期等学校工作时间以外，学生自行滞留学校或者自行到校发生的；

(四) 其他在学校管理职责范围外发生的。

第十四条　因学校教师或者其他工作人员与其职务无关的个人行为，或者因学生、教师及其他个人故意实施的违法犯罪行为，造成学生人身损害的，由致害人依法承担相应的责任。

资料来源：中华人民共和国教育部.学生伤害事故处理办法[Z]. 2002-06-25.

第二节　《中华人民共和国预防未成年人犯罪法》

一、《中华人民共和国预防未成年人犯罪法》的制定

《中华人民共和国预防未成年人犯罪法》(以下简称《预防未成年人犯罪法》)于1999年6月28日第九届全国人民代表大会常务委员会第十次会议通过，自1999年11月1日起施行。根据2012年10月26日第十一届全国人民代表大会常务委员会第二十九次会议《关于修改〈中华人民共和国预防未成年人犯罪法〉的决定》修正；2020年12月26日第十三届全国人民代表大会常务委员会第二十四次会议修订，自2021年6月1日起施行。修订后的《预防未成年人犯罪法》分为总则、预防犯罪的教育、对不良行为的干预、对严

重不良行为的矫治、对重新犯罪的预防、法律责任与附则共七章六十七条。

《预防未成年人犯罪法》为了保障未成年人身心健康，培养未成年人良好品行，有效预防未成年人违法犯罪而制定。根据《预防未成年人犯罪法》的规定，对未成年人犯罪的预防要立足于教育和保护未成年人相结合，坚持预防为主、提前干预，对未成年人的不良行为和严重不良行为及时进行分级预防、干预和矫治，国家机关、人民团体、社会组织、企业事业单位、居民委员会、村民委员会、学校、家庭等各负其责、相互配合，共同做好预防未成年人犯罪工作，及时消除滋生未成年人违法犯罪行为的各种消极因素，为未成年人身心健康发展创造良好的社会环境。

【资料卡片】

我国《刑法》第十七条明确规定："已满十六周岁的人犯罪，应当负刑事责任。已满十四周岁不满十六周岁的人，犯故意杀人、故意伤害致人重伤或者死亡、强奸、抢劫、贩卖毒品、放火、爆炸、投放危险物质罪的，应当负刑事责任。已满十二周岁不满十四周岁的人，犯故意杀人、故意伤害罪，致人死亡或者以特别残忍手段致人重伤造成严重残疾，情节恶劣，经最高人民检察院核准追诉的，应当负刑事责任。对依照前三款规定追究刑事责任的不满十八周岁的人，应当从轻或者减轻处罚。"

资料来源：中华人民共和国第八届全国人民代表大会. 中华人民共和国刑法 [Z]. 1997-03-14.

二、《中华人民共和国预防未成年人犯罪法》的主要内容

(一) 预防犯罪的教育

未成年犯罪的发生有未成年人自身的原因，也有学校教育、社会以及家庭的多种原因，未成年人犯罪预防也要通过多种手段、多个层次的努力，抑制、消除犯罪发生的原因和条件，或者削弱犯罪因素的作用和强度，以达到减少犯罪的目的。未成年人犯罪预防的手段中最根本的就是通过国家、社会、学校和家庭对未成年人加强社会主义核心价值观教育以及预防犯罪教育，增强未成年人的法治观念，使未成年人树立遵纪守法和防范违法犯罪的意识，提高自我管控能力。《预防未成年人犯罪法》对不同主体的教育职责做了各自的规定，具体包括以下几方面内容。

第一，未成年人的父母或者其他监护人对未成年人的预防犯罪教育负有直接责任，应当依法履行监护职责，树立优良家风，培养未成年人良好品行；发现未成年人心理或者行为异常的，应当及时了解情况并进行教育、引导和劝诫，不得拒绝或者怠于履行监护职责。

第二，学校应当将预防犯罪教育纳入学校教学计划，指导教职员工结合未成年人的特点，采取多种方式对未成年学生进行有针对性的预防犯罪教育。学校应当配备专职或者兼职的心理健康教育教师，开展心理健康教育。学校应当聘任从事法治教育的专职或者兼职教师，并可以从司法和执法机关、法学教育和法律服务机构等单位聘请法治副校长、校外法治辅导员。学校可以根据实际情况与专业心理健康机构合作，建立心理健康筛查和早期干预机制，预防和解决学生心理、行为异常问题。学校应当与未成年学生的父母或者其他监护人加强沟通，共同做好未成年学生心理健康教育；发现未成年学生可能患有精神障碍的，应当立即告知其父母或者其他监护人送相关专业机构诊治。

【资料卡片】

法治副校长，是指由人民法院、人民检察院、公安机关、司法行政部门推荐或者委派，经教育行政部门或者学校聘任，在学校兼任副校长职务，协助开展法治教育、学生保护、安全管理、预防犯罪、依法治理等工作的人员。法治副校长履职期间协助开展以下工作：(一)开展法治教育；(二)保护学生权益；(三)预防未成年人犯罪；(四)参与安全管理；(五)实施或者指导实施教育惩戒；(六)指导依法治理；(七)指导、协助学校履行法律法规规章规定的其他职责。

资料来源：中华人民共和国教育部. 中小学法治副校长聘任与管理办法[Z]. 2021-12-27.

第三，教育行政部门应当将预防犯罪的教育作为法治教育的内容纳入学校教育教学计划，会同有关部门形成预防未成年人犯罪的合力。例如教育行政部门会同有关部门建立学生欺凌防控制度；教育行政部门鼓励和支持学校聘请社会工作者长期或者定期进驻学校，协助开展道德教育、法治教育、生命教育和心理健康教育，参与预防和处理学生欺凌等行为；应当将预防犯罪教育的工作效果纳入学校年度考核内容等。

第四，各级人民政府及其有关部门、人民检察院、人民法院、共产主义青年团、少年先锋队、妇女联合会、残疾人联合会、关心下一代工作委员会等应当结合实际，组织、举办多种形式的预防未成年人犯罪宣传教育活动。有条件的地方可以建立青少年法治教育基地，对未成年人开展法治教育。

第五，居民委员会、村民委员会应当积极开展有针对性的预防未成年人犯罪宣传活动，协助公安机关维护学校周围治安，及时掌握本辖区内未成年人的监护、就学和就业情况，组织、引导社区社会组织参与预防未成年人犯罪工作。

第六，青少年宫、儿童活动中心等校外活动场所应当把预防犯罪教育作为一项重要的工作内容，开展多种形式的宣传教育活动。

第七，职业培训机构、用人单位在对已满十六周岁准备就业的未成年人进行职业培训时，应当将预防犯罪教育纳入培训内容。

(二) 对不良行为的干预

《预防未成年人犯罪法》所称不良行为，是指未成年人实施的不利于其健康成长的行为。不良行为包括吸烟、饮酒；多次旷课、逃学；无故夜不归宿、离家出走；沉迷网络；与社会上具有不良习性的人交往，组织或者参加实施不良行为的团伙；进入法律法规规定未成年人不宜进入的场所；参与赌博、变相赌博，或者参加封建迷信、邪教等活动；阅览、观看或者收听宣扬淫秽、色情、暴力、恐怖、极端等内容的读物、音像制品或者网络信息等；其他不利于未成年人身心健康成长的不良行为。

《预防未成年人犯罪法》规定，未成年人的父母或者其他监护人发现未成年人有不良行为的，应当及时制止并加强管教。公安机关、居民委员会、村民委员会发现本辖区内未成年人有不良行为的，应当及时制止，并督促其父母或者其他监护人依法履行监护职责。

《预防未成年人犯罪法》对于学校的责任进行了规定，要求学校对有不良行为的未成年学生，应当加强管理教育，不得歧视；对拒不改正或者情节严重的，学校可以根据情况予以处分或者采取以下管理教育措施：予以训导；要求遵守特定的行为规范；要求参加特定的专题教育；要求参加校内服务活动；要求接受社会工作者或者其他专业人员的心理辅导和行为干预。学校和家庭应当加强沟通，建立家校合作机制。学校决定对未成年学生采取管理教育措施的，应当及时告知其父母或者其他监护人；未成年学生的父母或者其他监护人应当支持、配合学校进行管理教育。未成年学生有偷窃少量财物，或者有殴打、辱骂、恐吓、强行索要财物等学生欺凌行为，情节轻微的，可以由学校依照《预防未成年犯罪法》第三十一条规定采取相应的管理教育措施。未成年学生旷课、逃学的，学校应当及时联系其父母或者其他监护人，了解有关情况；无正当理由的，学校和未成年学生的父母或者其他监护人应当督促其返校学习。

《预防未成年人犯罪法》对于未成年人无故夜不归宿、离家出走情况的处理进行了规定，要求父母或者其他监护人、所在的寄宿制学校应当及时查找，必要时向公安机关报告；收留夜不归宿、离家出走未成年人的，应当及时联系其父母或者其他监护人、所在学校；无法取得联系的，应当及时向公安机关报告；对夜不归宿、离家出走或者流落街头的未成年人，公安机关、公共场所管理机构等发现或者接到报告后，应当及时采取有效保护措施，并通知其父母或者其他监护人、所在的寄宿制学校，必要时应当护送其返回住所、学校；无法与其父母或者其他监护人、学校取得联系的，应当护送未成年人到救助保护机构接受救助。

(三) 对严重不良行为的矫治

《预防未成年人犯罪法》所称严重不良行为，是指未成年人实施的有刑法规定、因不满法定刑事责任年龄不予刑事处罚的行为，以及严重危害社会的行为。严重不良行为包括以下几类：结伙斗殴，追逐、拦截他人，强拿硬要或者任意损毁、占用公私财物等寻衅滋事行为；非法携带枪支、弹药或者弩、匕首等国家规定的管制器具；殴打、辱骂、恐吓，或者故意伤害他人身体；盗窃、哄抢、抢夺或者故意损毁公私财物；传播淫秽的读物、音像制品或者信息等；卖淫、嫖娼，或者进行淫秽表演；吸食、注射毒品，或者向他人提供毒品；参与赌博赌资较大；其他严重危害社会的行为。

《预防未成年人犯罪法》规定，未成年人的父母或者其他监护人、学校、居民委员会、村民委员会发现有人教唆、胁迫、引诱未成年人实施严重不良行为的，应当立即向公安机关报告。未成年人的父母或者其他监护人应当积极配合公安机关对有严重不良行为未成年人的矫治教育措施的实施，不得妨碍阻挠或者放任不管。

《预防未成年人犯罪法》规定，公安机关接到举报或者发现未成年人有严重不良行为的，应当及时制止，依法调查处理，并可以责令其父母或者其他监护人消除或者减轻违法后果，采取措施严加管教。公安机关采取的矫治教育措施包括以下几类：予以训诫；责令赔礼道歉、赔偿损失；责令具结悔过；责令定期报告活动情况；责令遵守特定的行为规范，不得实施特定行为、接触特定人员或者进入特定场所；责令接受心理辅导、行为矫治；责令参加社会服务活动；责令接受社会观护，由社会组织、有关机构在适当场所对未成年人进行教育、监督和管束；其他适当的矫治教育措施。公安机关在对未成年人进行矫治教育时，可以根据需要邀请学校、居民委员会、村民委员会以及社会工作服务机构等社会组织参与。

对有严重不良行为的未成年人，未成年人的父母或者其他监护人、所在学校无力管教或者管教无效的，可以向教育行政部门提出申请，经专门教育指导委员会评估同意后，由教育行政部门决定送入专门学校接受专门教育。

【资料卡片】

专门教育是国民教育体系的组成部分，是对有严重不良行为的未成年人进行教育和矫治的重要保护处分措施。省级人民政府应当将专门教育发展和专门学校建设纳入经济社会发展规划。县级以上地方人民政府成立专门教育指导委员会，根据需要合理设置专门学校。专门教育指导委员会由教育、民政、财政、人力资源社会保障、公安、司法行政、人民检察院、人民法院、共产主义青年团、妇女联合会、关心下一代工作委员会、专门学校等单位，以及律师、社会工作者等人员组成，研究确定专门学校教学、管理等相关工作。专门学校建设和专门教育具体办法，由国务院规定。

《预防未成年人犯罪法》规定，未成年人有下列情形之一的，经专门教育指导委员会评估同意，教育行政部门会同公安机关可以决定将其送入专门学校接受专门教育：实施严重危害社会的行为，情节恶劣或者造成严重后果；多次实施严重危害社会的行为；

拒不接受或者配合《预防未成年人犯罪法》第四十一条规定的矫治教育措施；法律、行政法规规定的其他情形。未成年人实施刑法规定的行为、因不满法定刑事责任年龄不予刑事处罚的，经专门教育指导委员会评估同意，教育行政部门会同公安机关可以决定对其进行专门矫治教育。

《预防未成年人犯罪法》对专门学校做出规定。省级人民政府应当结合本地的实际情况，至少确定一所专门学校按照分校区、分班级等方式设置专门场所，对前款规定的未成年人进行专门矫治教育。前款规定的专门场所实行闭环管理，公安机关、司法行政部门负责未成年人的矫治工作，教育行政部门承担未成年人的教育工作。专门学校应当在每个学期适时提请专门教育指导委员会对接受专门教育的未成年学生的情况进行评估。对经评估适合转回普通学校就读的，专门教育指导委员会应当向原决定机关提出书面建议，由原决定机关决定是否将未成年学生转回普通学校就读。原决定机关决定将未成年学生转回普通学校的，其原所在学校不得拒绝接收；因特殊情况，不适宜转回原所在学校的，由教育行政部门安排转学。专门学校应当对接受专门教育的未成年人分级分类进行教育和矫治，有针对性地开展道德教育、法治教育、心理健康教育，并根据实际情况进行职业教育；对没有完成义务教育的未成年人，应当保证其继续接受义务教育。专门学校的未成年学生的学籍保留在原学校，符合毕业条件的，原学校应当颁发毕业证书。专门学校应当与接受专门教育的未成年人的父母或者其他监护人加强联系，定期向其反馈未成年人的矫治和教育情况，为父母或者其他监护人、亲属等看望未成年人提供便利。

(四) 对重新犯罪的预防

《预防未成年人犯罪法》规定，公安机关、人民检察院、人民法院办理未成年人刑事案件，应当根据未成年人的生理、心理特点和犯罪的情况，有针对性地进行法治教育。公安机关、人民检察院、人民法院办理未成年人刑事案件，可以自行或者委托有关社会组织、机构对未成年犯罪嫌疑人或者被告人的成长经历、犯罪原因、监护、教育等情况进行社会调查；根据实际需要并经未成年犯罪嫌疑人、被告人及其法定代理人同意，可以对未成年犯罪嫌疑人、被告人进行心理测评。社会调查和心理测评的报告可以作为办理案件和教育未成年人的参考。公安机关、人民检察院、人民法院对于无固定住所、无法提供保证人的未成年人适用取保候审的，应当指定合适成年人作为保证人，必要时可以安排取保候审的未成年人接受社会观护。未成年犯管教所、社区矫正机构应当对未成年犯、未成年社区矫正对象加强法治教育，并根据实际情况对其进行职业教育。社区矫正机构应当告知未成年社区矫正对象安置帮教的有关规定，并配合安置帮教工作部门落实或者解决未成年社区矫正对象的就学、就业等问题。

【案例分析】

20××年8月×日上午9点半，小明被带入法庭受审，他抬头瞟了一眼右前方的父亲和姐姐便低下头。小明的右侧摆放着一个发言席，上面的牌子上写着"社会调查员"。

检方指控，20××年6月×日，小明盗窃电动自行车时，被当场发现并抓获。

20分钟后，法庭调查即将结束，法官宣布社会调查员出庭。

来自社区矫正服务中心的调查员谢某某走进法庭，宣读调查报告。谢某某从调查过程、内容、综合评定和建议等方面做了陈述。谢某某的调查结果显示：小明的母亲因患上精神病，无法承担对小明进行教育的责任；小明的父亲因生活力太大，很少与孩子沟通；年龄尚小的小明辍学打工，导致其在认知和社会性等方面出现障碍，做出违法犯罪行为。谢某某建议，对小明进行心理教育和职业技能培训。

法官当庭宣判，结合小明的犯罪情况和社会调查报告，宣布小明犯盗窃罪，但免予刑事处罚[①]。

在案例中可以看到人民法院在审理未成年人犯罪案件的时候，适用了《预防未成年人犯罪法》中的相关规定，在审理中引入社会调查员做出的社会调查作为案件审理的参考，更好地体现了对未成年人犯罪的法律原则以及法律适用。

《预防未成年人犯罪法》规定，对刑满释放的未成年人，未成年犯管教所应当提前通知其父母或者其他监护人按时接回，并协助落实安置帮教措施。没有父母或者其他监护人、无法查明其父母或者其他监护人的，未成年犯管教所应当提前通知未成年人原户籍所在地或者居住地的司法行政部门安排人员按时接回，由民政部门或者居民委员会、村民委员会依法对其进行监护。未成年人的父母或者其他监护人和学校、居民委员会、村民委员会对接受社区矫正、刑满释放的未成年人，应当采取有效的帮教措施，协助司法机关以及有关部门做好安置帮教工作。

居民委员会、村民委员会可以聘请思想品德优秀，作风正派，热心未成年人工作的离退休人员、志愿者或其他人员协助做好前款规定的安置帮教工作。刑满释放和接受社区矫正的未成年人，在复学、升学、就业等方面依法享有与其他未成年人同等的权利，任何单位和个人不得歧视。

《预防未成年人犯罪法》还对未成年人的犯罪记录以及专门矫正教育、专门教育等记录进行了规定。未成年人的犯罪记录依法被封存的，公安机关、人民检察院、人民法院和司法行政部门不得向任何单位或者个人提供，但司法机关因办案需要或者有关单位根据国家有关规定进行查询的除外。依法进行查询的单位和个人应当对相关记录信息予以保密。未成年人接受专门矫治教育、专门教育的记录，以及被行政处罚、采取刑事强制措施和不起诉的记录，适用前款规定。

---

① 褚宏启，江雪梅，等.学校法律问题分析[M].北京：教育科学出版社，2018：249.

(五) 法律责任

《预防未成年人犯罪法》对违反本法规定的行为应承担的法律责任进行了专章规定，具体体现在以下几方面。

第一，公安机关、人民检察院、人民法院在办理案件过程中发现实施严重不良行为的未成年人的父母或者其他监护人不依法履行监护职责的，应当予以训诫，并可以责令其接受家庭教育指导。

第二，学校及其教职员工违反本法规定，不履行预防未成年人犯罪工作职责，或者虐待、歧视相关未成年人的，由教育行政等部门责令改正，通报批评；情节严重的，对直接负责的主管人员和其他直接责任人员依法给予处分。构成违反治安管理行为的，由公安机关依法予以治安管理处罚。教职员工教唆、胁迫、引诱未成年人实施不良行为或者严重不良行为，以及品行不良、影响恶劣的，教育行政部门、学校应当依法予以解聘或者辞退。

第三，违反《预防未成年人犯罪法》规定，在复学、升学、就业等方面歧视相关未成年人的，由所在单位或者教育、人力资源社会保障等部门责令改正；拒不改正的，对直接负责的主管人员或者其他直接责任人员依法给予处分。

第四，有关社会组织、机构及其工作人员虐待、歧视接受社会观护的未成年人，或者出具虚假社会调查、心理测评报告的，由民政、司法行政等部门对直接负责的主管人员或者其他直接责任人员依法给予处分，构成违反治安管理行为的，由公安机关予以治安管理处罚。

第五，教唆、胁迫、引诱未成年人实施不良行为或者严重不良行为，构成违反治安管理行为的，由公安机关依法予以治安管理处罚。

第六，国家机关及其工作人员在预防未成年人犯罪工作中滥用职权、玩忽职守、徇私舞弊的，对直接负责的主管人员和其他直接责任人员，依法给予处分。

第七，违反本法规定，构成犯罪的，依法追究刑事责任。

问题思考

1. 结合《未成年人保护法》的规定，谈一谈对学校、幼儿园等招收未成年人的教育机构在教育教学活动中负有哪些保护未成年人身心健康的职责？
2. 《预防未成年人犯罪法》对学校的教育职责做了哪些规定？
3. 《预防未成年人犯罪法》对违反本法规定的行为应承担的法律责任是如何规定的？

附录 A 中小学教师职业道德规范
(2008年修订)

一、爱国守法

热爱祖国,热爱人民,拥护中国共产党领导,拥护社会主义。全面贯彻国家教育方针,自觉遵守教育法律法规,依法履行教师职责权利。不得有违背党和国家方针政策的言行。

二、爱岗敬业

忠诚于人民教育事业,志存高远,勤恳敬业,甘为人梯,乐于奉献。对工作高度负责,认真备课上课,认真批改作业,认真辅导学生。不得敷衍塞责。

三、关爱学生

关心爱护全体学生,尊重学生人格,平等公正对待学生。对学生严慈相济,做学生良师益友。保护学生安全,关心学生健康,维护学生权益。不讽刺、挖苦、歧视学生,不体罚或变相体罚学生。

四、教书育人

遵循教育规律,实施素质教育。循循善诱,诲人不倦,因材施教。培养学生良好品行,激发学生创新精神,促进学生全面发展。不以分数作为评价学生的唯一标准。

五、为人师表

坚守高尚情操，知荣明耻，严于律己，以身作则。衣着得体，语言规范，举止文明。关心集体，团结协作，尊重同事，尊重家长。作风正派，廉洁奉公。自觉抵制有偿家教，不利用职务之便谋取私利。

六、终身学习

崇尚科学精神，树立终身学习理念，拓宽知识视野，更新知识结构。潜心钻研业务，勇于探索创新，不断提高专业素养和教育教学水平。

资料来源：中华人民共和国教育部.中小学教师职业道德规范[Z]. 2009-09-01.

附录 B 中小学教师违反职业道德行为处理办法(2018年修订)

第一条 为规范教师职业行为，保障教师、学生的合法权益，根据《中华人民共和国教育法》《中华人民共和国未成年人保护法》《中华人民共和国教师法》《教师资格条例》和《新时代中小学教师职业行为十项准则》等法律法规和制度规范，制定本办法。

第二条 本办法所称中小学教师是指普通中小学、中等职业学校(含技工学校)、特殊教育机构、少年宫以及地方教研室、电化教育等机构的教师。

前款所称中小学教师包括民办学校教师。

第三条 本办法所称处理包括处分和其他处理。处分包括警告、记过、降低岗位等级或撤职、开除。警告期限为6个月，记过期限为12个月，降低岗位等级或撤职期限为24个月。是中共党员的，同时给予党纪处分。

其他处理包括给予批评教育、诫勉谈话、责令检查、通报批评，以及取消在评奖评优、职务晋升、职称评定、岗位聘用、工资晋级、申报人才计划等方面的资格。取消相关资格的处理执行期限不得少于24个月。

教师涉嫌违法犯罪的，及时移送司法机关依法处理。

第四条 应予处理的教师违反职业道德行为如下：

(一) 在教育教学活动中及其他场合有损害党中央权威、违背党的路线方针政策的言行。

(二) 损害国家利益、社会公共利益，或违背社会公序良俗。

(三) 通过课堂、论坛、讲座、信息网络及其他渠道发表、转发错误观点，或编造散布虚假信息、不良信息。

(四) 违反教学纪律，敷衍教学，或擅自从事影响教育教学本职工作的兼职兼薪行为。

(五) 歧视、侮辱学生，虐待、伤害学生。

(六) 在教育教学活动中遇突发事件、面临危险时，不顾学生安危，擅离职守，自行逃离。

(七) 与学生发生不正当关系，有任何形式的猥亵、性骚扰行为。

(八) 在招生、考试、推优、保送及绩效考核、岗位聘用、职称评聘、评优评奖等工作中徇私舞弊、弄虚作假。

(九) 索要、收受学生及家长财物或参加由学生及家长付费的宴请、旅游、娱乐休闲等活动，向学生推销图书报刊、教辅材料、社会保险或利用家长资源谋取私利。

(十) 组织、参与有偿补课，或为校外培训机构和他人介绍生源、提供相关信息。

(十一) 其他违反职业道德的行为。

第五条　学校及学校主管教育部门发现教师存在违反第四条列举行为的，应当及时组织调查核实，视情节轻重给予相应处理。做出处理决定前，应当听取教师的陈述和申辩，听取学生、其他教师、家长委员会或者家长代表意见，并告知教师有要求举行听证的权利。对于拟给予降低岗位等级以上的处分，教师要求听证的，拟做出处理决定的部门应当组织听证。

第六条　给予教师处理，应当坚持公平公正、教育与惩处相结合的原则；应当与其违反职业道德行为的性质、情节、危害程度相适应；应当事实清楚、证据确凿、定性准确、处理恰当、程序合法、手续完备。

第七条　给予教师处理按照以下权限决定：

(一) 警告和记过处分，公办学校教师由所在学校提出建议，学校主管教育部门决定。民办学校教师由所在学校决定，报主管教育部门备案。

(二) 降低岗位等级或撤职处分，由教师所在学校提出建议，学校主管教育部门决定并报同级人事部门备案。

(三) 开除处分，公办学校教师由所在学校提出建议，学校主管教育部门决定并报同级人事部门备案。民办学校教师或者未纳入人事编制管理的教师由所在学校决定并解除其聘任合同，报主管教育部门备案。

(四) 给予批评教育、诫勉谈话、责令检查、通报批评，以及取消在评奖评优、职务晋升、职称评定、岗位聘用、工资晋级、申报人才计划等方面资格的其他处理，按照管理权限，由教师所在学校或主管部门视其情节轻重做出决定。

第八条　处理决定应当书面通知教师本人并载明认定的事实、理由、依据、期限及申诉途径等内容。

第九条　教师不服处理决定的，可以向学校主管教育部门申请复核。对复核结果不服的，可以向学校主管教育部门的上一级行政部门提出申诉。

对教师的处理，在期满后根据悔改表现予以延期或解除，处理决定和处理解除决定都应完整存入人事档案及教师管理信息系统。

第十条　教师受到处分的，符合《教师资格条例》第十九条规定的，由县级以上教育行政部门依法撤销其教师资格。

教师受处分期间暂缓教师资格定期注册。依据《中华人民共和国教师法》第十四条规定丧失教师资格的，不能重新取得教师资格。

教师受记过以上处分期间不能参加专业技术职务任职资格评审。

第十一条　教师被依法判处刑罚的，依据《事业单位工作人员处分暂行规定》给予降低岗位等级或者撤职以上处分。其中，被依法判处有期徒刑以上刑罚的，给予开除处分。教师受到剥夺政治权利或者故意犯罪受到有期徒刑以上刑事处罚的，丧失教师资格。

第十二条　学校及主管教育部门不履行或不正确履行师德师风建设管理职责，有下列情形的，上一级行政部门应当视情节轻重采取约谈、诫勉谈话、通报批评、纪律处分和组织处理等方式严肃追究主要负责人、分管负责人和直接责任人的责任：

(一) 师德师风长效机制建设、日常教育督导不到位；

(二) 师德失范问题排查发现不及时；

(三) 对已发现的师德失范行为处置不力、方式不当或拒不处分、拖延处分、推诿隐瞒的；

(四) 已作出的师德失范行为处理决定落实不到位，师德失范行为整改不彻底；

(五) 多次出现师德失范问题或因师德失范行为引起不良社会影响；

(六) 其他应当问责的失职失责情形。

第十三条　省级教育行政部门应当结合当地实际情况制定实施细则，并报国务院教育行政部门备案。

第十四条　本办法自发布之日起施行。

资料来源：中华人民共和国教育部.中小学教师违反职业道德行为处理办法[Z].2018-11-08.

附录 C　新时代中小学教师职业行为十项准则

　　教师是人类灵魂的工程师，是人类文明的传承者。长期以来，广大教师贯彻党的教育方针，教书育人，呕心沥血，默默奉献，为国家发展和民族振兴做出了重大贡献。新时代对广大教师落实立德树人根本任务提出新的更高要求，为进一步增强教师的责任感、使命感、荣誉感，规范职业行为，明确师德底线，引导广大教师努力成为有理想信念、有道德情操、有扎实学识、有仁爱之心的好老师，着力培养德智体美劳全面发展的社会主义建设者和接班人，特制定以下准则。

一、坚定政治方向

　　坚持以习近平新时代中国特色社会主义思想为指导，拥护中国共产党的领导，贯彻党的教育方针；不得在教育教学活动中及其他场合有损害党中央权威、违背党的路线方针政策的言行。

二、自觉爱国守法

　　忠于祖国，忠于人民，恪守宪法原则，遵守法律法规，依法履行教师职责；不得损害国家利益、社会公共利益，或违背社会公序良俗。

三、传播优秀文化

　　带头践行社会主义核心价值观，弘扬真善美，传递正能量；不得通过课堂、论坛、讲座、信息网络及其他渠道发表、转发错误观点，或编造散布虚假信息、不良信息。

四、潜心教书育人

落实立德树人根本任务，遵循教育规律和学生成长规律，因材施教，教学相长；不得违反教学纪律，敷衍教学，或擅自从事影响教育教学本职工作的兼职兼薪行为。

五、关心爱护学生

严慈相济，诲人不倦，真心关爱学生，严格要求学生，做学生良师益友；不得歧视、侮辱学生，严禁虐待、伤害学生。

六、加强安全防范

增强安全意识，加强安全教育，保护学生安全，防范事故风险；不得在教育教学活动中遇突发事件、面临危险时，不顾学生安危，擅离职守，自行逃离。

七、坚持言行雅正

为人师表，以身作则，举止文明，作风正派，自重自爱；不得与学生发生任何不正当关系，严禁任何形式的猥亵、性骚扰行为。

八、秉持公平诚信

坚持原则，处事公道，光明磊落，为人正直；不得在招生、考试、推优、保送及绩效考核、岗位聘用、职称评聘、评优评奖等工作中徇私舞弊、弄虚作假。

九、坚守廉洁自律

严于律己，清廉从教；不得索要、收受学生及家长财物或参加由学生及家长付费的宴请、旅游、娱乐休闲等活动，不得向学生推销图书报刊、教辅材料、社会保险或利用家长资源谋取私利。

十、规范从教行为

勤勉敬业，乐于奉献，自觉抵制不良风气；不得组织、参与有偿补课，或为校外培训机构和他人介绍生源、提供相关信息。

资料来源：中华人民共和国教育部. 新时代中小学教师行为十项准则[Z]. 2018-11-08.